음악치료 이론과
심상 유도 음악치료 실제

MUSIC THERAPY

음악치료 이론과 심상 유도 음악치료 실제

임재영 · 이주영 · 신동열 지음

교문사

PREFACE

이 책은 음악치료의 이론과 더불어 음악심리치료의 배경이 되는 이론과 음악이 중심이 되는 심상 유도 음악치료(GIM)를 통한 사례를 중심으로 출간하게 되었다.

음악심리치료는 음악치료와 구분되는 개념으로, 비교적 근래에 등장하였으며, 내담자의 내면에 가지고 있는 감정 또는 정서적 문제에서 발생하는 상호 교류의 문제를 음악적 경험을 통해 돕는 전문화된 치료 영역이다.

음악심리치료의 영역은 즉흥 연주, 노래 부르기, 음악 감상 등의 다양한 방법이 있는데, 그중 중년 여성들의 사례를 중심으로 집필하게 되었다.

심상 유도 음악치료(GIM, Guided Imagery and Music)는 1970년대 초 미국에서 보니(Helen Bonny)에 의해 개발된 심층적인 심리치료 기법이다. GIM은 우리나라에는 많이 알려지지 않은 음악심리치료의 새로운 기법 중 하나로, 아직까지 국내에는 사례 중심의 전문 서적이 거의 없는 실정이기에 이 책에 소개된 중년 여성 대상의 치료 과정이 GIM 치료사들에게 실질적인 도움이 될 수 있기를 바란다.

이 책은 모두 13장으로 구성되어 있다. 1장과 2장에서는 음악치료의 개관에 대해서 다루었으며, 3장에서는 음악치료의 대상과 접근에 대한 것을 정리하였다. 4장에서는 음악심리치료의 이해에 대한 내용을 기술하였으며, 5장과 6장은 심상 유도 음악치료(GIM)의 이해, 7장에서는 심상 유도 음악치료(GIM)의 적용 분야를 다루었다. 8장은 중년 여성을 중심으로 심상 유도 음악치료(GIM)의 실제를 기술하였으며, 9장에서 12장까지는 중년 여성을 대상으로 심상 유도 음악치료(GIM)의 사례를 기술하였다. 그리고 마지막으로 13장에서는 심상 유도 음악치료(GIM)의 전체 과정을 다루었다.

끝으로 본 교재를 출판할 수 있도록 적극적으로 배려해 주신 교문사 류원식 대표님과 영업부 정용섭 부장님, 그리고 편집부 여러분의 노고에 깊은 감사를 드린다.

2021. 12.

저자 일동

CONTENTS

CHAPTER 01

음악치료 개관 1

1. 음악치료의 정의
2. 음악치료의 역사
3. 음악치료의 기본 전제 및 구성 조건

1. 음악치료의 정의

음악치료는 치료를 목적으로 정신과 신체 건강을 복원·유지하거나 향상시키기 위해 음악을 사용하는 치료 방법이다. 이것은 치료하는 환경에서 치료 대상자의 행동을 바람직한 방향으로 변화시키기 위한 목적으로 음악치료사가 음악을 단계적으로 사용하는 것이다(미국음악치료협회).

브루샤Kenneth Bruscia는 "음악치료는 치료사가 환자를 도와 건강을 회복시키기 위해 음악적 경험과 관계들을 통해 역동적인 변화를 이끌어 내는 체계적인 치료의 과정이다"라고 하였다. 브루샤는 음악치료가 '체계적인 과정'이라는 점을 강조하고 있다. 즉, 음악치료는 한두 번에 그치는 치료의 형태가 아니라 구체적인 목표를 세우고 단계적으로 치료를 시행해 가는 과정이다.

음악치료는 질병을 낫게 하는 것이 아니다. 또한 음악에 대한 반응 역시 지극히 개인적이고 주관적이므로 소위 어떤 음악을 들으면 무슨 현상이 나타나고, 어떤 증세에는 누구의 음악을 들으라는 식의 접근은 대단히 잘못된 것일 뿐만 아니라 음악치료를 오해하고 있는 것이다. 음악치료가 병원에서 발달하였고 적용 양식을 의학의 모델에 두고 있는 것은 사실이지만 임상 현장에서의 음악치료는 행동 과학의 영역에 기초하고 있다. 즉, 음악치료는 음악치료를 통해 대상자의 행동을 변화시키는 데 초점을 맞춘다.

음악치료는 음악치료 그룹에서 음악적 행위를 통해 표출되는 '음악 외적인 행동'을 치료의 대상으로 삼고 치료 목적을 설정하여 목표에 도달하기까지 음악 활동을 사용하는 것이다. 여기서 말하는 행동의 변화에는 자신감, 사회성, 대인 관계 능력, 운동력, 학습 능력, 정서적 발달 등 사회생활과 관련된 다양한 행동들이 포함된다.

따라서 음악치료는 한 가지 분야에 국한된 치료 방법이라기보다는 여러 가지 인접 학문의 광범위한 분야를 포함하는 영역이다.

'음악치료란 무엇인가?'라고 묻는 사람들에게 음악치료를 한마디로 명쾌하게 설명한다는 것은 대단히 어려운 문제이다. 우선 음악치료가 시행되는 대상자의 영역이 정신 질환에서부터 여러 종류의 장애, 노인성 질환 등으로 다양하며, 나아가 이들 대상자의 연령층도 아동에서부터 노인에 이르기까지 폭이 넓기 때문에 음악치료에 대한 정의를 내리기에 앞서 어떤 대상으로 시행되는 음악치료에 대해 알기 원하는지가 중요하다.

음악치료가 쉽게 이해되지 못하는 이유 중의 하나로 음악치료를 이루는 배경을 들 수가 있다. 우선 '음악'은 본질적으로 예술에 속한 단어이다. 반면에 '치료'란 과학에 속한 단어이다. 예술의 속성은 주관성과 개인성, 창조성에 바탕을 두고 미를 궁극적 대상으로 하지만 과학은 그와 정반대적 개념인 객관성과 보편성, 그리고 재현성을 바탕으로 하고 있다. 또한 과학은 그 속에 내재된 원리나 지식으로 이루어진다.

과학과 예술 영역이 만난 '음악치료'는 일반인이 쉽게 이해하기 어렵지만 이것이 바로 음악치료가 가지는 매력이 된다. 그것은 예술이 가진 영향력을 과학이라는 그릇을 통해 담아내고 있게 때문이다. 그렇게 때문에 논리적으로는, 기존의 교육적인 방법으로는 전혀 가능하지 않은 대상에게도 예술의 힘, 즉 음악의 힘은 무슨 일이 일어나도록 하며 이러한 변화는 과학이라는 그릇을 통해 예측 가능한 변화로 이어가도록 하기 때문에 치료가 된다.

2. 음악치료의 역사

1) 의학 영역에서의 음악치료의 역사

(1) 원시 시대

인류 문명이 시작되면서 음악은 치료적 목적으로 사용되었다. 치료적 도구로 쓰일 수 있다는 것은 음악에 대한 인간의 선천적 반응과 행동 때문이다. 고대 주술사들이 소리와 음률 및 주술을 사용하여 환자들을 치료하고자 했던 것이 그 예라 할 수 있다. 음악치료에 관한 가장 오래된 문헌적 기록은『성서』에 있다. 구약의 목동 다윗이 사울 왕의 질병을 위해 하프를 연주할 때 악신이 떠났다는 것이 그것이다. 이런 예들은 당시 사람들의 음악을 이용한 치료에 관한 인식을 어느 정도 반영한다.

고대 그리스 시대의 음악 정서론과 도덕론에서도 볼 수 있듯이, 오래전부터 많은 철학자들은 음악이 인간에 미치는 영향에 대해 잘 알고 있었고, 그에 따라 좋은 음악을 감상해야 하는 이유들을 주장하였으며, 이는 오늘날까지 계속해서 이어져 왔다.

(2) 14~17세기

14세기 르네상스가 시작되면서 생리학, 해부학, 실험 물리학이 급속히 발달하였다. 르네상스 시대의 사회, 정치 개혁은 정신 건강에 대한 새로운 시각과 치료 방법에도 영향을 미쳐 수용소, 전염병 치료를 위한 병원, 클리닉과 정신 병원이 설립되기 시작하면서 실질적인 연구가 가능해졌다. 이러한 과학적인 접근은 음악치료에 큰 변화를 가져왔다.

17세기 바로크 시대에는 갈릴레오Galileo Galilei, 뉴턴Isaac Newton 등에 의해 과학적 대발견이 일어났다. 사물에 대한 인과적 관계가 강조되면서 음악 자극과 인간의 반응에 대한 선형적liner 관계를 찾으려는 다양한 연구가 시도되었다.

(3) 18세기

18세기부터는 인간의 생리적인 변인을 중심으로 음악이 인간에게 어떤 영향을 미치는지에 관심이 집중되었다. 음악의 영향에 대한 초기 연구 보고에는 순환과 호흡 기능, 피로, 몸에서 나타나는 떨림과 같은 일반적인 기능에 음악이 미치는 영향이나 음악적 자극으로 인해 일어나는 가시적인 반사 작용을 다루고 있다. 그리고 음악의 영향은 음의 높낮이, 다양한 강도, 서로 다른 리듬, 장단조의 선법 등이 공통적으로 인간의 감정과 정서적인 의식 상태에 영향을 미친다고 하였다(Diserens, 1948).

1874년 정신과 의사인 휘태커James Whittaker는『의학으로서의 음악』이라는 책에서 음악적 반응들이 생리학적, 심리학적, 그리고 사회 문화적 요인들과도 관련이 있다는 점을 강조하였다.

(4) 19세기

정신과 의사인 비어즐리George Beardsley는 1882년 「음악의 의료적 활용」이라는 논문에서 신경증과 정신과적 증상의 치료를 위한 음악 사용에 대해서 설명하였다. 1889년 빔머Sebastian Wimmer는 의사로서 「음악의 영향과 치료적 가치」라는 논문을 통해 음악이 육체와 마음의 조화를 이루게 하는 기능이 있다는 점을 강조하였다. 이러한 문헌들은 음악이 정신과 기관에 유의미한 치료 프로그램이 될 수 있음을 인정받게 되고 많은 정신 의료 관련자들에 의해 음악치료 프로그램이 병원 내 정식 프로그램으로 제공되기 시작하였다.

음악치료 프로그램이 제공되면서 음악치료의 효과성 입증에 대한 과학적인 연구도 활발해졌다.

(5) 20세기

20세기에 들어 제1, 2차 세계 대전 이후 음악은 실질적으로 의료 영역에 활용되었고, 이후 많은 병사들을 대상으로 정신적, 신체적 문제를 치료하면서 임상적으로 발달하였다. 부상을 입은 군인들은 악기 연주 활동을 함으로써 손상된 운동 능력을 회복할 수 있었고, 음악을 작업 치료에 접목하여 악기 연주 활동으로 근육의 힘과 관절의 유연성, 움직임의 협응과 같은 기능을 강화하게 되었다.

미국의 경우 제2차 세계 대전을 겪으며 부상을 입은 많은 상이군인들이 정신적 충격을 경험하게 되었는데, 그런 환자들을 돕기 위해 음악가들이 병원에서 음악을 연주하였다. 그런데 환자들의 음악적 경험은 의료진이 예상치 못했던 긍정적 결과를 가져오게 되어 음악의 치료적 효과가 새롭게 인식되기 시작하였다. 그 후 음악을 치료적 목적으로 체계적으로 사용할 수 있는 전문 인력에 대한 사회적 필요가 대두되면서 음악치료사를 양성하는 학교가 대학의 학부와 대학원이 개설되었다.

1950년에는 전미국음악치료협회(NAMT)National Association for Music Therapy가 결성되어 학위 취득을 위한 기본 교육과정과 훈련 과정에 관한 기준을 제정하고 인정하는 소정의 교육을 받은 음악치료사를 RMTRegistered Music Therapist로 칭했고, 이후 1971년에 두 번째 음악치료협회인 미국인음악치료협회(AAMT)Americal Association for Music Therapy가 결성되어 인정하는 훈련을 받은 음악치료사를 CMTCertified Massage Therapist라 불렀다. 하지만 1998년에 이 두 협회가 미국음악치료협회(AMTA)American Music Therapy Association로 통합되면서 음악치료사 명칭을 MTMusic Therapist로 통일하고 1985년부터 시행해 온 공인 자격 시험과 함께 공인 음악치료사(MT-BC)Music Therapist-Board Certified로 자리잡아 오고 있다. 미국에는 현재 3,000여 명의 음악치료사들이 많은 보건 관련 기관에서 일하고 있고 그 영역은 점차 확장되고 있다.

우리 나라는 1990년대에 들어와서 뒤늦게 인식되기 시작했지만 음악치료 대학원이 생기기 시작하여 이제 21세기 음악치료의 발전을 기약하고 있다.

미국 외에도 독일, 영국, 벨기에, 호주, 캐나다 등의 선진국에서는 음악치료를 활발히 사용하고 있고, 최근에는 일본, 타이완, 중국, 남미의 많은 나라들도 음악치료에 관해 조금씩 인식하고 치료에 적용하고 있다.

2) 교육 영역에서의 음악치료의 역사

교육 영역에서의 음악치료의 역사는 서구의 여러 나라 중 미국이 가장 앞섰다. 1800년대 초기부터 음악은 청각 장애·시각 장애·지적 장애 아동들의 훈련과 교육 과정에서 중요한 역할을 담당해 왔다(Gfeller, 1999). 이후 미국 여러 도시에서는 장애 아동을 위한 교육 프로그램이 개발되기 시작했고 이러한 교육 프로그램은 장애 아동을 위한 정부 보호 시설이나 기숙 시설에 정상 아동들과는 격리된 상태로 시행되었다. 음악치료의 초기 교육 프로그램은 주로 개인 레슨과 음악 수업과 소규모 음악 합주 활동 등으로 이루어졌다. 이와 같은 음악 프로그램은 구체적인 행동 목표에 따라 구성되었으며, 주로 청각 장애와 언어 장애를 진단하고 이에 필요한 기술의 향상을 위한 수단으로 사용되었다. 노래 부르기는 호흡과 발음의 향상을 목적으로, 그 외 다른 음악 활동은 적절한 사회적 상호 작용 수단으로 제공되었다. 이후 미국 공법 제94조 142항, 〈장애인법령〉이 1975년 미국 의회를 통과하면서 음악치료의 제공 체제에 영향을 미쳤다. 〈장애인법령〉에는 장애 아동의 교육 프로그램에서 예술 활동은 장애 아동을 위한 효과적인 교육 방법으로 예술 활동을 적극적으로 활용할 것을 권장하며 제시하고 있다.

국내 특수 아동 관련 음악치료 연구물은 1999년에는 연구 대상이 주로 지적, 자폐, 정서 행동 장애 대상으로 한정되었지만 2000년대 초반부터는 학습 장애, 의사소통, 지체 장애 대상으로 확대되었고, 중반으로 갈수록 시각 장애, 청각 장애, 건강 장애, 발달 지체 장애 대상 연구가 나타나면서 세부적으로도 다양한 대상과 방법들의 변화가 이루어졌다. 학습 환경에 있는 아동을 주요 대상으로 전반적인 기능 강화를 위해 구조화된 음악을 체계적으로 활용하였다. 교육 영역으로는 대표적으로 특수교육 기관의 발달 장애 아동들, 일반 학교 초기 교육 프로그램에는 음악 수업과 개인 레슨, 소규모 음악 합주 활동 등이 포함되었다.

19세기 초부터 20세기 중반까지 특수 교육 현장에서 사용되었던 음악치료의 형태를 음악치료 초기 단계로 볼 수 있다. 음악 교사나 음악치료사는 장애 아동 개인에게 적합한 교육을 지원하고자 다양한 장애 유형에 따른 아동의 능력과 수준에 맞춘 적절한 교육 기법과 특수 지도법을 사용하였다. 교육자들은 음악 활동이 장애 아동의 사회성을 발달시키고 자연스럽게 지역 사회와 상호 작용할 수 있도록 돕는다고 하였다(Gfeller, 1999). 이후 음악치료는 꾸준히 개별화 교육 계획 안에 명시된 보조 서비스의 하나로 제공되고 있다.

3. 음악치료의 기본 전제 및 구성 조건

음악치료의 기본 전제는 전문적인 훈련 과정을 수료한 음악치료사에 의해 진행되어야 하며 변화를 필요로 하는 내담자를 대상으로 세션이 진행되어야 한다. 음악적 진단과 다른 전문적인 진단을 검토하여 설정된 목표를 가지고 체계적인 치료 단계를 설정하여야 한다. 그리고 음악적 경험이 중요한 요소이다.

1) 인간과 음악의 생득적 관계

음악치료는 인간의 음악적 행동에 기본적으로 내재되어 있는 심리, 정서 이론과 음악에 반응하는 원리에 근거한다(정현주, 2019).

양수 환경에서 소리의 속성인 음가와 음고에 대한 태아의 반응을 살펴본 결과 엄마의 심장 박동(음가)과 목소리 억양(음고) 및 강세를 통해서 태아는 엄마의 정서를 간접적으로 경험하게 된다. 이러한 정서적 교감을 강조한 비언어적 특징은 '신생아 대상 언어'라고 불릴 만큼 음악의 정서를 인지하는 데 매우 중요한 기초가 된다.

맥도날드McDonald(1990)에 의하면, 엄마가 불러 주는 자장가와 요람 노래는 유아에게 모성의 청각 자극으로 발전된다. 이는 중간 선율이라고도 불리는데, 대상 관계 이론의 중간 대상 개념에서 비롯된 것이다. 중간 대상이란 엄마로부터 분리되는 경험을 해결하기 위해 유아가 선택하게 되는 대처 방안으로, 주로 불안을 극복하기 위한 방어책으로 사용된다.

인간과 음악의 생득적 관계로 음악에 반응하고자 하는 인간의 내재된 성향을 '음악 아이music child'라고 한다(Nordoff & Robbins, 1977). 인간은 성장 과정에서 어떤 형식으로든 음악적 표현과 반응을 즐긴다. 음악적 반응의 깊이와 강도는 개별적이고 다양하며 즉흥적이고 자발적이다. 음악은 자기 표현과 자기실현을 촉진시킨다.

2) 기본적인 욕구 충족 및 승화 도구로서의 음악

음악은 기본적인 욕구 충족 및 승화 도구로서의 역할을 하며 내재된 욕구로 인해 인간은 다양한 감정을 다루고 승화시키는 데 음악을 활용한다.

음악을 통해서 자신의 존재감을 확인하고 자아를 실현시키고자 하는 욕구는 우리 모두에게 내재되어 있다. 감상과 연주를 통해서 자신이 인지하지 못했던 감정을 확인하는 기회를 갖기도 하는데, 이는 감상이 감정을 유도하고 연주가 잠재된 에너지 분출을 유도하기 때문이다. 감상을 하면서 정서가 자극되고 연주를 하면서 에너지를 분출시킬 수 있는 것은 인간이 가진 '감정'이라는 속성 때문이다.

3) 음악 행동의 전이

음악치료의 또 하나의 전제는 음악 환경에서 보여진 행동은 비음악적 환경에 전이된다는 것이다. 음악은 행동의 전이를 가져오는데, 음악 환경에서 보여진 행동은 비음악적 환경에 전이된다. 그룹에서 연주를 지휘하고 선율을 리드하는 훈련은 음악 외적 환경에서도 자신의 목소리를 내는 힘과 주도력으로 전이될 수 있다.

음악치료사는 음악 활동을 통해 내담자의 모든 잠재력을 개발시키고 이러한 성장을 외부 환경에 전이시키고 확장시켜 주는 역할을 한다. 이처럼 음악 안에서 일어나는 모든 변화들이 실제 일상에서도 전이되어 변화가 일어나야 한다는 것이 음악치료의 궁극적인 목표이다.

4) 음악 활동에 관련된 발달적 기술

음악적 활동에 관련된 발달적 기술은 발달 영역별로 설명되는데, 음악에서도 인지, 신체/운동, 언어/의사소통, 사회/정서 영역별로 기능과 기술들을 분석한다. 인간 행동은 어떤 행동이든 한 영역에만 국한되지 않기에 다른 영역의 행동들도 살펴보아야 한다.

가창 활동을 보면 노래를 하기 위해서는 기본적으로 가사를 읽거나 외울 수 있는 능력, 박자를 기억해 조절할 수 있는 능력, 언어적으로는 조음과 호흡, 전반적인 협응감, 노래를 부르기 위한 정서적인 동기와 안정감, 음악을 경험하려는 의욕 등 많은 부분이 총체적으로 가동되어야 한다.

음악은 내담자의 감각 운동, 지각 및 인지 과정을 통괄하고, 사고와 정서를 자극해 변화시키며, 자신을 표현함으로써 창의력을 발휘할 수 있게 할 뿐 아니라 사회, 여흥, 종교 활동을 목적으로 사람들을 결속시키는 힘을 가지고 있다.

5) 인식의 연속성을 유도하는 음악

음악의 인식은 소리 정보를 처리하는 감각 지각에서부터 시작된다. 인식과 함께 에너지가 동원되어 심리적, 신체적 감각을 깨우고 감상자의 내재된 필요를 충족하도록 이끈다. 이러한 동기와 함께 음악에 대한 집중이 강해지면서 다른 환경적 자극은 배경으로부터 분리되고 음악은 전경으로 초점이 맞추어진다.

이러한 인식의 연속성은 전치된 의식 수준으로 심화되는데, 음악을 통해 공간과 시간을 초월하여 음악에 몰입하는 체험을 한다.

SUMMARY

- 음악치료는 치료를 목적으로 정신과 신체 건강을 복원, 유지시키거나 향상시키기 위해 음악을 사용하는 행위이다.
- 음악치료의 역사는 인류 문명의 초기에 음악을 치료적 목적으로 사용한 데서부터 기원되었으며 의학 영역과 교육 영역에서 꾸준히 개별화되어 교육 계획 안에 명시된 보조 서비스의 하나로 제공되고 있다.
- 1950년에는 전미국음악치료협회(NAMT, National Association for Music Therapy)가 결성되어 학위 취득을 위한 기본 교육과정과 훈련 과정에 관한 기준을 제정하고 인정하는 교육을 통해 음악치료사들이 많은 보건 관련 기관에서 일하고 있고 그 영역은 점차 확장되고 있다.
- 음악치료의 기본 전제는 전문적인 훈련 과정을 수료한 음악치료사에 의해 진행되어야 하며 변화를 필요로 하는 내담자를 대상으로 세션이 진행되어야 한다. 음악적 진단과 다른 전문적인 진단을 검토하여 설정된 목표를 가지고 체계적인 치료 단계를 설정하여야 한다. 그리고 음악적 경험이 중요한 요소이다.

생각해 볼 거리

1. 음악치료와 음악교육의 차이점에 대해 생각해 봅시다.

2. 음악 아이music child에 대해 생각해 봅시다.

CHAPTER

02

음악치료 개관 2

1. 음악이 인간에게 미치는 영향
2. 음악치료의 이론
3. 음악치료의 방법

1. 음악이 인간에게 미치는 영향

음악이 치료의 목적을 달성하기 위해 어떻게 사용되는가를 알기 위해 우리는 다음과 같은 질문들을 던져 볼 수 있다.

음악의 역할을 브루샤(Bruscia, 1998)는 음악치료의 형태를 음악의 역할과 그 비중에 따라 두 가지로 분류하였다. '치료에서 음악music in therapy'은 음악이 치료사에 의해 치료적 도구나 수단으로 사용하는 것을 의미한다. 음악은 치료적 역할을 수행하는 주제가 아니라 치료 목표를 달성하기 위해 치료사의 임상적 의도에 따라 달라진다. '치료로서 음악music as therapy'은 음악이 내담자에게 직접적인 영향력을 행사하는 치료의 일차적 매개체나 수행자 역할을 한다.

"음악이 어떻게 치료에 유용한 도구가 될 수 있는가?", "음악은 우리에게 음악이 아닌 다른 소리들, 구체적으로는 구어를 포함한 다른 언어들과 어떻게 다르게 받아들여지는가?", "어떤 음악을 어떻게 사용해야 한다는 일반적인 법칙은 있는가?" 우리는 이러한 질문들에 대한 대답을 위해서 음악이 생리적인 면에서, 심리적인 면에서, 그리고 사회적인 면에서 인간에게 어떤 영향을 끼치는지, 나아가 음악이란 무엇인지 그 본질에 대해 생리적 반응, 심리적 반응, 사회적 반응으로 살펴보고자 한다.

1) 생리적 반응

음악적 경험은 혈압, 맥박의 속도, 호흡, 피부 반응, 뇌파, 그리고 근육 반응 등에 변화를 가져온다. 우리는 음악적 경험을 통하여 혈압, 맥박의 속도, 호흡, 피부 반응, 뇌파, 그리고 근육 반응 등에 변화를 가져온다고 믿고 있다. 이러한 신체의 변화와 변화를 가져오는 요소들에 대한 연구가 지난 수십여 년 동안 진행되어 왔다. 예를 들면 전류 피부 반응에 의한 음악의 영향, 음악과 호흡 작용에 대한 상호 관계, 음악이 운동 활동에 미치는 영향, 긴장 상태에 있는 환자를 대상으로 음악이 긴장 완화 훈련에 미치는 영향 등에 관해 연구가 이루어졌다. 한편, 연구의 결과들을 종합해 보면 음악이 사람의 생리적인 반응에 영향을 미치는 것은 인정되었으나 음악에 대해 일정한 형태의 반응이 나타나지 않아 음악에 대한 반응을 예측할 수 없는 어려움이 있었다. 가령 똑같은 음악이라도 상황이나 사람에 따라서 정반대의 현상을 보인다.

그러나 다양성에 대한 여러 견해에도 불구하고 일반적으로 나타나는 결과를 통해 우리는 자극적인 음악의 성격을 대개 스타카토staccato, 싱커페이션syncopation, 악센트accent가 많으며, 조성의 변화가 급격하고 음역의 폭이 넓고, 예측할 수 없는 음악의 흐름을 지닌 것으로 일반화시킬 수 있다. 반대로 사람을 안정시키고 침체시키는 음악의 성격으로는 레가토legato적인 멜로디 중심의 음악이며, 조성의 변화가 거의 없거나 관계조의 자연스런 변화가 나타나는 것, 음역의 폭이 좁고 급격한 멜로디의 변화를 가져오지 않으며 대개 반복을 동반하는 음악으로서 진행을 예측할 수 있다.

즉, 활동을 자극시키는 음악은 사람의 교감 신경을 자극하여 근육 운동 시스템을 활성화시키며, 침체시키는 음악은 사람의 부교감 신경을 자극하여 편안하고 안정된 상태로 유도한다는 것이다.

도겔(Dogiel, 1880)은 음악이 혈액 순환, 심장 박동뿐만 아니라 호흡에까지 영향을 준다는 것을 증명하였고 와스코(Wascho, 1933)는 여러 가지 형태의 음악이 연주될 때 맥박수나 혈압의 변화를 관찰한 바가 있다.

2) 심리적 반응

음악이 인간의 감정, 정서에 영향을 미친다는 것은 보편적인 사실이다. 음악 자체가 특정한 감정을 유발한다기보다는 음악을 듣는 사람의 그 음악과 관련된 과거 경험이나 문화적 배경, 선호도와 음악교육 정도 등이 음악을 들을 때의 정서적 반응과 관계가 있다.

음악이 의미 있는 정서적 반응을 불러일으키는 것은 임상적 상황에서 정서 수정과 관련을 갖는다. 정서 수정에서는 음악적 자극 요소가 불러일으키는 환기가 내담자의 상황적 필요에 맞아떨어질 때 정서 수정이 일어나게 되며 이것이 행동 변화를 유지시켜 주는 결정적인 역할을 하게 한다.

대개 음악에 대한 심리적인 반응에는 대상자의 과거 경험이 깊게 관여하게 되며 음악적 자극에 의해 내면에 형성되는 보상과 이것에 의해 평가되는 가치, 이러한 과정을 통해 유발되는 동기가 중요하게 다루어진다.

음악심리학에서는 특정 음악과 정서적 반응에 관한 많은 연구가 이루어졌는데, 음악 자체가 특정 정서를 유발하기보다는 음악을 듣는 사람의 과거 경험과 문화적 배경, 기호와 음악교육 등이 음악을 들을 때의 정서적 반응과 관계가 있다는 것이 밝혀졌다.

3) 사회적 반응

음악은 가장 오래되고 자연스러운 의사소통과 자기표현의 수단이다. 음악은 비언어적인 의사소통 수단으로서, 특별히 언어 사용 능력이 제한된 환자라도 치료사와 함께 연주하면서 분노나 기쁨과 같은 자신의 감정을 음악으로 표현할 수 있다.

음악은 언어로 표현하기 어려운 무의식의 잠재된 내면의 문제들을 음악 속으로 표현하게 돕는다. 음악적 표현은 새로운 자아 인식으로 연결되고, 자아 인식과 연결된 자기표현은 정신치료 집단 속에서 새로운 사회적 교류로 이어지게 된다.

음악의 기능은 크게 두 가지로 구분되는데, 첫째는 음악을 위한 음악, 즉 미적인 기능으로서의 음악이며, 둘째는 사회의 기능적인 역할로서의 음악으로서 음악이 다른 목적을 위한 기능적 역할을 하게 되는 것을 말한다. 사회적 기능을 잘 분류한 대표적 학자로서 메리엄Alan Merriam을 들 수 있다. 음악적 관계는 사회적 관계로 발전하게 된다. 이에 대해 메리엄(1964)은 음악의 열 가지 기능을 통해 사람들이 음악을 사용하는 이유와 음악의 사회 문화적인 기능을 좀 더 잘 이해할 수 있다고 주장하였다(김종인, 2005).

| 음악의 사회적 기능 | (Merriam, 1964)

- 음악은 말로 표현하지 못하는 감정을 쉽게 표현하도록 해준다.

- 음악은 미적인 즐거움을 더해 준다.
- 음악은 오락의 방법으로 제공된다.
- 음악은 커뮤니케이션의 방법으로 이용된다.
- 음악은 상징적 표현으로 제공된다.
- 음악은 신체적 반응을 유발시킨다.
- 음악은 사회 규범과 관련된다.
- 음악은 사회 기관과 종교 의식을 확인시킨다.
- 음악은 사회와 문화의 연속성에 기여한다.
- 음악은 사회의 통합에 기여한다.

2. 음악치료의 이론

1) 행동주의적 음악치료

1960년대와 1970년대에 미국에서 활동했던 음악치료 선구자들은 행동 과학으로서의 음악치료에 객관적, 과학적으로 접근할 것을 강조하였다.

행동치료는 초장기 음악치료인 행동 과학의 개념에서 치료적 절차를 수행하는데, 음악치료에서는 긍정적인 행동의 증가 및 부정적인 행동의 감소 변화를 사전·사후 평가를 통해 양적으로 비교함으로써 음악의 효과성을 객관적으로 보여준다. 음악을 강화나 보상으로 이용하는 등의 행동 전략을 적용한다.

행동적 음악치료의 주요 목적은 사회적으로 중요하거나 의미있는 행동을 뜻하며 이러한 목적의 성취는 내담자에게 학교나 기관에서 보다 많은 유익을 가져올 것임을 확신하는 것이다. 목적 달성을 위한 구체적인 목표는 객관적이며 측정할 수 있는 용어로 기록되는 것을 강조한다.

치료적 중재는 실제적인 내담자의 반응에 치료 목표에 맞춘다. 종말기 내담자가 '노래 만들기'를 사용하여 가족과 대화하는 상황은 단순히 어떻게 하는 것이 좋은 의사 교류인지를 아는 것이나 치료사가 그러한 내용을 제안하는 것과는 다르다. 치료에서는 대화를 사용하지만 이것은 행동의 상황에 대한 것에 초점을 맞춘다.

또한 치료적 중재는 체계적이어야 하며 단계적으로 시행되어야 한다. 행동적 음악치료는 효과와 효율을 높이기 위해서 다음의 사항을 살펴야 한다.

- 치료와 행동 반응 간의 기능적 관련성을 확인하다.
- 지속적이면서도 정확한 관찰을 통해 내담자의 행동을 관찰한다.
- 관련성이나 과정을 최대한 단순화한다.

주요 심리치료가 인지·감정·행동의 영역을 포함하고 있어 행동적 치료 역시 다양한 기법으로 확장되었다.

2) 인지적 음악치료

인지적 모델은 본인 자신과 환경에 대한 비이성적인 사고에서 문제가 기인한다고 본다. 인지적 음악치료에서 음악은 비이성적인 사고를 인식하고 교정하는 목표에 활용된다.

인지적 치료법은 인간의 인지나 사고가 인간의 심리적 장애의 주요 근원의 하나라는 개념으로, 정서 장애 유발은 생활 사건 자체가 아니라 사건에 대한 왜곡된 지각이라고 가정한다. 내담자와 해결해야 할 구체적 목표는 자기 관심, 사회적 관심, 자기 지향, 관용, 융통성, 창조적 일에 대한 실행이며, 문제 행동 배후에 내재되어 있는 비합리적 신념의 핵심을 변화시켜 합리적이고 현실적인 가치관을 갖게 한다.

인지적 음악치료에서는 내담자의 진단에 맞게 다양한 음악적 요소를 적용, 내담자의 행동을 변화시키는 데 목적을 갖고 음악을 도구로 활용하여 인간의 문제 행동을 올바른 방향으로 치료하는 것이다. 치료에 사용되는 음악은 기능적 역할과 도구적 역할을 동시에 수행하며, 기능적 역할로는 음악이 신체 활동을 야기, 만족감, 환경과의 접촉을 도모하며 음악이 커뮤니케이션의 기능을 갖고 감정을 표출, 기억 자극, 즐거움 제공 등을 제공한다.

인지적 음악치료의 목표는 음악을 통해 정신과 신체의 기능을 건강 상태로 회복시키고 유지하기 위함이며 음악치료의 효과는 다른 사람과의 관계 개선을 돕고 사회성을 향상시켜 주는 데 있다. 음악치료 집단을 통해 개인의 책임감과 질서 확립을 도와주며 기분 전환과 집중력 향상, 적극적 역할을 위한 동기를 부여하고 말로 하기 힘든 정서를 창조적으로 승화, 배출한다.

치료사의 기능과 역할로서는 대상자와의 긍정적 관계 형성, 지속적으로 연결되는 치료 과정을 통해 목적을 달성하고 환자를 대하는 기본 윤리, 정확한 이해, 적합한 프로그램을 준비한다.

인지적 음악치료 과정에서 치료사와 내담자와의 관계는 커뮤니케이션의 기능으로 음악을 사용하여 내담자와의 효율적인 관계를 형성한다. 치료 기법과 절차인 감상을 이용한 치료로 차분해진 몸과 마음의 상태에서 고전 음악을 감상하는 동안 일어나는 상상을 통해 내부 상태를 표출하는 심상 유도 음악치료(GIM)와 즉흥 연주, 음악 연주 집단, 창작, 작곡, 노래 부르기, 적극적 음악 감상과 인식 등이 있다.

3) 정신 역동적 음악치료

정신 역동적 음악치료 모델은 근본적으로는 프로이트Sigmund Freud의 정신 분석 이론에 그 뿌리를 두지만, 기존의 기본 전제들이 여러 학자들에 의해 발전되어 오면서 오늘날의 정신 역동적 치료 접근법에서는 조금씩 바뀌었다. 이러한 연구가 '정신 역동'이라고 불리는 이유는 인간의 행동이 성격 구조의 역동적 상호 작용에서 기인하며 이러한 역동들이 현재의 대인 관계와 개인으로서의 기능에 영향을 미친다고 보기 때문이다.

정신 역동적 음악치료 모델에서는 기존의 정신 역동적 개념에 음악 혹은 음악적 환경을 연관시켜 치료의 변화를 유도하는데, 이 치료 과정에서 가장 초점이 되는 것은 음악과 내담자, 치료사의 역동적인 관계이다. 음악의 역할 대 관계의 역할에 관한 논쟁은 시간이 지나면서 변화하여 왔는데, 브루샤Bruscia는 치료적 맥락 안에서 음악적 과정과 언어적 과정의 상대적 중요성을 검토함으로써 음악의 역할에 대해 논의하였다.

심리치료로서의 음악은 치료적 이슈가 음악의 창조나 감상을 통하여 진단되고, 처리되며, 해결된다. 언어적 상호 작용은 필수적이지 않다. 음악 중심의 심리치료는 치료적 이슈가 음악의 창조나 감상을 통하여 진단되고, 처리되며, 해결된다. 언어는 음악 경험과 내담자와의 치료 과정 간의 관련성을 인도하고, 해석하거나, 향상시키는 데 사용된다.

심리치료 안에서의 음악은 치료적 이슈가 음악적 경험과 언어적 경험을 통하여 진단, 처리, 해결되며, 이 두 경험은 동시에 혹은 순차적으로 나타날 수 있다. 음악은 그것의 구체적이고 독특한 특질 때문에 사용되며 치료적 이슈와 치료에 밀접한 관계가 있다. 언어는 치료 과정 중에 깨달은 통찰을 확인하고 통합하여 정리하도록 하기 위해서 사용된다. 음악 경험은 대화를 촉진하고 풍성하게 하기 위하여 언어와 협력하여 사용되지만, 치료적 이슈나 치료와는 밀접한 관계는 없다(Bruscia, 1998).

처음 두 단계인 심리치료로서의 음악과 음악 중심의 심리치료는 다시 변형적 음악심리치료로 설명되는데, 이것들은 음악 경험 그 자체가 변화의 동인이 된다고 여겨지는 접근 방식을 대변하고 있기 때문이다. 반대로 다음의 두 단계인 심리치료 안에서의 음악 및 음악을 사용하는 언어심리치료는 뇌관적 음악심리치료라고 부르는데, 이는 변화의 동인이 음악적 경험이라기보다 언어적 상호 작용이라고 보는 접근 방식을 포함한다.

정신 역동적 음악치료의 역사적 발전은 연대별로 명확히 구분 짓기 힘들다. 음악에 관한 정신 분석적 접근은 1910년 초 프로이트학파의 출현과 함께 정신과 의사에 의해 시작되었다. 초기에는 음악적 현상을 설명할 수 있는 객관적 용어 정의 어려움과 개념 정립의 부재로 인하여 음악에 관한 정신 분석적 관점의 접근은 거의 이루어지지 못하였다.

1950년대에 이르러, 음악에서 반영되는 성격 구조와 그 구조에 관한 새로운 이론이 연구되기 시작하면서 많은 정신 분석가와 심리학자들이 음악을 통해 본능과 관련된 감정적 분출과 에너지 표출이 가능하고, 음악 활동을 통한 자아실현이 자아를 충족시켜 주고, 음악 안에서의 여러 가지 규율, 구조와 형식에 관한 법칙들을 따르는 것이 초자아를 충족시켜 주는 점 등의 기존의 정신 분석적 이론에 입각한 개입을 제시하였다.

1960년대에는 유럽과 미국의 몇몇 지역에서 음악을 정신 분석적인 매개체로 적용하게 되면서 정신 역동 모델의 이론적인 근거가 정립되기 시작하였고, 사회심리학과 개인 중심 심리학의 영향으로 음악치료가 정신 의학 분야에 적용될 수 있는 기법으로 발전하게 되었다.

1970년대에 들어와서는 타이슨Tyson이 정신 질환을 가진 내담자들을 중심으로 한 사례를 발표함으로써 음악치료 전문성 내에서의 정신 역동적 접근을 소개하였고, 앨빈Alvin도 정신 역동적 접근의 음악치료를 규명하였다.

이후로도 파블리체비치Pavlicivic, 위그램Wigram, 페더슨Pederson과 같은 음악치료학자들이 계속적으로 다양한 문헌을 통해 정신 역동 음악치료에 대한 개념과 영역을 정의하였다.

정신 역동적 음악치료 모델에 토대가 된 심리학 이론들로는 대표적으로 프로이트Freud 이론과 대상 관계objective relations, 그리고 자아심리학self-psychology이 있으며 이 이론들을 중심으로 음악치료 관련 개념들이 개발되었다.

이러한 프로이트 이론에 근거한 음악치료의 개념은 첫째, 본능, 자아, 초자아 중심의 수용적 음악 구분을 들 수 있다. 왕Wang은 음악 감상에서 주로 사용되는 고전 음악을 본능의 음악id-music, 자아의 음악ego-music, 초자아의 음악superego-music으로 분류하였다. 앨빈 역시 본능, 자아, 초자아 차원에서 음악이 쓰일 수 있다는 것을 강조하면서 음악은 원초적 본능의 표현은 물론 이성적으로 이러한 본능을 사회적으로 적합한 방법으로 승화시켜 주는 역할을 한다고 하였다.

코후트Heinz Kohut는 프로이트의 세 가지 성격 구조를 음악과 연관시켜 정신 분석적인 이론을 제시하였는데, 원초아(본능)id로서의 음악적 기능을 설명하면서 음악의 카타르시스 기능을 강조하였다.

더 나아가 코후트는 프로이트의 일차적 과정과 이차적 과정의 개념을 음악과 연관 지어 설명하였다. 그는 심리적 기능에서 일차적 과정은 무의식의 특징적 사고 유형으로 본질적으로 원초적이며 쾌락 원리의 지시를 따르는 변형되지 않은 욕구와 관계가 있다고 하였다. 이에 반해 이차적 과정은 합리적인 사고의 한 유형으로 사고, 언어, 행위의 즉각적인 표출을 지연시키거나 연기하는 기능을 포함하고 있으며, 현실 원리와 관계가 있다.

프리스틀리Mary Priestley는 이러한 심리 성적 발달 단계 개념과 내담자의 음악을 연계시켜 심리적 고착과 음악적 행동 유형의 공통적인 측면들을 연구하였다. 프리스틀리는 심리 성적 발달 단계에 따른 개념에 맞추어 즉흥 연주된 음악을 구강기 음악, 항문기 음악, 남근기 음악, 생식기 음악으로 분류하였다.

구강기 음악oral music은 개인의 음악적 역할이나 특성 없이 타인의 리듬과 선율에 일치하는 경우를 말하며, 항문기 음악anal music은 음악의 다양한 요소를 통제하려는 의도가 보이는 경우, 남근기 음악phallic music은 타인의 소리를 의식하면서도 본인의 음악적 방향이나 선호도를 제시하는 경우, 마지막으로 생식기 음악genital music은 타인의 음악을 충분히 인식하며 같이 연주하는 것을 즐기고 음악을 통해 상호 작용하는 경우를 말한다.

마지막으로 대인 관계적 이슈는 음악적 상호 작용을 통해 다양한 측면에서 보일 수 있다. 브루샤Bruscia는 즉흥 연주에서 어떠한 음악적 상호 작용을 보이는지를 중심으로 그 사람의 사회적 상호 작용 유형을 보고자 하였다. 즉흥 연주 환경은 통합과 분리를 경험하는 상징적인 환경으로 제시되는데, 음악적으로 보이는 행동이 외부 세계, 곧 사회적인 상호 작용에서 볼 수 있는 행동이며, 반대로 그 사람의 사회적인 행동이 음악적 환경에서 보이는 행동 양상과 많은 부분에서 일치한다고 하였다.

브루샤는 음악적 환경에서 개인이 음악과의 관계, 타인과의 관계, 치료사와의 관계들을 중심으로 일치와 분리, 안정감과 변화, 그리고 자기중심과 타인 중심과 같은 세 가지 축으로 음악을 분석함으로써 대인 관계적 유형을 분석하고자 하였다. 각 축을 중심으로 보고자 하는 목표에 따라 음악적 특성과 전개가 다르며, 특히 자신과 타인의 축에서는 그룹의 각 구성원들이 음악을 만드는 과정에서 보여 주는 대인 관계적인 측면을 다룬다.

브루샤는 정신 역동적 음악치료에서 행동주의적 접근과는 차별되는 만큼 치료사, 내담자, 그리고 음악과의 관계의 중요성을 강조하였다.

내담자와 치료사와 관계는 치료에서 매우 중요한 부분을 차지하는데, 브루샤는 내담자와 치료사의 관계를 라포르rapport 형성, 만남, 한계 탐색, 신뢰감의 획득, 역할 정의, 갈등 해결, 그리고 분리의 과정으로 정의하였다.

치료사는 내담자의 문제 해결을 통해 내담자의 정서적인 성장과 성숙을 유도할 때 분석가에서 지지자로 변화하는데, 이때 치료사의 의무는 내담자의 내적 자아가 표현하고자 하는 것을 내담자가 스스로 통로를 발견하고 발전할 수 있도록 돕는 것이다.

내담자는 방어 기제를 규명하고 본인의 장점을 발견하고 음악치료를 통해 자각한 잠재된 무의식적 문제가 어떤 것인지를 알아 가려는 마음을 가지고 있어야 함과 동시에 치료 과정에서 함께하는 치료사의 역할을 이해하고 수용해야 하며 치료사의 권유에 기꺼이 반응할 수 있어야 한다.

4) 인본주의적 음악치료

인본주의적 시각은 인간이 삶의 기본적인 문제에 대처하지 못하고 자신과 타인에 대해 책임감이나 의미를 갖지 못할 때 문제가 야기된다고 본다.

음악치료사의 역할은 언제든 내담자를 위해 있어 주고 내담자가 '지금-여기'와 연관된 일상의 다양한 이슈들에 초점을 맞추도록 돕는 것이다. 음악을 매개로 한 다양한 치료적 활동은 이러한 상위 욕구를 다루어 주는 과정을 제공하는데, 수동적 혹은 능동적 수준의 음악적 경험은 내재된 '욕구'의 투사, 규명, 통찰 등의 기회를 제공한다.

인본주의 음악치료는 로저스Carl Rogers, 매슬로Abraham Maslow 등이 주창한 인본주의 사상과 음악치료를 접목한 이론으로, 인간 상호 간의 사랑, 개인적 창의성, 자아 인식, 인격적 성장, 인간 기본 욕구 충족, 자아실현, 고매한 가치관 설정, 존재의식, 성취감, 유머, 온정, 책임감, 의미, 절정에 대한 경험, 용기와 같은 개념적 차원과 자아 발달의 실현을 목표로 하고 있다.

이는 소리와 신체, 정신, 정서, 영적 요소들을 모두 포함한 전 인간의 상호적인 관계가 핵심이다. 음악치료는 개인 및 사회에 득이 되기 위한 인간의 욕구를 쟁점으로 하는 음악의 측면을 치유적으로 구성하는 과정이라 할 수 있다. 따라서 인본주의 음악치료사는 음악적 경험을 통해서 내담자가 건강과 안녕의 상태로 나아갈 수 있도록 인도하고 지도해야 한다.

인본주의 음악치료는 인간의 정서와 관계를 핵심적으로 다루기 때문에 인간 본연의 전체주의적인 전 인간으로서 개인을 대상으로 하여 인지, 발달, 사회적 측면을 통합적으로 탐색한다. 음악을 매개로 하는 치료적 활동은 매슬로가 제시한 인간의 욕구 중 상위 욕구를 다룰 수 있는 과정을 제공하고, 능동 및 수동적 수준에 맞춘 음악적 경험이 내면에 잠재되어 있던 욕구를 규명하고 통찰할 수 있도록 해준다.

인간이 경험할 수 있는 행복한 충만함의 절정 경험을 즉흥 연주와 같은 창의적인 음악 활동을 통해서 체험할 수 있으며, 음악을 통한 자기표현으로 자기실현과 잠재적 능력의 발현을 꾀할 수 있다. 음악은 창조적 예술 활동으로 창의성을 기본으로 하여 인간의 독창적인 면을 촉진하기 때문에 내담자 스스로 창작하는 음악 자체가 자기만의 표현이 되어 자기 성찰 및 자긍심 신장으로 확장될 수 있다.

인본주의 음악치료의 이론적 개념으로는 건강한 욕구와 필요를 스스로 조절하여 인식의 경험을 유도하고 의사소통 수단을 개발시킨다는 것과 내재적 학습을 통해서 외부 세계로의 참여를 유도하고 개인의 만족과 총체성을 불러일으킬 수 있다는 점, 원만한 인간관계 형성을 통해서 자아 발달을 이끌어 준다는 점 등이다. 특히, 자아 발달 이론에서 가장 핵심적인 것은 타인과의 관계이기 때문에 인본주의 음악치료는 음악을 매개로 타인과의 관계 향상을 꾀하여 음악을 통한 사회적 기능 향상이라는 효과도 볼 수 있다.

인본주의 음악치료는 무조건적 수용이라는 인본주의 원칙하에 어떤 내담자이든 모든 증상이나 행위 및 태도에는 그 원인이 있다고 가정하고, 모든 연령대에서 어떤 증상을 가진 내담자라 하더라도 가능성을 지닌 존재로 받아들인다.

진단이나 판단을 내리지 않고 공감이라는 주제를 중심에 둔 채 주변 세계 및 타인과 자신 사이를 건강하게 인식하는 활기찬 신체를 만들어 나가는 것이 인본주의 음악치료의 궁극적 목적이다.

활기찬 신체란 사람이 음악적 도구를 써서 자기를 확장해 나가는 개념으로, 연주와 같은 음악 활동을 함으로써 내면의 자기를 이끌어 내는 첫 번째 오케스트라라고 할 수 있다. 음악을 창조하는 활동은 인간의 동작, 몸짓, 자세, 시야, 언어, 리듬의 질서 등으로 대화를 이끌어 낸다.

인본주의 음악치료 입장에서 볼 때 소리는 세계와 세계에 대한 감정으로 생산되는 것이므로 바로 관계가 된다. 인본주의 음악치료는 세계, 타인, 자기의 수용을 향한 열림으로 출발하여 음악적 체험의 과정을 거치면서 내적 변화를 야기하고 모든 연령대의 자기실현을 완성하는 데 도움을 준다.

매슬로는 모든 사람들이 일생 동안 행복하고 충만한 순간에 절정 경험을 체험할 수 있다고 하였다. 매슬로는 이러한 절정 경험을 일상생활에서 얼마나 많이 경험하는가를 자기실현 정도의 척도로 삼았으며 계속적으로 이러한 절정 경험을 추구하도록 권유하였다. 매슬로의 견해는 로저스에 의해 계승되었는데, 로저스는 절정 경험을 체험하는 사람은 그 경지에서 능력을 최대로 발휘한다고 하였으며 이를 '완전히 기능하는' 상태라고 표현하였다.

음악치료에서는 특히 즉흥 연주에서 이러한 절정 경험을 체험할 수 있는데, 창의성을 발휘하여 자신의 소리를 만들고, 소리들이 모여 음악의 형태를 이루며, 음악의 시간적 진행을 통해 완성도를 경험하고, 이 과정에서 본인의 통제력과 결정력, 그리고 완전히 기능함을 체험한다. 이처럼 절정 경험은 음악에서 다루어질 수 있는 부분이며 이를 통해 자신과의 만남과 통합을 경험할 수 있다.

음악치료를 적용해 볼 때 음악은 예술적 매개체로 창의성을 기본으로 하는 활동으로, 음악 만들기 인간의 창의성을 촉진하고 실현하게 하는 경험을 제공해 주며 이 과정에서 독창적인 음악이 만들어질 수 있다. 즉흥 연주된 음악은 판단되지도 평가되지도 않는 내담자 자신만의 음악이며 창작물이다. 음악치료에서 음악은 한 개인의 표현 그 자체라고 할 수 있다.

3. 음악치료의 방법

1) 노도프-로빈슨 모델의 창조적 음악치료

노도프-로빈슨Nordoff-Robbins 모델의 창조적 음악치료cretive music therapy는 두 명의 치료사가 팀이 되어 진행한다. 치료사는 피아노에서 환자와 치료적 음악 경험을 하는 치료사와 환자를 도와 즉흥 연주와 피아노 연주에 반응하도록 도와주는 역할로 나누어진다. 주요 과정으로는 내담자가 음악적으로 반영하도록 하고 성악과 기악 반응을 불러일으키고, 음악적 기술과 자유로움을 표현하도록 하고, 그리고 커뮤니케이션과 내부적 반응을 발달시키는 것이다.

2) 프리스틀리 모델의 분석적 음악치료

프리스틀리Priestley 모델의 분석적 음악치료analytical music therapy에서 치료사는 내담자가 내면세계를 표현하는 방법으로 단어나 상징적인 즉흥 연주 음악을 사용하는 기회를 제공한다. 프로이트와 융의 이론에 입각하여 다음의 네 가지 진행 과정이 있다.

- 감정적인 조사가 필요한 이슈를 확인하고 즉흥 연주를 위한 타이틀을 만든다.
- 즉흥적 역할을 치료사와 내담자가 정한다.
- 타이틀에 맞추어 즉흥 연주를 해간다.
- 연주 후 토의한다.

3) 리오단-브루샤 모델의 경험적 즉흥 연주

리오단-브루샤Riordan-Bruscia 모델의 경험적 즉흥 연주experimental improvisation therapy는 기악, 소리, 몸 동작 등 개인의 음악적 경험과 표현을 그룹의 사람들과 함께 나누어 가도록 하는 그룹 즉흥 연주 모델이다. 치료자의 역할을 그룹의 일원으로서 혹은 그룹의 밖에서 돕는 사람으로 두기도 한다. 자유로운 연주의 과정을 가지기도 하며 혹은 치료사가 어떤 제시를 하면 그룹이 그 주제적 생각이 형성될 때까지 즉흥 연주를 하기도 한다. 몇 가지 주제가 분명해지고 또 서로 연결될 때까지 그룹은 매번의 경험을 이야기하고 또 반응한다.

4) 오르프 또는 비트론이 모델이 된 임상적 오르프 즉흥 음악치료

오르프Orff 또는 비트론Bitcon이 모델이 된 임상적 오르프 즉흥 음악치료orff improvisation models에서 치료사는 동작이나 말에 사용되는 기본적인 리듬 위에 창의적인 음악적 활동을 한다. 오르프 즉흥 연주에서는 형식form을 과정을 돕는 수단으로 이용하는데, 대개 론도 형식을 중요하게 생각한다.

기본적 형식(일반적으로 치료사가 요구하기보다는 그룹에서 나타나는) 위에 치료사에 의해 제시되는 (대개 모델링을 통해) 어떤 조그만 아이디어로 시작되는 즉흥 연주는 과정을 거치며 발전하는데, 대개 결과는 대단한 진전으로 나타나게 된다. 어떠한 경우에라도 성공적인 음악적 경험과 개인의 긍정적인 경험에 중요성을 갖는다. 내담자들이 언제 어떻게 반응하는가를 조절하며 즉흥 연주를 형성시킨다.

5) 재창조 연주의 경험

재창조 연주의 형태는 악기를 배우고 가르치는 활동과 핸드벨이나 그 외 그룹 악기 연주 활동, 성악 활동을 포함한다. 앞서도 언급한 바와 같이 음악치료사가 악기를 가르치거나 합주 그룹을 인도하지만 그것이 일반 음악 활동과 다른 점은 음악 활동이라는 도구를 통해 치료사가 목표로 하는 것이 음악 외적인 행동의 변화라는 점이다. 다음은 재창조 연주의 경험이 가지는 치료적 목적들이다.

- 감각 운동 기술을 발달
- 시간에 입각한 행동과 적응적 행동을 발달
- 집중력과 현실 감각을 향상
- 기억 기술을 발달
- 다른 사람과 감정 이입, 정체성 등의 기술을 발달
- 자신의 생각과 느낌을 다른 사람과 커뮤니케이션이 되도록 하며 다른 사람의 것을 받아들이도록 함

6) 창작적 경험

창작적 경험의 형태는 노래 가사 고쳐 부르기와 노래 만들기song-writing로 나타난다. 창작적 경험이 가지는 치료적 목적은 다음과 같다.

- 계획과 조직력의 발달
- 창의적 문제 해결 능력 발달
- 책임감을 증진
- 기억 기술을 발달
- 내면 경험으로부터 커뮤니케이션을 발달
- 노래 가사를 통한 치료적 주제를 탐구

7) 감상적 음악 경험

감상적 음악 경험은 치료의 목적을 달성시키는 주요한 원인이며 이를 통한 음악 경험의 목적들은 다음과 같다.

- 수용력을 향상
- 특정한 몸의 반응을 유발
- 개인을 활성화시키거나 진정
- 청각·운동 기술을 발달
- 정서적 상태나 경험을 일깨움
- 기억, 회상, 회귀regression를 유발
- 심상을 유발
- 절정의 경험 영적인 경험으로 자극

8) 작곡

작곡composition expriences은 협동심을 발달시키고 감정, 생각, 경험의 공유를 촉진한다. 입원한 아동의 경우 노래 가사를 쓰는 것은 알 수 없는 두려움과 감정을 표현하는 방법이다. 종말기 환자의 경우, 삶과 죽음의 의미에 관한 감정을 표현하는 도구이며 또한 남겨진 사랑하는 가족들을 위한 창조적인 유산이 된다. 내담자를 위한 또는 내담자와 함께 노래를 통한 치료는 자기 인식self-awareness과 카타르시스의 순간을 촉진시킬 수 있다. 음악 경험의 목적은 다음과 같다.

- 조직화 계획 수립 능력 발달
- 창조적 문제 해결 기술 발달
- 자기 책임성 조장
- 내면세계와 의사소통하고 기록하는 능력 발달
- 가사를 통한 치료적 주제 탐구를 조장
- 부분을 전체로 통합하고 종합하는 능력 발달

SUMMARY

- 음악치료의 형태를 음악의 역할과 그 비중에 따라 두 가지로 분류하였다. '치료에서 음악(music in therapy)'과 '치료로서 음악(music as therapy)'에 대해 기술하였으며 이러한 질문들의 대답을 위해서 음악이 생리적인 면에서, 심리적인 면에서, 그리고 사회적인 면에서 인간에게 어떤 영향을 끼치는지, 나아가 음악이란 무엇인지 그 본질에 대해 다루었다.
- 음악치료의 이론에 대해 행동주의적 음악치료, 인지적 음악치료, 정신 역동적 음악치료, 인본주의적 음악치료에 대해 기술하였다.
- 음악치료의 전체적인 접근은 음악과 이완, 음악과 심상, 또는 수용적 음악치료 기법을 통해 내담자가 자기 자신을 인식하고 성찰을 얻도록 하는 치료 목표를 가지고 있다.
- 음악치료 방법으로 노도프-로빈슨 모델의 창조적 음악치료, 프리스틀리 모델의 분석적 음악치료, 리오단-브루샤 모델의 경험적 즉흥 연주, 오르프 또는 비트론이 모델이 된 임상적 오르프 즉흥 음악치료, 재창조 연주의 경험, 창작적 경험, 감상적 음악 경험에 대해 소개하였다.

생각해 볼 거리

1. 음악치료의 철학에 대해 다양한 이론에 대해 생각해 봅시다.

2. 음악과 인간의 발달에 대해 생각해 봅시다.

CHAPTER

03

대상별 음악치료

1. 아동을 위한 음악치료

음악 활동은 발달 영역 내 다양한 기술 발달을 촉진한다. 아동기를 포함한 발달 과정에서 아동은 여러 가지 음악 활동에 수동적, 적극적으로 참여하게 되며 이를 계기로 발달 영역의 다양한 기술들이 촉진된다.

1) 음악과 발달 영역

(1) 운동 · 신체 영역

음악 활동 중 감상을 포함한 모든 활동이 운동 기능과 관련이 있다. 음악을 통한 운동 또는 신체 기능 강화는 인간의 내재된 신체 리듬과 동조화 성향 때문인데, 작게는 긴장 이완을 위한 호흡 훈련에 음악을 활용할 수 있으며, 신체 기능 강화를 위한 재활 훈련 치료 도구로도 적용할 수 있다. 악기 연주는 소근육에서 대근육 기능은 물론 동작의 흐름과 유연성을 조절해 주는 협응감을 증가시킨다.

몸 동작과 운동을 통해 신체 부위에 대한 개념을 얻고 자신의 능력에 대한 자신감을 갖게 된다. 유아의 발달 과정에서 대근육과 소근육의 정상적 발달은 매우 중요한데, 음악을 적용함으로써 발달을 촉진시킬 수 있다. 음악은 시간적 예술이라

표 3-1 대근육 운동을 위한 음악적 적용

운동적 개념	대근육 운동
소리와 동작	• 음의 길이에 따라 동작을 한다(작은 별 걷기, 유모레스크, 라데스키 행진곡).
공간 지각 및 눈 손 협응감	• 각기 다른 위치에 있는 악기들을 오른손, 왼손을 한 번씩 사용하여 연주한다.
운동의 범위	• 근육의 운동 범위를 증가시키며 팔과 다리의 동작 범위를 증가시킨다. • 단순하고 반복적인 동작을 시작으로 점차적으로 구조화한다.
강도에 따른 동작	• 큰 음악 소리와 작은 음악 소리에 따른 움직임의 변화를 준다.
템포에 따른 동작	• 빠른 곡과 느린 곡에 따른 동작 변화를 준다.

출처 : 정현주(2019, 필자의 재구성)

표 3-2 소근육 운동을 위한 음악적 적용

운동적 개념	소근육 운동
잡는 힘	• 건반를 누른다. • 손가락을 이용하여 각기 다른 말렛을 잡는다.
쥐는 힘	• 오션 드럼을 기울이며 연주한다. • 쉐이크 사용하여 연주한다.
손가락의 기민성	• 손가락으로 화음을 연주한다.
손목의 움직임	• 손목 벨을 연주한다.
순발력·민첩성	• 음악에 따라 다양한 동작을 한다. • 리듬을 듣고 동작 패턴을 제시한다.
근육의 힘과 조절력	• 음악이 멈출 때까지 악기를 연주하고 점차적으로 음악의 길이를 증가시켜 간다.
근육·편측성	• 두 손에 채를 들고 주어진 리듬 패턴을 교대로 연주한다.

출처 : 정현주(2019, 필자의 재구성)

는 것을 고려할 때 리듬은 음악에서 가장 중요한 기존 조직이 되며 리듬의 시간적인 구조화의 기능으로 인해 다양한 신체적 반응은 물론 운동 기술을 촉진시킨다.

감각 운동 신경을 자극하는 데 있어 음악의 리듬적 요소는 감각 운동적 자극제로서 동작을 유도하고 조절하며 필요한 유연성과 협응감을 가능하게 해준다. 운동 영역에서 음악 활동의 범위는 아동이 움직이도록 유도하는 다양한 악기나 동작, 그리고 춤을 포함한다. 음악은 동작의 정확성을 강화시켜 주며 근육의 유연성과 같은 전반적인 운동 기능을 향상시킨다.

(2) 언어 · 의사소통 영역

음악은 비언어적 의사소통의 수단이지만 가창은 아동들의 언어적 기능을 향상시키는 치료적 매개가 될 수 있다.

아동들에게 작게는 발화에 필요한 호흡을 강화할 수 있고 크게는 제시된 주제에 관한 가사를 만들게 하거나 정확한 발음으로 노래하는 것을 목표로 할 수 있다. 음악은 매우 융통성 있는 도구이다. 따라서 음악치료사에 의해 적절하게 구성되면 내담자의 필요와 요구를 충족시킨다.

출생 후 영아들은 생물학적 기능에 수반하는 여러 가지 소리를 낸다.

3개월 정도가 되면 목 울리는 소리cooling와 함께 여러 가지 모음 소리를 섞어 내기 시작한다. 5개월 전후가 되면 다양한 모음과 자음 소리를 내는데, 이를 주변적

표 3-3 세부적 언어 기술 강화를 위한 음악 활동 예시

언어	세부 기술	활동 예시
수용 언어 (인지 기능과 연관성 큼)	행동·동작 지시 이해	• 음악 안에서 제시되는 지시들을 수행할 수 있는지를 관찰할 수 있다.
표현 언어 (다양한 세부 기술들이 포함됨을 참고)	호흡	• 들숨과 날숨의 길이를 조절과 호흡 유지력 강화한다.
	발성·발화	• 악기 연주 시 악기 소리를 모방하면서 발성한다. • 발화 : 음악의 일정한 부분에서 발화를 유도한다.
	의문론·화용론	• 가사에 담겨진 시나리오를 달리하여 적절한 부분에서 언어 반응을 유도한다.

출처 : 정현주(2019, 필자의 재구성)

옹알이marginal babbling라고도 한다. 6개월이 넘으면 "다다" 또는 "너너"와 같이 자음과 모음이 결합된 음절을 소리 낸다. 12개월 이후에는 더 다양한 자음과 모음을 구사할 수 있게 되면서 연속적으로 연결된 음절이나 억양도 나타난다. 이 같은 발달 과정은 환경에 관계없이 보편적인 현상이다.

언어 기술의 기본 조건은 호흡 조절 능력이다. 호흡 조절 능력은 음색이나 목소리의 공명에 영향을 미친다. 따라서 언어를 구사하기 위해서는 기본 호흡을 유지할 수 있어야 한다.

리듬에 맞추어 숨을 들이마시고 내쉬는 기술, 취주 악기를 길게 불며 호흡을 일정하게 유지하기, 취주 악기로 장단, 강약을 조절하며 불기, 호흡 훈련은 발화와 발성뿐 아니라 이완을 제공한다. 이완은 신체와 발성 기관을 편안한 상태로 유지시킨다.

호흡 조절은 신체적 이완와 생리적 상태에 규칙적인 리듬을 가져올 뿐만 아니라, 적절한 발화 및 발성 활동에도 기본적으로 필요하다.

(3) 정서 영역

음악치료에서 의미하는 정서는 개인 내적 심리 및 감정을 의미한다. 음악치료의 목표가 음악 아이music child 또는 음악적 자기self의 실현이므로 음악 안에서 자신의 존재감을 확인하고 즐기는 것은 음악이 치료적으로 작용하는 가장 기본이다.

표 3-4 개인 내적 요인과 음악 활동 예시

세부 기술	활동 예시
자존감	• 노래의 가사를 익혀서 큰 소리로 부른다.
충동 조절	• 연주하는 음악이 들리면 북과 악기를 연주하고 기다렸다 음악이 다시 들리면 계속 연주한다.
자기 표현	• 각기 다른 정서의 곡들을 감상하고 이에 대한 느낌을 나눈다.
성취감	• 음악극과 같은 이야기 전개가 있는 활동에서 역할을 통해 이야기를 만들어 가는 경험을 나눈다.
자기실현	• 타인들 앞에서 혼자 연주해 보며 외부의 관심을 수용하고 존재감을 확인한다.
주도력	• 지휘자가 되어 본다.

출처 : 정현주(2019, 필자의 재구성)

(4) 사회 관계적 영역

음악치료에서 사회성은 상호 작용과 대인 관계 형성, 타인과의 교류에 필요한 기본적인 기술을 의미한다.

사회 기술은 3~4세부터 시작되는데, 비언어적 교류, 언어적 교류, 행동적 교류로 구분될 수 있으며, 행동적 교류는 모방이나 놀이를 통해 상호 작용하는 것을 말한다. 사회 기술은 음악의 심리적 기능과도 관련이 있는데, 공감대를 이어 주는 합창과 합주 같은 집단 활동은 기본적인 사회적 기술을 강화시킨다.

표 3-5 관계적 요인과 음악 활동 예시

세부 기술	활동 예시
타인과의 교류	• 다른 사람의 리듬을 듣고 모방하여 연주한다.
협동심	• 지시 따라 연주한다.
소속감	• 각기 노래의 맡은 부분을 연습하여 완성된 노래를 부름으로써 집단의 공통된 음악적 성취를 공유한다.

출처 : 정현주(2019, 필자의 재구성)

2) 음악치료 주요 대상군

(1) 자폐 스팩트럼 장애

① 장애의 정의와 특징

자폐 스팩트럼 장애autism spectrum disorder란 사회적 관계의 결핍, 의사소통 능력의 결함, 계속적인 강박 행동, 변화에 대한 저항, 극단적인 자폐적 고립, 언어의 비정상으로 특징지어지는 아동기 증후군이다. 미국정신의학회(APA, 1980)American Psychiatric Association는 전반적 발달 장애pervasive development disorder로 명칭하면서 DSM-5the Diagnostic and Statistical Manual of Mental Disorders-5에 자폐성 장애의 특징을 출생 후 30개월 이전에 나타나며, 타인에 대한 반응이 전혀 없으며, 언어 발달이 크게 떨어지고, 말을 해도 반향어, 대명사 전도 등이 두드러지며, 변화에 대한 저항이 심하고, 환경에 괴이한 반응, 생명체·무생물에 대한 이상한 흥미를 가지고, 지나친 애착과 망상·환상이 심하며, 연합 장애를 가진다고 하였다. 따라서 자폐성 장애는 아동기의 심각한 행동 장애일 뿐 아니라 전반적인 발달 장애이고, 자폐성 장애로 진단되는 대부분의 아동들은 타인과의 관계 형성에 관심이 없고, 타인과 의사소통하려는 의도를 전혀 가지고 있지 않으며, 타인과 상호적인 즐거움이나 관심을 나누려는 어떤 자발적 행동도 보이지 않는다고 할 수 있다.

| 감각적 자극에 대한 반응 |

감각적 자극에 대한 반응은 대체로 두 가지 증세를 통해 나타난다. 첫째는 잘못된 감각 조절이고, 둘째는 상동적인 자기 반응 행동이다. 잘못된 감각 조절은 입력되는 감각, 예컨대 촉각이나 빛, 소리 또는 고통에 대해 거의 반응하지 않거나 지나치게 반응하는 것으로 나타나며, 자기 반응 행동이란 상체를 반복적으로 왔다갔다하거나 손을 반복하여 움직이고, 눈앞에다 손가락을 바짝 갖다 대고 바라보는 행동 등을 말한다. 이러한 행동은 대개 별 이유나 목적 없이 행해진다.

| 언어 능력 및 인지 능력 |

대개 언어적이든 비언어적이든 의사소통에 심각한 혼란을 보이며 언어 발달에 있어서도 사회적 모방이 결여되어 있거나 문법을 따르지 못하고 반향어를 사용하는 경우가 많다. 인지 능력에 있어서는 일반 아동과 유사한 분포를 가지지만 일반적으로 추상적인 생각이나 청각 또는 시각적 정보들을 인지하는 능력, 계속 연결되는 사건을 따라가거나 정보를 조직하여 의미 있는 형태로 구성하는 데 어려움을 보인다.

| 사회 · 정서적인 장애 |

자폐 아동의 일차적인 특성으로 다른 사람들과의 관계를 형성하는 능력의 결핍을 든다. 첫째, 자폐 아동은 사람들과 기본적인 관계를 형성하는 데 문제가 있는 것으로 나타난다. 둘째, 자폐 아동은 종종 혼란된 정서적 행동을 나타낸다. 세째, 자폐 아동은 연령에 적절하게 행동 발달이 이루어지지 못한다. 네째, 자폐 아동은 매일의 생활에 습관적인 행동 반경을 유지하는 것을 중요하게 여기는데, 예를 들어 거실의 식탁의 위치를 바꾸어 놓거나 꾸준히 해오던 일과의 시간을 달리 변경시킬 경우 짜증을 내기도 한다.

② 음악치료 목표

| 사회 정서 영역 |

자폐 아동들은 다른 사람들과의 사회적인 접촉을 의도적으로 피하거나 거부하기 때문에 이들에게 매력적인 대상, 즉 악기 같은 것을 제공함으로써 치료사와 아동 사이에 음악적인 만남을 갖도록 한다. 이때 치료사는 아동의 감각 조절 능력에 비해 지나치게 습관적인 행동을 불러일으키거나 자극을 주는 악기는 피하는 것이 좋다.

| 감각 영역 |

악기를 사용함으로써 청각, 시각, 촉각 등의 자극을 서로 협응시킨다. 자기 자극적 행동을 감소시키기 위한 감각적 강화로서 대상의 특성에 따라 음악을 보상과 만족을 느낄 수 있도록 적용하여 행동을 감소시킬 수 있다. 감각 운동 통합 활동으로 음악에 따라 움직이는 동작을 통해 운동 능력을 통합할 수 있다. 또한 모방을 통해 신체와 동작을 정련시킬 수 있으며 음악적 구조와 연결시킬 수 있는 연습을

통해 아동들로 하여금 다른 사람들과 함께 연주하면서 감각 운동 협응을 이루며 감각 조절 방법을 배우게 한다.

| 인지 영역 |

주의력, 사물 인식 및 환경 인식 능력, 기본 학습 기술 및 과제 수행에 필요한 다양한 인지 기술들을 다룬다. ASD 아동들은 리듬 패턴이나 템포, 강도 등의 변화를 즉각적으로 알아차리고 반응하는 특징을 보인다. 이러한 특징으로 인해 음악의 자극 수준을 조정함으로써 해당 아동의 반응을 목표하는 수준으로 조정하는 것, 주의를 이끌어 내는 것에 있어 음악의 효과적인 역할을 기대할 수 있다.

| 언어 발달 |

언어 영역에서 음악치료는 반향어 감소를 위한 개입으로 가장 많이 사용된다. 브루샤Bruscia(1982)는 반향어를 음악적으로 분석한 후 치료적 전략을 구상했는데, 반복되는 반향어를 하나의 음악적 단위로 보고 음악과 함께 승화시킬 수 있는 창의적인 접근 방법을 개발하였다. 이러한 치료적 논거를 바탕으로 음악치료 프로그램을 실행한 결과 30회기의 음악치료를 받은 후 ASD 아동의 반향어 사용이 95%에서 10% 이하로 감소했다고 보고하였다.

③ 음악치료 활동에서 고려할 점

| 과거 학습 기억과 치료에 대한 반응 |

자폐 아동들이 부정적이고 학습을 거부하는 듯한 상반되는 행동을 보이는 것은 음악치료 초기에 종종 보여진다. 이것은 새로운 환경을 싫어하는 이유일 수도 있으며 과거 치료의 부정적인 경험에서 기인된 것일 수도 있다. 임상의 치료사는 두 가지 전략을 아동의 상황에 맞게 적용할 수 있다.

첫째는 직접적인 방법으로 아동이 계획한 활동에서 벗어나지 못하게 하는 동안 확고하면서도 직접적인 내용으로 아동의 특정적이며 빈번하게 나타나는 밝혀진 아동의 기대되는 행동을 유도하는 것이다. 치료사와 아동 간의 교류적 요구가 빈번하며 재촉하는 상황인 것이다.

둘째는 간접적인 전략으로 치료사와 아동 간의 교류에서 요구는 적게 하면서도 높은 성공률을 가져올 수 있도록 활동을 구조화시키는 것이다. 예를 들어, 악기 연주에서 펜테토닉 음계를 연주하도록 하여 구조에서 성공적 결과를 보장되도록 하는 것이다.

직접적 또는 간접적 방법을 사용하는 치료에는 서로 장단점을 가지게 되는데, 임상에서 치료사는 이들을 잘 혼합해 사용하는 것이 좋을 것이다. 어떠한 경우라도 목적은 아동 자신의 행동을 통해 예견되는 행동을 소유하도록 하는 긍정적인 효과로 나타나도록 하는 것이다.

| 감각 자극에 대한 반응도 |

자폐나 정신 분열 아동의 내재된 특징으로 소리 자극에 대한 과민 반응 또는 무딘 반응이 있다. 한편, 이런 반응이 특정한 소리에만 연관되기도 하며 시간이 지나면서 다른 자극으로 옮겨가기도 한다. 때때로 이러한 민감도에는 아동이 선호하는 자극에 지나치게 반응하고 비선호 자극에 대해서는 부정적으로 반응을 보이는 등 아동의 감각의 선호가 문제가 되기도 한다. 음악치료사는 음악 자극의 종류에 따라 반응하는 각 아동의 반응 정도를 잘 분석해야만 한다.

| 집중하는 과정 |

집중하는 과정과 관련되어 자폐 아동들은 두 가지 종류의 문제를 경험할 수 있다. 첫째는 지나치게 선택된 집중을 하는 경향을 보이는데, 한 가지 자극 양상에 전념하여 다른 상관된 중요한 자극에 대해서는 차폐시키는 것과, 둘째는 집중을 자극에서 다른 자극으로 빨리 옮겨다니며 어수선하게 보이는 경우이다.

| 학습의 전이와 변화에 대한 극복 |

지나친 선택적 집중은 학습의 유연성과 연관된다. 학습 초기에, 직접적인 학습 방법보다 색깔 악보 등 부속 자료를 사용한 학습이 오히려 학습의 전이에 방해가 되는 것은 지나친 선택적 집중 탓일 수 있다.

이런 경우 목표하는 학습보다는 오히려 부속 자료에 집중하는 경향을 보이는 것으로 나타난다. 변화에 대한 극복과 관련하여 임상의 음악치료사는 아동이 선호한다고 생각하는 특정한 음악 자극을 반복하여 사용할 때 아동의 선호를 고착시키고 있지는 않는지 주의할 필요가 있다.

| 자극의 연결을 통합하는 능력이 결핍된 시간적 지각 자폐 아동 |

자폐성 아동은 청각적 자극에 지연되거나 불일치하는 몇 초의 에코를 경험하는 듯하는 반응을 보이기도 한다. 이런 관점에서 임상의 치료사는 앞서는 자극으로부터 에코적 경험을 하지 않는다고 확신하는 음악 자극을 제공해야 하고 또 강한 청각 자극을 사용한 후에는 새로운 자극을 주기 전에 몇 초 기다리도록 한다.

치료사는 짧은 길이를 가진 자극만을 사용하여 첫 번째 자극이 두 번째 자극으로의 시간적 연결에 혼란이 없도록 해야 할 것이다. 한 음절의 말이나 한 가지 제스처가 긴 청각 또는 시간적 연결 고리를 가진 지침보다 더 효율적이다.

음악치료사는 자신의 말과 동작 간에 일치를 가지도록 하는 것은 물론 치료사 자신의 동작과 말을 아동이 보이는 고유의 리듬과 일치시킬 수 있도록 지속적으로 노력해야 한다. 자극 제시의 타이밍은 자극의 질만큼 중요한데, 좋은 타이밍은 수용하는 자극으로 받아들여지는 결과를 가져오지만 나쁜 타이밍은 혼란을 증대시킬 뿐이다.

| 리듬적 운동의 시간적 지각과 리듬적 동작의 밀접한 관련성 |

운동 구성 장애는 자폐증의 공통된 특징이다. 개인적 다양성은 있지만 동작-노래를 사용하는 움직임을 통한 감각 입력으로 환경을 배우도록 하는 활동은 청각-운동 협응 기술, 몸의 정보, 운동 구성에 도움을 준다.

운동 기술이 있는 아동은 악기 연주를 통해 시간적 지각을 향상시킬 수 있다. 한편, 임상에서 한 가지 유의할 점은 음악은 자폐 아동에 있어 자기 자극 운동 또는 발성 반응을 유발시킬 수 있다는 점이다. 그래서 음악치료사는 음악에 대한 아동의 동작 반응이 적응적이고 비반복의 성격을 가져야 함을 유념해야 할 것이다.

| 상징적 기능, 언어, 제시 |

자폐증 언어는 고착되고 유연성이 결여된 문법이나 어법에 부적합한 것으로 드러나는데, 한 번 학습된 단어나 문장도 종종 내용과는 거리가 먼 문맥 밖에서 사용된다. 또한 아동들은 말을 시작하기보다는 더 잘 반복하고, 또 음악적인 연주나 즉흥 연주에 참여하기보다는 음고를 모방하는 것을 더 잘하는데, 이런 현상은 자폐 아동들이 음악의 특정한 단계에 머무르고 그것만 음미하고 있는 듯한 경험을 나타내는 듯 보인다.

치료사는 아동을 이해하기 위해 종종 각 아동의 개인적 특유성을 받아들여야 한다. 음악은 또한 말과 발성을 격려하는 데 사용된다. 더 진보된 단계에서는 노래 가사를 일상생활에서의 언어 사용으로 전이시킬 수 있을 것이다. 그러나 많은 아동의 경우 이러한 종류의 일반화는 특정한 프로그램에서만 가능할 수 있다.

| 커뮤니케이션과 사회 기술 |

아마도 특수 교육 현장에서 가장 흔한 음악의 사용은 싱어롱singalong일 것인데, 종종 동작 게임과 관련시켜 사용된다. 그러한 활동들은 아동들의 구속이 없이 동료들 간의 커뮤니케이션과 사회 기술을 풍요롭게 하면서도 반복과 새로운 정보들을 섞으며 제공된다.

음악의 형식 중에서 론도의 사용은 이러한 상황에서 효율적이다. 치료적 환경에서 함께하는 성공을 통해 자폐 아동들은 성인이나 다른 동료들을 함께 상대하는 데 있어 주요한 진보를 만들 수 있다. 이러한 교류가 언어문제로 인해 비록 제한되어진다 하더라도 긍정적인 사회적 교류는 아동에게 있어 치료적 환경에 적용되어지는 성공적인 학습으로 성숙되어져 가도록 한다.

| 자극에 대한 정서 반응 |

자폐성 아동의 결함이 즐거움이나 의미를 불러일으키는 과정에 있다는 주장은 아마도 대뇌 변연계의 역기능에 기인한 것일지도 모른다고 연구가들은 지적한다. 이것은 연구에서 정상 아동들은 의미 있는 자극을 더 잘 기억하는 데 반해 자폐 아동들은 의미 있는 자극뿐만 아니라 의미 없는 자극도 함께 기억하는 경향이 있기 때문이다.

이러한 사회적 잠재력과 개인적 경험의 의미들을 잘 음미하지 못하는 자폐 아동의 결핍은 활동의 레퍼토리의 궁핍으로 설명된다. 많은 자폐성 아동들이 상대적으로 음악 자극에 긍정적이라는 사실은 음악이 동기 유발과 활동 참여를 격려하기 위해 사용되는 데 당연한 것이다.

(2) 지적 장애

① 장애의 정의와 특징

지적 장애intellectual disability는 우리나라 특수 교육 대상 학생 중 가장 많은 비중을 차지하고 있다(교육과학기술부, 2013). DSM-5의 신경 발달 장애, 즉 뇌의 발달 지연 또는 뇌 손상과 관련된 장애인 지적 장애는 지능은 일반적으로 지능 검사에 의해 얻어진 IQ로 측정하는데, 보편적으로 지능 지수가 70 미만일 때를 지적 장애로 본다. 그러나 측정이 어렵고 개념이 일반화되지 않아 IQ 검사 결과에 기초한 경도, 중증도, 중도, 최중도의 분류를 주로 사용하고 있다. 지적 장애는 장애 정도와 개인차에 따라 그 특성이 매우 다르게 나타난다(Grossman, 1983).

지적 장애는 현재 나타난 기능이 실제로 제한된 것으로 지칭할 수 있다. 여기서 실제로 제한되었다는 것은 지적 기능이 유의미하게 평균 이하인 동시에 적응 행동의 하위 영역, 즉 의사소통, 자립, 가정생활, 사회적 능력, 지역 사회 활용, 자기 지향성, 건강과 안전, 기초 학력, 여가와 작업 등에서 두 영역 이상이 관련된 제한성을 갖는 것을 의미한다.

지적 장애의 발생 원인에 대해서는 오랫동안 많은 학자들에 의하여 연구되어 왔지만 오늘날까지도 경도 정신 지체의 약 50%와 중도 정신 지체의 약 30%의 원인은 아직 밝혀지지 않고 있다.

원인을 크게 나누면 유전적인 요소와 출생 후의 환경적인 요소로 나눌 수 있지만 경우에 따라서는 이 두 가지가 복합적으로 섞여 있는 경우도 많다. 유전적인 원인이라고 생각되는 경우는 심한 지적 장애보다도 경도 지적 장애가 많다. 그 이유는 지능이 열등한 부모는 열등한 유전자를 아이에게 전해 주었을 뿐 아니라, 비교육적인 환경과 무관심한 육아법으로 아이를 키웠을 경우가 많기 때문이다.

임신 중, 즉 태내 시기에 작용하는 원인으로는 산모가 전염병에 감염, 특히 홍역에 감염된 경우, 매독·주혈 원충증, 아주 심한 영양실조 등이 원인이 될 수 있다. 그리고 방사선 조사는 태아의 발육에 큰 장애를 주어 소두증을 일으키고, 따라서 정신 지체를 일으킬 수 있으며, 산모의 경련인 자간도 원인이 될 수 있다.

지적 장애 아동은 뇌의 발육 장애로 인해 감각 기관의 이상을 흔히 볼 수 있다. 운동 기능을 큰 근육 운동 기능과 작은 근육 운동 기능으로 나눌 수 있는데, 신체

표 3-6 장애인복지법에 따른 지적 장애의 분류

구분	지능 지수	수준
지적 장애 1급	34 이하	• 일상생활과 사회생활의 적응이 뚜렷하게 곤란하여 평생 동안 독립이 어려우며 타인의 도움을 필요로 하는 수준
지적 장애 2급	35 이상~49 이하	• 일상생활의 단순한 행동을 훈련시킬 수 있고, 어느 정도의 지도와 감독을 받으면 숙련된 기술이 필요하지 않은 단순한 직업을 가질 수 있는 수준
지적 장애 3급	50 이상~70 이하	• 교육을 받으면 어느 정도의 사회적 직업적 재활이 가능한 수준

출처 : 김종인(2008, 필자의 재구성)

의 대근육을 사용한 운동은 정신 지체아와 비장애아의 발달 단계가 같으나 발달의 정도는 정신 지체아가 2~4년 정도 지체를 보인다.

소근육 운동은 손끝 방향으로 발달하는데, 대근육 운동의 발달보다 소근육 운동의 발달 속도가 더욱 느리다. 지적 아동의 언어 발달은 지능이 낮을수록 언어 장애가 심한데, 주로 유아기부터 나타나 언어 발달을 촉진을 위해서는 조기 훈련이 중요하며, 훈련에 있어서는 표출 언어에만 중점을 두지 말고 항상 의미를 결부시킨 언어(개념화) 훈련이 필요하다.

② 음악치료 목표

국내외 여러 문헌이 음악이 지적 장애 아동들의 학습을 돕고 주의 집중력과 기억력을 강화하며 언어 습득과 운동 기술을 향상시키고 성공 경험을 통해 타인과의 교류를 증가시킬 수 있음을 강조하고 있다.

| 인지 영역 |

음악 활동을 통해 변별 기술, 모방 기술, 단기 기억력 등을 포함한 과제를 수행하게 한다.

- 연주 활동으로 치료사의 연주 모방하기 : 제시된 박자, 리듬 패턴, 템포 등을 음악적 속성(시간적 구조, 공간적 구조)을 이해하고 기억한 후 재생산한다.
- 곡 만들기 : 음악을 기억의 도구로 사용, 암기해야 할 내용에 적합한 곡을 만들어 불러 본다. 단순한 선율의 경우 모방과 기억이 쉽기 때문에 기억의 보조

도구로 사용된다.

| 언어 영역 |

지적 장애에 따라 언어 발달에 지연이 있거나 조음 장애, 구어 발달의 지연, 제한된 어휘, 정확한 문법 사용에 어려움이 있다.

- 소리 인식과 수용, 언어 이해 중심의 음악 활동
- 청각 지각력 향상 : 악기 소리 따라가기, 위치 인지하기, 음색 구별하기
- 의사소통을 위한 기본기술 : 가사를 통한 지시 주기, 과제 수행하기

| 사회 영역 |

타인과의 협동심, 적절한 상호 관계 형성 기술, 타인과의 교류에 필요한 기술들을 경험하게 한다.

- 음악 구성을 최대한 구조화하기
- 자발적 참여와 가능한 수중에서 목표를 성취하도록 하기
- 자신이 만든 고유의 음악을 타인들과 공유 : 자긍심을 높이고 음악 활동에 대한 본인의 생각과 느낌을 표현하도록 격려
- 그룹 음악 활동(사회 적응 기술 향상) : 서로 집중하기, 지시 따르기, 이야기 나누기, 협동하기

| 정서 영역 |

자기 개념이 부정적인 경우가 많아 "나는 이것을 못해요" 등의 언어화로 이어지고 의존적인 경향이 많기 때문에 성취감을 충분히 경험할 수 있는 활동, 자존감을 높여 주는 경험을 제공한다. 자신의 감정을 인식하는 방법과 이를 표현하는 것이 중요한 음악치료의 목표가 될 수 있다.

③ 음악치료 활동에서 고려할 점

- 지적 장애 아동들의 경우 음악 과제가 인지 기능과 긴밀한 관계가 있기 때문에

아동의 기능 수준에 따라 매우 차이가 크다. 연주 시 간단한 조작으로 소리를 낼 수 있는 타악기를 선호하며, 진동이 큰 타악기에 보다 적극적인 반응을 보인다.

- 활동이 아동의 기능에 맞아야 한다. 적절한 강화 요인으로 음악 활동이 제공되어야 한다.
- 가창 활동 시 도약 진행보다는 순차 진행을 빨리 습득하고 가온 도에서 가온 라까지의 음역의 곡에서 음정이 비교적 정확한 편이다. 반복적 리듬이나 의성어·의태어, 일상생활에서 경험한 노래에는 더 흥미를 나타낸다.
- 주의 집중력과 지속 시간이 길지 않아 연주 시간이 긴 악곡에 대한 이해와 표현이 제한적이다. 음악 활동은 과정을 단순화할 수 있고, 즉각적인 반응이 가능하기에 다양한 참여가 가능하다.
- 개개인의 욕구에 따라 각기 다른 목적과 목표를 가지고 개별적으로 시행되고 있다. 음악 활동의 긍정적인 경험은 아동의 인지 발달을 촉진하는 데 기여한다.

(3) 주의력 결핍 및 과잉 행동 장애(ADHD)

① 장애의 정의와 특징

DSM-5의 신경 발달 장애, 즉 뇌의 발달 지연 또는 뇌 손상과 관련된 장애인 신경 행동 증후군 중 하나인 주의력 결핍 및 과잉 행동 장애(ADHD)Attention Deficit Hyperactivity Disorder는 자신의 행동 조절에 지나치게 어려움을 겪는 것이며, 어떤 상황에 대해 즉각적 반응을 보이는 충동성 등의 행동 특성을 보인다.

ADHD 아동의 특징은 허락 없이 자리를 이탈하고, 뛰어다니고, 팔과 다리를 끊임없이 움직이는 등 활동 수준이 높다. 장시간 가만히 앉아 있어야 하는 상황에서는 신체 통제에 어려움을 느끼며, 손가락이나 다리를 쉬지 않고 움직이고, 이상한 소리를 내기도 한다. 이런 과도한 움직임은 거의 모든 상황에서 일어나는데, 가정, 학교, 클리닉 등 모든 장소에서 나타나며 과제 수행뿐 아니라 놀이 활동, 그리고 사회적 활동에서나 비사회적 활동 구분 없이 나타난다. 분노, 좌절, 슬픔, 기쁨 등의 정서적인 반응도 일반 아동들보다 더 빈번하고 강하게 표출한다. ADHD 아동은 과잉 행동이 양적 차원을 반영한다면, 주의 집중 결함은 자극이나 과제에 대한 반응의 질적 차원을 나타내는 것으로, 이는 주의력 결핍 및 과잉 행동 아동의 주된 특성으로 간주되고 있다.

주의 집중은 여러 기술이 요구되는 복잡한 과정으로, 교실에서 효과적으로 기능하기 위해서는 수많은 주의 집중 기술을 습득해야 한다. 어떤 자극에 적절하게 초점을 맞추고, 두 과제가 동시에 주어질 때 각각의 과제에 효율적으로 주의 집중을 하고, 어떤 변화를 탐지하고, 그 변화에 반응할 준비 상태인 경계심을 장시간 유지할 수 있는 지속적 주의 집중이 필요하다.

ADHD 아동은 경쟁 자극을 물리치고, 적절한 자극에 주의 집중하는 초기의 선택적 주의 집중에서 결함을 보인다. 시각적 혹은 청각적 자극 특성이 분명한 경우에 비해 중립적이거나 자극의 특성이 모호한 경우에는 주의 집중 결함이 현저하게 나타난다.

ADHD 아동의 선택적 주의 집중 결함을 밝힌 한 연구는 듣기 과제에서 내용을 상세히 설명하거나, 묘사를 많이 보태거나, 배경음이 있을 때에는 ADHD 아동의 듣기 이해가 떨어지는 것으로 보고되고 있다. 현저한 자극 속에 묻혀 있는 미묘한 언어적 단서에 선택적 주의 집중을 해야 하는 서술식 산수 문제에서 수행이 떨어진다.

ADHD 아동은 비교적 노력을 들이지 않는 과제에서는 일반 아동들과 수행의 차이가 나지 않으나 높은 수준의 주의 집중, 기억을 요하는 과제에서는 일반 아동이나 학습 장애아보다 수행이 떨어진다.

ADHD 아동은 신기한 자극에는 주의 집중을 하므로 신기성이 떨어지는 반복 과제에서는 계속적으로 주의 집중을 하기 어렵다. 시간이 지나면서 몸을 많이 움직이며 후반부에서는 성취가 떨어지는 지속적 주의 집중 결함을 보인다. 이런 지속적 주의 집중의 어려움으로 인해 장기간의 반복과 기계적인 암기 기술의 숙달이 요구되는 산수 계산에서는 속도가 느리며 철자에서도 맞춤법이 많이 틀린다.

ADHD 아동의 충동성이 사회적인 문제와 공격성을 야기시키기도 하는데, 충동적인 아동은 줄 서기나 게임에서 자기의 차례를 기다리지 못하는가 하면, 분노를 통제하지 못하고 부적절한 행동을 그대로 표출한다.

놀이 집단에서 또래들보다 3배나 공격적이고 10배나 부정적인 말을 많이 하여 또래들로부터 거부당하는 것으로 밝혀지고 있다. 타인에게 공손한 말을 사용하지 않으며, 타인의 입장에서 생각하는 것을 배우지 못해 자신의 행동이 타인을 방해하거나 자신의 대인 관계에 영향을 미친다는 것을 의식하지 못한다.

아동들은 유아기에서부터 놀이를 통해 사회성 기술을 발달시키는 데 비해 ADHD 아동은 주의 집중 결함이나 충동성 때문에 이런 상호 작용의 기회를 상실하게 되고 이로 인해 사회성에 결함을 나타나게 된다. ADHD 아동은 친구와의 상호 작용 양이 일반 아동과 같으나 질에 있어서는 부정적인 상호 작용을 많이 하는 것으로 밝혀졌다.

교사와 부모가 관찰한 ADHD 아동의 사회적 문제는 싸우기, 타인을 방해하기, 다른 아동들을 억압하기 등이며 이로 인해 ADHD 아동은 또래에게 더 많은 거부를 당하게 된다.

ADHD 아동들은 부주의, 충동성, 과잉 행동 등의 행동 문제를 가질 뿐만 아니라 이러한 일차적인 문제는 사회, 인지, 학업, 신체 등 재발달 영역에도 여러 가지 문제를 야기시키게 된다. 모든 ADHD 아동들이 이러한 모든 문제를 가지는 것은 아니지만 정상 아동들보다 더 많이 나타내는 것으로 보고되고 있다.

② 음악치료 목표

첫째, 아동에게 음악적 자극과 악기 활동을 통해 에너지를 정적으로 발산시킬 수 있는 출구를 제공함으로써 부정적인 느낌을 표현하도록 하며 위축감으로부터 벗어나도록 한다.

둘째, 감각 자극의 심미적 수단인 구조화된 음악 소리를 아동의 정서와 일치시킴으로써 개인 간의 통합을 유도하며, 자신과 타인, 그리고 자신에 대한 재인식의 기회를 제공한다.

셋째, 아동에게 음악치료를 통해 장애로 인해 적을 수도 있는 성공의 경험을 음악 속에서 제공함으로써 자신의 유능함을 경험하도록 한다.

넷째, 아동이 음악 속에서 지지 받고, 수용되는 경험을 통해 정서적 안정감과 자아 존중감을 향상시킬 수 있도록 함으로써 자아실현의 동기를 부여한다.

③ 음악치료 활동에서 고려할 점

- ADHD 아동의 경우 아동이 과제를 수행 시 즉각적으로 강화물을 제공하는

해야 한다.

- 악기의 크기나 재질 등을 고려하여 다양한 음량의 변화를 표현할 수 있으며 단단하고 조작이 쉬운 악기를 사용하는 것이 좋다. 아동의 충동성을 표출하거나 제어할 수 있는 악기를 선택하도록 한다.
- 리듬 패턴의 길이를 단순한 리듬 패턴에서 복잡한 리듬 패턴으로 단계적으로 확장한다. 주의 집중 정도를 고려해 길이와 난이도를 조절하는 것도 중요하다.

(4) 정서 행동 장애

① 장애의 정의와 특징

정서 행동 장애emotionally disturbed는 정서 또는 행동 문제가 또래 집단의 규준에 비해 기대 수준을 심각하게 벗어난 상태를 말한다. 정서 행동 장애아들이 보이는 행동의 특징은 크게 외현화 행동externalizing behaviors과 내면화 행동internalizing behaviors으로 나눌 수 있다.

외현화 행동의 예로는 과잉 행동(자리 이탈, 큰 소리 지르기, 욕하기 등), 공격 행동(물기, 차기, 던지기, 악담, 위협 등), 또는 규칙 위반 및 청소년 비행 등이 있다.

내면화 행동 장애를 가진 아동들은 친구를 사귀어 노는 사회적 기술이 부족하고, 백일몽과 환상에 자주 빠지며, 일부 아동은 이유 없이 사물을 두려워하거나, 자주 아프다고 호소하며, 우울에 쉽게 빠지기도 한다. 이러한 행동을 보이는 아동들은 반사회적 아동들보다 교사를 덜 방해하므로, 쉽게 눈에 띄지 않을 수도 있다.

정서 행동 장애 아동들은 일반 아동에 비하여 평균 이하의 지적 능력을 지니는 경향이 있다. 몇몇 연구에 따르면, 많은 정서 행동 장애 아동들은 IQ 검사에서 학습 지진아 또는 경도 정신 지체의 범주에 속하는 점수를 받았다고 하나, IQ 검사는 단지 아동이 특정 과제들을 얼마나 잘 수행하는지만을 측정할 뿐 실제로 지능이 낮다는 것은 아니다.

정서 행동 장애 아동들은 부적절한 행동 때문에 과거에 검사에 나오는 과제들을 배울 수 있는 기회가 차단되었을 수도 있다. 하지만 그렇기 때문에 정서 행동 장애 아동들은 대부분 학급에서 낮은 학업 성취도를 보이고 있고, 많은 아동들이 학습 장애를 복합적으로 나타내고 있다.

② 음악치료 목표

음악치료 목표는 아동의 증상에 따라 목표가 설정된다. 내재된 문제를 가진 아동들에게는 자기 인식, 자기표현, 자존감 증진, 충동성 조절, 자기 조절감 향상, 자기 효능감 향상 등에 목표를 둔다.

외현화 문제를 가진 아동들을 위한 아동들을 위한 음악치료의 주요 목표는 충동 조절에 둔다. 음악치료에서는 근본적으로 부적절한 충동적 행동을 자극하는 환경을 이해하고 자신의 감정적, 심리적 에너지를 승화시키는 데 치료 목적을 가진다.

음악 활동 시 음악의 리듬, 순서, 구조 등은 현실과의 연결 고리를 학습하는 도구로 활용될 수 있다. 음악은 효과적인 비언어적 수단이므로 느낌이나 생각을 말로 표현하는 것이 어려운 아동들에게 사회 기술 향상을 위해 효과적 수단으로 사용하고 있다.

아동들은 악기 연주, 노래 부르기, 율동, 작곡 등을 통해 타인과의 적절한 관계 혹은 충동을 제어하는 방법 등을 학습할 수 있다. 또한 음악은 인간의 감정을 불러일으킬 수 있는 도구 중 하나이므로 음악 감상이나 가사 분석, GIM 기법 등을 통해 우울함, 분노, 화를 줄이고 동기화나 안정을 증가시키는 데에도 효과적일 수 있다. 이러한 활동을 통해 보다 바람직한 정서 표현 향상이나 부정적인 자아 형성의 감소, 기초 학습 능력 향상, 문제 해결 능력·의사 결정 능력의 향상 등에도 도움을 줄 수 있다.

③ 음악치료 활동에서 고려할 점

- 정서 행동 장애 아동과 세션을 진행할 때 가장 중요한 부분은 음악 자원이다. 동질성의 원리에 입각하여 아동의 심리·정서적 문제를 충분히 교감할 수 있는 곡이어야 한다.
- 다양한 수준의 신체적인 동작, 목소리를 이용한 가창, 악기 연주 등 적극적인 참여를 유도한다. 아동에게 주어진 음악적 환경 안에서 적절한 행동과 충동 조절을 배우게 하고 음악을 통한 감정적인 돌파구를 제공한다.
- 아동이 음악 안에서 체험하는 감정 작업이 음악 외적 환경에도 전이되어야 하므로 학교 또는 일상에서 경험하는 극단적 감정 상황에서 음악을 어떻게 쓸 것인지를 충분히 고민하도록 한다.

2. 청소년을 위한 음악치료

1) 특징

청소년은 청년과 소년의 합성어로, 인간의 발달 과정에서 아동기와 성인기의 중간 단계로 볼 수 있다. 일반적으로 청소년기는 아동기를 벗어나 신체적·지적·사회적으로 성인기로 전환되는 과도기라고 인식되고 있다.

청소년기는 흔히 사춘기와 혼용되어 사용되고 있지만 개념적으로는 차이가 있다. 사춘기는 생물학적인 생식 능력을 갖게 됨으로써 성인으로 발달이 시작됨을 의미하는 반면, 청소년기는 사춘기가 시작되는 11~12세부터 법적 성인의 연령인 19세까지를 의미한다.

청소년기는 신체적으로 급격한 변화를 보이는 시기이다. 성적으로도 성숙하여 이성에 대해 눈을 뜨고 2차 성징이 뚜렷하게 나타나 남녀 간의 차이를 보여 주는 시기이기도 하다.

사춘기의 성장이 같은 성별, 같은 연령의 다른 청소년에 비해 얼마나 빠른가 얼마나 느린가는 개인이 경험하는 사회적 발달에 영향을 미친다(현영미, 2000).

청소년기 신체 발달은 유전과 환경의 영향으로 발전하는데, 단순히 육체적인 성장과 변화만을 의미하지는 않는다. 이 시기 신체의 급격한 변화는 심리적인 불안의 원인이 되기도 하지만 자신의 신체에 대한 관심을 갖게 됨으로써 새로운 자아를 형성하는 기초가 될 수 있다.

청소년기는 신체의 급격한 변화와 함께 심리적으로도 변화가 큰 시기이다. 과거 부모에게 의존하던 관계에서 벗어나 정신적으로 독립을 하고 싶어하며 자아 정체감을 형성하는 노력이 강해지는 시기이다.

아동기에 비해 감정 작용이 복잡하고 다양하게 나타나면서 공상이 많아지고 마음의 동요가 많이 나타나는 시기이다. 정서적으로 불안하고 혼돈된 정서를 보이기도 하며 주변 사람들에게 중요한 존재로 인식받고 싶어하기 때문에 자신이 타인에게 어떻게 받아들이는지에 대해 매우 민감하게 반응하는 시기이다.

이 시기는 신체적 성장으로 인해 자신의 신체적인 매력과 모습에 관심을 갖게 되며 이로 말미암아 자신에 대한 정체성의 변화가 일어난다.

사회적 특징은 타인으로부터 인정받고자 하는 욕구가 강하게 나타나고, 그에 따라 특정 집단에 속할 때 더욱 안정감을 느끼게 된다. 이 시기 또래와의 집단은 청소년에게 있어서 매우 중요한 의미를 갖는다.

청소년기 초기에는 가족보다는 자신과 친구에게 더욱 의존하기 시작한다. 다양한 다른 집단과 접촉을 하면서 새로운 의미의 관계들을 정립하기 시작한다(김태련 외, 2004). 청소년들은 이 시기에 자신의 인생관이 확립되고 또한 자기 역할을 자각하게 되며 외부 상황에 대한 통찰을 통해 자신을 바라볼 수 있게 된다.

2) 음악치료 목표

청소년에게 음악은 매우 친숙하고 일상적인 경험이기도 하지만, 청소년들과 치료적 음악 활동을 함께하는 것이 치료사에게 쉬운 일은 아니다. 이들은 여러 측면에서 변화의 시기이며 스스로 어른들로부터 독립하고자 하는 욕망이 강한 시기이기에 성인 치료사와 함께하는 활동에 쉽게 참여하려 하지 않는 것이 일반적이다.

청소년들은 변화가 많고 에너지가 넘치고 열정적이기 때문에 청소년과의 음악치료는 매우 역동적인 과정이기도 하다. 이러한 청소년의 특징을 고려하여 음악치료는 한 가지 목적에 초점을 맞추기보다는 최소한 2~3가지 목적을 위해 다양한 접근을 실시한다.

표 3-7 청소년 대상 음악치료 목표

개인 내적 영역	대인 관계적 영역
• 인지 영역 : 자아 정체성 확립, 인지적 왜곡, 부정적 사고로부터 인지적 재구성	• 대인 관계 영역 : 적절한 대인 관계 기술 향상, 협동 등 그룹에 적합한 기술 향상
• 정서 영역 : 자신의 감정 인식, 적절한 감정 표현과 조절	• 행동 영역 : 행동 조절 능력, 긍정적 행동 증가
• 미적 경험 : 음악을 통한 미적 경험, 잠재된 음악성 개발	• 부모 영역 : 부모 상담을 통한 협조, 가족 관계 개선

출처 : 황은영 외(2017, 필자의 재구성)

청소년을 위한 음악치료의 목적은 크게 두 가지로 고려해 볼 수 있다. 첫째는 대인 관계적인 목적이고, 둘째는 개인 내적 목적이다. 대인 관계적인 목적으로는 사회성, 대인 관계 형성을 목적으로 음악치료를 적용할 수 있으며 개인 내적으로는 정체성, 자아와 관련된 목적을 생각할 수 있다(표 3-7 참조).

3) 음악치료 활동에서 고려할 점

청소년과의 음악 활동 시에는 먼저 청소년에 대한 이해가 필요하다. 청소년 스스로 치료를 원하고 있는지, 스스로 자신을 개방할 준비가 되어 있는지에 대한 파악이 필요하다.

특히, 청소년기의 특징을 이해하고 이들에게 적절하게 접근할 수 있는 전략이 필요하다. 비록 청소년기가 가정에서 독립하는 시기이고, 부모를 포함한 어른들의 가치관에 대항해 자신의 정체성을 찾아가는 시기이지만, 이 시기 청소년에 대한 가족의 지지와 이해는 매우 중요한 요인이 될 수 있다.

치료사는 자신의 역전이에 대해 주의하여야 한다. 자신에게서 해결되지 못한 청소년기의 문제가 있다면 먼저 이를 해결하여 치료에서 객관적인 입장을 취할 수 있어야 한다.

치료사는 음악적으로 청소년에게 접근할 수 있는 기술과 전문성이 있어야 한다. 그들이 선호하는 음악, 그들만이 공유할 수 있는 음악 등에 대한 다양한 레퍼토리와 함께 다양한 음악적 경험을 적용할 수 있는 음악적 자질이 요구된다.

3. 성인을 위한 음악치료

음악치료에서 성인 대상군은 주로 정신 장애를 가진 내담자들이 주 대상자들이다. 정신 건강과에서 여러 치료 형태와 접목되어 음악치료가 제공되었으며, 내담자들의 심리·정서 문제를 완화시켜 주는 효과적인 치료 도구로 활용되어 왔다.

정신 장애를 가진 성인인 경우에 음악적 자료와 기법에 차이가 있을 수 있으며 다루고자 하는 문제에 따라 음악 경험의 깊이와 형태가 달라질 수 있다. 중요한 점은 정신 장애를 가진 성인들의 경우 정신과 치료가 매우 필수적이며 음악치료는 보조적 치료로서 제공된다는 점이다. 여기서 보조적 치료는 'adjunctive'라는 의미이다. 즉, 약물이 할 수 없는 정서 심리적 접근을 토대로 치료적 개입이 이루어진다.

정신 장애를 가진 내담자를 위한 음악치료의 수준은 음악을 심리 치료적 도구로 활용하는데, 휠러(Wheeler, 1983)가 제안한 지지적, 재교육적, 재구성적의 세 단계 접근으로 언급할 수 있다.

첫 번째 단계인 지지적 접근으로 내담자가 가진 긍정적인 자원과 내면의 힘을 강화시켜 준다. 내담자의 에너지 수준이나 감정 상태를 존중하면서 음악적 개입을 구성하는 것이 내담자의 참여 수준을 지지하는 것이 중요하다.

두 번째 단계인 재교육적 접근은 통찰 중심의 접근이다. 다른 사람과의 긴장적 관계들을 탐색하면서 깊이 있는 감정 개입을 통해 내담자가 경험하는 긴장과 갈등을 다룬다. 중요한 것은 현재와 연관된 사건, 관계들을 중심으로 갈등을 이해하는 것이다.

세 번째 단계에서는 가장 심층적 수준의 접근으로 지금 현재의 감정이나 갈등에 대해 본질적인 원인을 해결하고 자기 성장을 촉진하는 데 목적을 둔다. 과거의 미해결된 경험, 대상에 연관된 이슈들을 탐색해 가는 데 치료의 목적을 둔다.

1) 조현증

(1) 장애의 정의와 특징

조현증schizopherenia은 2011년까지 사용되었던 정신 분열증이란 병명에서 바뀐 이름이다. '조현'의 사전적 의미는 현악기의 줄을 고르다는 뜻으로, 조현병 내담자 모습이 마치 현악기가 조율되지 못했을 때의 모습처럼 혼란스러운 상태를 보인는 것과 같다는데서 비롯되었다.

조현증은 망상, 환청, 와해된 언어와 같은 인지 기능과 감정의 둔마, 사회 활동 등 정신 기능 전반에서의 이상을 초래하는 주요 정신병이다. 비현실적이고 기이한 생각을 하는 병 가운데 대표적인 것이 조현증으로서, 이는 생각하고 판단하는 사고력을 중심으로 생기는 장애이다.

병의 원인이 무엇인지는 아직 확실하게 밝혀지지 않았지만 최근에는 대뇌의 신경 물질 대사의 불균형(도파민)과 환경에 의한 스트레스가 큰 영향을 준다고 알려지고 있다. 환경에서 오는 자극은 감각 기관을 통해 대뇌에 전달되고, 이 자극은 대뇌에서 과거의 기억, 인간의 욕망, 감정, 사고 등의 영향을 받아 해석되고 판단되어 환경에 반응하는 행동으로 나타나게 된다.

주요 장애로는 사고 장애, 지각 장애, 행동 장애, 그리고 정동 장애가 대표적이다. 사고 장애는 사고가 지리멸렬하고, 논리에 맞지 않으며, 타인과의 의사소통에

표 3-8 조현증의 정신병적 특징과 증상

양성 증상	음성 증상
• 명백한 반증에도 불구하고 관계나 사건 등에 대한 강한 믿음	• 둔마된 정동, 무관심
• 지각의 오류, 환각, 환청, 환시 등	• 라포르 형성 및 관계 기술의 문제
• 지리멸렬한 사고 장애	• 구체적 사고의 결여
• 논리가 결핍된 언어	• 정형화된 사고 패턴 또는 사고 차단
• 와해되거나 경직한 행동	• 의도를 가진 행동의 결여 동기 저하
• 망상	• 정서적 위축 및 수동성 • 사회적 철회 • 언어 또는 소통의 결핍

출처 : 정현주(2019, 필자의 재구성)

어려움을 겪는 것이다.

정동 장애는 부적절한 감정 표현, 감정의 결여 등의 증상으로 나타나며, 지각 장애는 환각, 환시, 환촉 등의 증상을 말한다. 행동 장애는 동기 및 의욕 저하, 타인과의 소통 회피 및 철회 또는 파괴적이거나 충동적인 행동 등을 포함한다. 조현의 증상은 크게 양성과 음성의 두 가지 범주로 나누어 설명된다.

(2) 음악치료 목표

조현증을 가진 내담자들을 위한 음악치료 목표는 지각 인지와 사고 영역, 정동과 정서 영역, 그리고 사회 영역으로 나뉜다.

지각 인지 영역에서 음악은 분열적 증상으로 나타나는 환청, 환시, 환촉과 같은 지각 왜곡에 대하여 현실적인 자극제로 제공될 수 있다. 음악 자극은 지금-여기 here and now에서 일어나는 현실적 자극으로 작용하며 내적 사고에 머무르지 않고 현실을 인식할 수 있도록 촉구할 수 있다.

비논리적 사고 장애에서 음악은 사고의 논리와 주의력을 활용하여 수행해야 할 과제로 제시된다. 예를 들어, 악기 연주는 지시된 패턴을 기억해서 적절한 지점에서 연주해야 하기 때문에 내담자로 하여금 과제의 흐름과 전개에 집중하고 방해적인 사고 내용을 억제해야 하는 선택적 주의력을 강화시켜 줄 수 있다.

사고 장애에서의 낮은 인지 기능은 문제 해결력의 어려움으로 복잡한 과제나 난이도가 있는 과제 수행이 어렵다. 음악은 단순화된 연주부터 단계적으로 난이도를 높여서 인지 기능의 강화를 유도할 수 있다. 단순하게는 두 박으로 구성된 리듬 혹은 선율에서부터 복잡하고 다양한 박들로 구성된 리듬 패턴을 모방하게 하는 등 연주에 필요한 기억력과 사고력, 과제 수행력을 강화시키는 데 목표를 둘 수 있다.

음악을 통하여 사실적인 기억력을 자극할 수 있다. 특정 장소나 시대에 대한 기억력을 인출하고 사건에 대한 구체적인 내용, 에피소드 등 인지적 차원에서 다양한 참여를 유도하도록 한다.

음악은 조현증 내담자의 정동 문제를 위해 활용될 수 있는데, 조현병의 정동 문제는 외부의 정서 자극에 둔마된 반응을 보이거나 전혀 감정 이입이 되지 않는 등의 특징으로 나타난다. 언어적으로는 모노톤의 특성을 보이기도 하며 말을 반복하는 등의 표현력의 문제로도 나타난다.

정동 문제를 위한 음악의 치료적 활용은 다양한 정서의 음악을 듣고 그 정서를 나누는 것으로 음악이 지닌 정서를 공감하고 이를 규명하는 작업은 자신의 감정을 논하기 전에 선행되는 것이 효과적이다. 제시된 여러가지 음악적 정서 중에서 본인의 정서와 일치하는 음악이 어떤 곡인지 나누는 것인데, 이러한 음악을 이용한 감정 작업은 음악 자극의 정서적 측면을 수용하고 자신의 감정에 대한 이야기를 할 기회를 제공함으로써 현실 인식에도 도움을 준다.

조현증에서는 심리적 긴장, 그리고 경직성과 불안이 흔히 보이는 증상으로 이완이 어렵기 때문에 긴장감과 불안은 항상 내재해 있다. 심한 경우 경직성, 무의미한 상동 행동을 보이는 경우도 있다. 음악은 이러한 운동적 매너리즘 행동으로부터 주의 전환을 유도하고 신체적 이완을 유도하는 데 활용된다.

조현증 내담자에게 경직된 충동적 에너지를 해소하는 데 구조화된 감상과 연주가 효율적일 수 있으며 대인 관계 및 사회성 완화를 위하여 음악을 활용할 수 있다. 또한 함께 즐길 수 있는 곡이나 노래를 공유하면서 주제를 논의하고 각자의 기억을 나눈다. 합창이나 합주 활동은 집중하면서 자신의 집착과 망상에서 벗어날 수 있게 한다. 이는 타인의 의미와 존재를 확인하게 해주어 서로에게 필요한 지지 자원을 형성하는 데 도움이 된다.

(3) 음악치료 활동에서 고려할 점

조현증을 가진 내담자의 경우 선곡이 매우 중요하다. 내담자가 수용할 수 있는 수준의 난이도여야 음악 정보를 처리할 수 있다. 난해한 곡의 경우 왜곡된 지각과 사고 문제로 인해 다른 증상을 야기할 수 있다. 따라서 예측 가능하고 단조로운 곡을 사용하도록 한다.

사용하는 음악이 노래 자료인 경우 치료사는 가사의 의미를 잘 파악하고 사용해야 하며, 현실에 기반을 둔 노래여야 하고, 현실 소재 인식을 강화시켜 주고 실제 활용 가능한 전략을 제시하는 가사가 적합하다.

마지막으로 감정적 정서가 명료한 음악을 사용하는 것이 효율적이다. 조현증의 주요 증상 중 하나가 감정 둔마 또는 정서 교감 문제이므로 음악 요소의 조성적 특징이 분명하고 정서를 충분히 경험할 수 있는 구조화된 음악을 사용하도록 한다.

2) 기분 장애

(1) 장애의 정의와 특징

기분 장애mood disorder는 불안정한 기분의 혼란 및 장기간의 과도한 슬픔(우울증)이나 기쁨(조증)과 같은 두 가지 감정 이상이 복합적으로 경험되는 정신 장애이다. 기분 장애는 기분의 교란이나 장애가 심리적 고통으로 일상생활의 지속에 어려움을 야기할 때 진단되며 우울 장애, 양극성 장애, 그리고 원인에 근거한 기분 장애(의학적 또는 물질에 의해 유발된 기분 장애)로 분류된다.

(2) 음악치료 목표

음악적 수준을 다차원적을 제공해 동기를 강화하는 것이 우선 목표가 되는데, 다양한 음악 요소를 활용해 자신의 기분을 규명하고 더 나아가 감정 조절을 촉진하는 것을 목표로 한다.

첫째, 우울감 감소에 목표를 둘 수 있다. 음악 만들기 등의 연주 활동으로 본인이 내놓은 음악적인 결과물과 작업에 대해 긍정적인 피드백을 제공한다. 활동 구성은 근육 이완, 생체 에너지 활성화, 감정 변화에 대한 인식 및 왜곡된 감정 해석에 대한 교정과 내담자 본인이 가진 능력과 할 수 있는 부분을 확인시키고 이를 같이 나눔으로써 외부로 부터 안정을 경험하게 한다.

둘째, 악기나 목소리를 이용한 즉흥 연주를 한다. 음악을 통해 본인 스스로 감정과 그 감정의 내면의 의미들이 이해하고 감당할 수 있도록 음악으로 지지해 준다. 내재된 감정을 표출시켜 주며, 음악으로 인해 감정이 자극되고 더 나아가 카타르시스를 경험하게 한다.

셋째, 내담자가 자신과 환경, 그리고 삶에 대한 시간과 태도에 대해 통찰할 수 있도록 해주며, 자신의 문제를 노래 안에서 간접적으로 다루면서 내재된 심리적인 이슈를 적극적으로 다룰 기회를 제공한다.

우울증을 경험할 때 정신 운동적인 증상은 불면증, 활동 참여 동기 상실, 집중력 등의 어려움 등이다. 조증을 경험할 때는 신체적인 과잉 행동과 에너지, 사고 체계나 일관성 없이 이야기 주제를 바꾸는 행동이 나타난다.

이완적 환경과 주의 집중을 요하는 음악적 활동 제공은 음악의 다감각적 특성으로 감각 신경을 자극해 신체 항상성과 정서 안정을 유도한다. 음악 선택 시 리듬을 이용하여 신체 에너지를 조절하며, 감상 시 이완과 긴장을 반복적으로 유도하는 구조적 특성을 가진 음악 선곡한다.

그룹 차원의 즉흥 연주를 통해 자신 및 사회를 인식하고, 음악적 역할을 부여받으면서 책임감을 경험하며, 그룹 환경에서 기대되는 행동과 적절한 규율들을 상기시켜 본인의 충동이나 판단력의 상실을 바로잡을 수 있다.

망상적인 사고에 집착하는 경우가 많은데 외부의 자극들을 왜곡시켜 받아들이고, 기억 촉진제로 활용하여 그러한 자극들이 본인에게 해를 준다고 해석하는 등의 인지 과정 문제를 보일 때가 있다. 이 경우 음악이 절대적이고 현실적인 자극제로서 언어적 및 비언어적 지시 사항들을 수행하여 현실 소재 인식을 가져온다.

(3) 음악치료 활동에서 고려할 점

기분 장애 내담자들이 보이는 흥미 상실, 감소된 에너지, 무가치감 또는 과도한 걱정이나 자책감, 자살 사고 및 수행 등에 대해 병리적 지식이 필수적이다. 동기가 상실되고 무의미하거나 부정적인 인식을 갖게 되므로 내담자의 상태를 통찰하여 음악 선곡과 활동을 구성해야 한다.

치료적 전략 중에 하나인 동질성의 원리를 참고하여 내담자의 내면적·신체적 상태와 감정 또는 에너지 수준을 사정한 후 활동을 전개 하는것이 중요하다.

3) 불안 장애

(1) 장애와 정의와 특징

불안 장애anxiety disorder는 공황 발작, 공포증, 강박 장애, 외상 후 스트레스 장애, 범불안 장애, 급성 스트레스 장애와 같이 일시적 불안이나 만성적 불안에 따른 정신 및 신체적 증상으로 나타나는 장애이다.

갑작스럽거나 극심한 걱정, 두려움, 공포에 의해 자율 신경계의 각성이 매우 고조되어 땀을 흘리거나 심박수가 증가하여 신체적 통증을 호소하기도 한다.

(2) 음악치료 목표

신체적 이완을 도모하는 구조화된 음악을 선곡하여 감상할 수 있는 음악을 선곡한다. 음악은 리듬과 선율 면에서 이완적 특성을 갖고 있어야 한다. 필요에 따라서 비음악적 음향을 사용하거나 특정 악기를 이용해 음향을 만들기도 한다. 예를 들어, 새소리를 모방한 플루트, 레인스틱, 파도 소리의 오션 드럼 등의 음색과 연주가 들어간 곡을 선택해 감상한다.

음악 요소의 물리적 특성을 이용하여 비음악적 메세지를 전달함으로써 구체적이면서도 긍정적인 정서를 자극하는 데 활용된다. 노래 후렴구에 내담자 자신이 불안할 때 도움이 되는 가사를 사용하여 내담자 자신이 불안할 때 도움이 되는 가사를 사용하는 노래심리치료를 제공한다.

내담자는 자신이 만든 노래의 후렴구를 여러 번 가창해 봄으로써 가사와 선율이 갖는 의미를 내면화하게 된다. 이후 내담자가 외부 환경에서 불안을 감지하거나 강박적 사고와 행동이 시작될 때 이러한 대안적 행동을 담은 노래 가사가 유용하다. 불안 행동에서 새로운 대안적 행동을 떠올리고 시도할 수 있는 기회를 제공할 수 있다.

(3) 음악치료 활동에서 고려할 점

불안 장애를 가진 내담자의 경우 치료 기간과 내담자의 심리적 자원에 따라서 음악치료의 목표와 접근이 정해진다. 기간이 짧을수록 지지적 수준에서 세션이 길수록 재교육 차원으로 음악심리치료를 제공하도록 한다.

치료사는 심리적 문제를 반영한 선곡, 음악 활동을 구성할 수 있는 통찰력과 역량을 갖추어 내담자의 준비도와 탄력성을 사정할 필요가 있다

음악이 지닌 투사적 상징성, 심상의 기능, 음악의 심리 역동적 기능은 음악 경험에서 보여지는 내담자의 불안과 관련된 심리적 문제와 내면세계에 대해서 필요한 정보를 제공한다.

4. 노인을 위한 음악치료

1) 노화

(1) 특징

노화aging란 나이가 듦에 따라 여러 가지 현실적인 역할은 감소되고 그들을 필요로 하는 영역이 좁아진다. 노인들은 자기 개념이 낮아지고 노화로 인한 인지력에 대해 항상 불안감을 느낀다.

사람은 노화와 동시에 다양한 정신적 장애로 지적 능력이 감퇴한다. 나이가 들면서 새로운 정보를 처리하는 동시에 기존의 정보를 유지하는 능력이 쇠퇴하는 현상에 더하여 정보의 습득, 조작, 효율적인 부호화와 인출에서도 어려움을 겪을 수 있다.

인지 영역에서는 현실 소재 인식이 감퇴하여 본인들이 있는 장소나 시간, 주변 사람들을 포함한 가족들의 이름이나 얼굴을 인식하지 못하는 등 지남력의 상실을 경험하게 된다.

신체 기능의 저하 중 근골격계의 문제는 노화와 함께 오는 질병 중 하나이다. 신체 자세의 변형과 함께 폐의 탄력성이 감소한고 기관지의 기능적인 저하가 오면서 호흡 기관의 효율성이 떨어지고 전반적인 호흡이 어렵게 된다. 활동량도 감소하고 쉽게 피로를 느끼게 된다.

심리·정서 영역에서는 우울감을 경험하기가 쉬우며, 자신감을 상실하면서 우울증이나 불안 장애를 동반하기도 한다. 대인 관계에서의 문제 및 사회와의 단절감이 생기게 되며, 인지 기능이 상실하는 것을 인식하게 되어 막연한 불안과 긴장감, 자신감 결여와 피해 의식이 뒤따르기도 한다.

건강한 노인을 위한 치료적 음악의 방법에는 지역 사회 음악 활동과 전통을 유지하기 위한 음악, 동료와 지원 또는 '짝꿍'의 방법으로 음악에 참여하는 것 등이 있다. 세대 간 음악 프로그램이 있는 대학이나 지역 사회 음악 활동에 참여하거나 거주 보호 시설에서의 세대 간 음악 프로그램 짜기를 통해서 참여할 수도 있다. 음악뿐 아니라 그 외에 많은 취미 생활에 그들의 시간과 에너지를 사용하는데, 악기 연주법이나 노래하는 법을 배우거나 이미 습득한 음악적 기술을 다시 배우는 등의 음악적 기술을 발달시키고 싶어한다. 음악 기술의 발달을 통해서는 음악 기술 발달을 통한 자기표현, 시간의 구조화, 인지적 자극을 높여 준다.

그러나 다른 동료들과 함께 사회적인 관계를 맺기 때문에 고립되어 살아가지는 않지만 개성이나 개인적인 역할이 박탈당하는 것이 단점이다. 이로 이해 우울증을 경험하게 되는데, 이들을 위한 음악치료는 자신의 재발견, 창조적인 정신 활동, 자긍심 회복에 중점을 둔다.

대개 의학적 검사나 규칙적으로 약을 복용하는 등 환경에 지배를 받게 되며, 자신의 존재와 가치를 상실하게 된다. 음악치료는 자유로운 환경을 제공하며 이를 자신의 선택에 따라 조정하고 다른 사람과 협동하는 경험을 통해 자신의 존재와 자긍심을 회복하고자 한다.

(2) 음악치료 목표

음악 활동에서는 감각 훈련을 통해 환경과의 접촉을 회복시켜 사회적, 신체적, 심리적 기능을 향상시키는 것을 목적으로 한다.

첫번째 단계는 현저히 낮은 기능을 보이는 사람들에게 신체 인식, 대소 근육 기능 향상, 사회적 교류를 목적으로 하는 활동이 짧은 집중력을 고려하여 진행된다.

두번째 단계는 기억력과 운동 기능을 증진하고 타인과의 원활한 교류를 가지도록 권하는 것을 목적으로 내용이나 구조는 간단하면서도 확실하게 진행하도록 한다.

현실 인식을 목적으로 시간, 장소, 사람을 포함하여 자신을 둘러싸고 있는 현실적 환경에 대한 내용을 반복적으로 확인시킴으로써 현실 접촉을 유지하여 자신과 환경을 정확하게 인식하고 독립적으로 자신을 돌볼 수 있게 한다. 주로 그룹 활동에서 시계를 이용하거나 계절, 기념일 등에 관한 노래를 부르고 질문하는 방법이 사용된다. 음악을 듣고 토의를 통해 사고와 언어 교류를 자극하여 사회성을 발달시킨다.

노인들은 행동이 느리고 수동적이므로 적절한 배경 음악을 들려주어 신체적, 심리적인 스트레스 상황에서 벗어나 긴장 이완을 가져오게 하며, 다른 사람과의 연주 활동을 통해 자신이 처한 고립적 상황에서 벗어날 수 있도록 도와준다.

한편, 오락과 취미 생활로서의 음악은 꾸준한 음악 활동을 통해 여가를 잘 보낼 수 있는 활동을 제공하며 음악을 융통성 있게 사용하여 늘 신선한 마음의 상태로 음악을 감상할 수 있도록 해야 한다.

노인들은 자신의 젊은 시절은 음악을 들으며 회상을 통해 자신의 삶을 정리할 수 있도록 도와준다. 주의할 점은 곡 선정 시 각각의 경험과 기억이 다르기 때문에 공통적인 관심을 가질 수 있는 소재와 음악을 선정하는 것이 중요하다.

2) 치매

(1) 장애의 정의와 특징

치매dementia란 뇌세포가 병적인 요인에 의해 지속적으로 심하게 손상을 입어 기억력, 추상력, 판단력 등이 떨어지는 증후군을 말한다.

현재까지 발병 원인이 불명확한 알츠하이머병 치매는 신경 세포가 파괴되어 뇌 전체가 위축됨으로써 나타나는 질환이며, 뇌혈관성 치매는 뇌졸중 등에 의해 뇌 조직의 일부분에 피가 통하지 않게 됨으로써 신경 세포가 파괴되어 나타나게 된다.

치매의 정도는 기능적 능력에 의해 정의된다. 레이스버그Reisberg, 페리스Ferris, 프라센Franssen(1985)은 주요 퇴행성 치매를 경미한 기억 상실부터 이동, 식사, 언어에 있어서의 능력 상실에 이르기까지 단계별로 나누어 정의하였으며 진행성 치매를 신체적, 정서적, 사회적 능력의 단계적 손실로 정의하였다.

노인성 치매는 크게 뇌혈관 장애형과 알츠하이머형의 두 가지로 나뉘는데, 뇌혈관 장애형은 뇌혈관이 막히거나 기능을 원활히 수행하지 못함으로 인해 뇌세포의 에너지가 되는 포도당이나 산소 등이 각각의 뇌세포에 충분히 운반되지 못하기 때문에 생겨난다고 본다.

알츠하이머형 치매증은 아직 확실한 원인은 알려지지 않고 있으나, 연구 결과에 의하면 뇌 속에 기억을 관장하는 신경 세포의 돌기가 부러지거나 소멸되어 버리고 분포 범위도 좁아진 상태라고 할 수 있다.

- 노인성 치매 : 알츠하이머는 뚜렷한 원인이 없다. 늙어 가면서 생기기 때문에 퇴행성 치매라고도 한다.
- 혈관성 치매 : 가벼운 뇌졸중이 반복해서 일어나 뇌세포가 여러 군데 경색되어 생기는 치매이다.
- 가역성 치매 : 알코올이나 약물의 남용, 뇌종양, 호르몬 이상, 신경계 질환으로 나타나는 치매로, 치료가 가능하다.

치매의 특징으로 초기에는 방금 했던 말이나 물건을 놓아둔 것을 기억하지 못하고, 부정확하거나 의미 없는 말을 반복하며, 길을 잃고 집을 찾아가지 못하는 등 건망증, 언어 능력 저하, 방향 감각 장애 등이 나타난다. 엉뚱한 행동뿐만 아니라 우울 증상이 종종 치매의 진단에 있어 전조가 된다. 이와 같은 증상들은 건강에 심각한 문제가 있음을 가족들이 알게 되는 첫 번째 징후가 될 것이다.

이러한 건강 문제들은 식욕 저하와 이에 따른 영양 결핍, 수면 방해, 약 복용 및 목욕과 같은 일상생활 수행에 대한 저항에서 비롯되며, 특히 복잡한 과정을 필요로 하는 지난날 의미 있었고 삶의 질에 기여했던 활동들에 대한 참여의 결여, 일반적인 무감동뿐만 아니라 자살에 대한 조짐도 건강 문제의 원인이 된다.

치매의 중기 증상은 문제 행동의 빈도가 증가하면서 정도가 심해지는 한편, 감정이 무뎌지고 주위 사물에 대한 관심이 줄어들며, 옷차림도 단정하지 못하고, 대화를 귀찮아하게 되면서 말수가 줄어들고 구부정한 자세로 종종걸음을 걷기도 한다.

일상생활을 수행하는 데 있어 도움을 필요로 하고, 배우자의 이름을 기억하지 못하며, 최근의 사건을 모르고 불안과 초조, 망상 또는 강박적 행동을 보인다. 밤에는 깨어 있고 낮에는 잠을 자는 수면 장애가 나타나며 과제를 완수할 수 없다.

말기 단계의 치매는 대소변의 실금과 더불어 명료한 구어적 발음과 신체적 이동의 손실로 특징된다, 먹고 입는 것과 같은 일상생활에서 필요한 동작조차 하기 어려워지고, 자극에 대한 반응이 줄어 자리에 눕게 된다. 이런 일반적인 증상과 함께 동반되는 것이 심리 장애이다. '누가 나를 해치려 한다'는 식의 피해망상에 사로잡히기도 하며, 환청, 환각 상태, 공격적인 행동을 보이기도 한다.

(2) 음악치료 목표

치매 노인의 음악치료적 목표는 기억 능력 유지 및 전반적인 기능 퇴화의 지연이다. 음악 과제의 수행은 치매 환자의 음악 인지와 연관된 뇌의 영역을 우선적으로 활성화한다. 음악은 장기 기억 능력이 손상된 치매 환자에게 기억을 위한 중재 도구로 활용될 수 있다.

치매의 초기 단계에는 음악을 사용하여 두려움과 우울 증상을 경감시키는 데 목표를 둘 수 있는데, 이는 음악이 시간을 구조화할 뿐만이 아니라 치매 환자가 활동에 성공적으로 참여할 수 있는 기회를 제공하기 때문이다. 교회 성가대 또는 지역 사회 합창단 활동, 춤추기 활동에 참여하는 것은 장애를 메우는 기회를 제공한다.

중기 단계의 치매 노인들에게는 인지적, 정서적 기능에 접근하는 것을 목표로 둘 수 있다. 음악은 구조화된 현실, 순서, 그리고 예견성을 제공함으로써 환경에 대한 친숙함을 가져오고 즐거운 얼굴 표정과 음성적 반응을 통해 음악에 대한 인식을 나타낸다.

일반적으로 반응을 가장 잘 불러일으키는 음악은 친숙하면서도 긍정적인 경험과 기억을 연상시키는 지난 시절의 음악이다. 치매가 진행됨에 따라 반응을 불러일으키는 음악은 성인기에 유행했던 음악에서 유년기에 유행했던 음악으로 바뀌게 된다. 학교, 집 또는 종교적인 환경에서 배웠던 민요, 애국적인 노래, 그리고 성가는 사람의 삶 안에 매우 잘 통합되어 있기 때문에 삶의 초반기 이후에 배웠던 노래들보다 더 오랫동안 기억에 남아 있다.

말기 단계의 치매 노인들에게는 삶의 질을 높이는 데 목표를 두고 음악 프로그램을 제공하여야 한다. 녹음된 음악이든 라이브든 음악은 말기 단계의 치매 노인에게 있어 얼굴 표정과 긴장의 변화, 시선 접촉의 증가, 목소리를 통한 표현, 그리고 팔, 다리, 발의 신체적인 움직임 등의 주목할 만한 반응들을 이끌어 낼 수 있다.

(3) 음악치료 활동에서 고려할 점

치매 노인의 문제 행동 대처 전략은 매우 중요하다. 문제 행동은 부적응 행동, 심리적 문제로 인한 행동의 역기능, 기능 손상, 정신 병리 등과 관련된다. 배회, 불면, 망상, 환각 등의 문제 행동을 보일 수 있으며, 치료사는 이에 대한 대처 능력이 필요하다.

노인이 배회 행동을 보일 경우 공간성을 확보하고, 정서적 불안으로 인한 배회 활동일 경우 불안의 감정으로부터 관심을 전환시키는 것이 필요하다. 망상이나 환각 증상이 나타나는 노인에게는 의심을 부정하지 않고 언쟁을 벌이지 않으며 현실감을 유지할 수 있도록 한다.

치매의 초기에서 말기에 이르기까지 치매 노인에게 구조뿐만 아니라 성공과 일체감의 기회 및 높은 삶의 질을 제고하고자 노력하는 간병인들을 가르치는 훈련 프로그램을 인도할 수 있다. 음악치료사의 도움과 적절한 음악 매체의 적용으로 치매 노인의 삶의 질은 증진되고 확장될 수 있다. 음악을 통하여 상호 작용할 수 있으며, 세상을 떠날 때까지 가능한 가장 높은 수준으로 기능을 유지하며, 가족들은 여전히 관계를 유지할 수 있다.

SUMMARY

- 아동을 위한 음악치료에서는 장애 아동과 정서 행동 관심군 아동을 대상으로 음악치료의 제공과 성인을 위한 음악치료에서는 조현증, 기분 장애, 불안 장애에 대해 음악치료의 목적과 고려 사항에 대해 설명하였다.
- 특히, 노인을 위한 음악치료에서는 노화와 노인성 치매에 대해 문제 행동에 대한 통찰을 음악치료 견지에서 임상적 환경을 적응하여 살펴보았다.

생각해 볼 거리

1. 아동을 위한 음악치료 영역에서 다양한 스펙트럼의 장애에 대해 생각해 봅시다.

2. 아동을 위한 음악치료 영역에서 학령기 전 영유아를 위한 음악치료에 대해 생각해 봅시다.

CHAPTER 04

음악심리치료의 이해

1. 음악심리치료의 개념
2. 음악심리치료 접근

1. 음악심리치료의 개념

음악심리치료는 음악치료와 구분되는 개념으로, 비교적 근래에 등장했으며, 음악적 경험 내에서 내담자가 가진 상호 관계적 문제에서 발생하는 감정 또는 정서 결핍에 초점을 두고 내담자의 내면적 자원과 힘이 실현되도록 돕는 전문화된 치료 영역이다(Bruscia, 1998a; 정현주·김동민, 2017). 인간의 심리적 문제에 접근하여 이를 해결하고자 하는 심리 치료적 과정으로 음악심리치료의 기법들과 기존의 심리치료 이론들이 통합되어 체계화된 전문 영역이며, 일차적으로 내담자가 표면적으로 인식하고 있는 문제와 감정을 다루는 것을 중점으로 한다(Winston, Richard & Pinsker 2014; 황은영 외, 2017).

음악심리치료에서 치료사는 음악 기술, 임상 기술, 음악치료 기술을 교육받고 훈련받은 전문가로서 내담자의 문제를 직접 해결하기 위해 음악을 '치료로서 음악'으로 사용하기도 하고 '치료에서 음악'으로 사용하기도 한다. 음악심리치료에서 내담자와 치료사의 관계는 종종 어머니와 아이의 관계로 비유된다(Pavlicevic, 2001). 어머니가 아이의 반응을 보고 필요한 것을 알아차리는 것처럼, 치료사는 내담자의 반응에 민감하게 대응하며 심리적으로 복잡한 내용과 본질을 인식할 수 있다.

음악치료사와 내담자가 서로 적극적으로 음악 활동에 관여할 때 정서적인 친밀감과 역동적인 상호 관계를 발달시킬 수 있다. 이러한 역동적인 상호 협력 관계는 치료사로 하여금 내담자의 상황을 정확하게 지각하고 공감하여 긍정적으로 반응할 수 있도록 도와주며, 내담자가 치료사에게 적극적으로 협력하여 치료에 참여하게 한다(황은영 외, 2017).

내담자와 음악의 관련성을 살펴보면, 내담자는 음악심리치료에서 음악적 경험을 통해 심리적인 문제에 접근한다. 내담자는 치료 과정에서 음악을 감상하거나 적극적으로 악기를 연주하는 등 말로 표현하지 못하는 심리적 문제나 감정을 악기나 노래로 표현하면서 자신의 문제를 깨닫고, 자신의 삶에서 의미 있는 특별한 경험을 하게 된다. 이러한 음악적 경험은 행동이나 생리적 변화처럼 객관적으로 경험되기도 하고 자신의 개인적 자아를 성찰하며 성장하는 주관적이고도 초개인적으로 경험되기도 한다(Bruscia, 2003).

음악심리치료 과정에서 내담자는 즉흥 연주나 음악 만들기를 통해 교류하면서 집중하고, 정서를 인식하고 표현하면서 음악적 또는 비음악적 변화를 일으킨다. 음악의 리듬, 멜로디, 화성 같은 요소와 시간의 변화에 따라 발생하는 언어적, 비언어적 상호 작용을 통해 치료사와 내담자는 삶의 질을 최적화하는 관계로 발전한다(Ansdell, 1995; Amir, 1996).

음악심리치료에서는 음악적 교류와 더불어 내담자와 치료사의 언어적 교류가 중요하다(Nolan, 2005).

첫째, 지난 회기 이후 무슨 일이 있었는지 혹은 그날 기분이 어떠했는지에 대해 토의한다. 치료사는 내담자가 자신에게 있었던 일을 편안하고 안정된 분위기에서 말할 수 있도록 유도함으로써 자신의 문제를 객관적으로 바라볼 수 있게 한다.

둘째, 음악치료 세션에서 내담자와 어떤 주제를 다룰지에 대해 초점을 맞추며 대화로 이끈다.

셋째, 음악치료 세션에서 음악적으로 경험한 것에 대한 반응을 이해하기 위해 대화를 시도하고, 내담자가 경험한 음악에 대해 피드백을 한다.

마지막으로 세션을 끝낼 때 이루어지는 치료사와 내담자의 언어적인 교류는 무척 중요한 역할을 담당한다.

이와 같이 음악심리치료는 음악치료사와 내담자의 관계를 통해 단지 내담자의 기능적인 능력을 강화하거나 기술을 습득하기보다는 스스로 자신의 문제를 인식하고 이를 해결할 수 있도록 내면을 강화하는 것을 목적으로 한다. 이는 개인의 요구와 필요에 따라 자기 인식 내면의 갈등 해결, 정서 이완, 자기표현의 증가, 대인 관계 문제 해결, 건강한 관계 발달, 정서적 외상 치료, 통찰력 증가, 현실 인식, 인지적 재구성, 행동 변화, 삶에서 의미와 성취, 영적 성장 등을 다룬다(Bruscia, 2003). 음악심리치료의 적용에 따른 통찰은 음악치료 방법을 통해 구체화되는데, 그 방법론은 다음과 같다.

2. 음악심리치료 접근

1) 즉흥 연주

즉흥 연주는 연주자가 악보 없이 그때그때 상황과 느낌에 따라 멜로디, 리듬 등의 형태로 노래나 악기를 연주하는 것으로, 내담자가 즉흥적으로 음악적인 것에 연관지어 자유롭게 작곡 창작하면서 연주하는 것을 말한다(황은영 외, 2014; 정현주·김동민, 2017). 일종의 자유 연상이나 무의식적인 내면의 표현은 음악에서 즉흥적으로 표현될 수 있기 때문에 심리치료에서 유용한 도구이다.

음악치료에서 즉흥 연주는 '음악 만들기'라고도 불리는데, 매우 능동적이며 체험적인 활동이라고 할 수 있다(Elliott, 1982). '음악 만들기'는 모든 인간이 음악적인 성향을 가진 존재라는 전제에 근거한다.

기초 음악성은 음악교육자 카를 오르프Carl Orff 부인이며, 음악치료사인 게르트루드 오르프Gertrud Orff에 의해 개념화된 용어로, 동작과 언어의 자연적인 리듬을 사용하여 자발적으로 음악을 만드는 인간의 보편적이고 생득적인 성향을 가리킨다.

게르트루드 오르프(1980)는 음악적인 환경에서 자신을 한 개인으로서 표현하고 다른 사람들과 함께 음악을 만들 수 있는 사회성을 경험하게 하였다. 이러한 기초 음악은 환경을 탐색하고 사고하는 데 필요한 기술을 발달시켜 주며 더 나아가 응용력, 추리력 등 문제 해결력과 창의성에도 도움을 준다.

브루샤(Bruscia, 2003)는 즉흥 연주에 대해 다음과 같이 언급하였다.

첫째, 즉흥 연주는 비언어적 언어적 의사소통의 통로를 만들어 자기표현을 가능하게 해준다. 자신의 감정을 말로 표현하기 어려운 내담자나 방어 기제로 문제를 인식하지 못하는 심리적인 문제를 가진 내담자가 비언어적인 방법으로 자신의 감정을 음악이라는 안전한 상황에서 표현할 수 있도록 도와준다.

둘째, 즉흥 연주를 통해 자신의 내면적인 문제들을 음악적 경험에 투사하고, 연주 후 함께 연주한 구성원들과 연주된 음악에 대해 이야기를 나누면서 자신의 숨겨진 감정이나 생각을 내사하는 경험을 가진다.

셋째, 즉흥 연주는 상호 작용과 친밀감을 향상시킨다. 집단과 함께 연주하는 동안 타인의 연주 소리를 들으면서 그 안에서 자신의 연주 소리를 조절해 나갈 수 있다. 이러한 과정을 통해 상호 작용과 조화를 이루어 나가면서 집단 기술을 개발하고, 집단 안에서 창조성을 발휘할 수 있다.

마지막으로 즉흥 연주는 여러 가지 감각을 자극하고 발달시키며 지각과 인지, 그리고 기술을 발달시킨다.

이러한 반응이 내담자의 심리적 상태에 따라서 달라질 수 밖에 없고 다름 또는 변화는 음악으로 표현된다고 하였다. 내담자의 상황에 따라서 누구 앞에서인지 혹은 그날의 심리적 안정감이 어느 정도인지에 따라 달라질 수 있다.

즉흥 연주는 노도프Paul Nordoff와 로빈슨Clive Robbins에 의해 시작된 창조적인 것으로서 창조성의 치료적인 면을 중시하고 치료사가 음악, 상황, 순서를 창조하는 가운데 내담자가 능동적으로 자유롭게 음악을 만드는 형태이다. 창조적 즉흥 연주에서 창조성이란 인간의 건강한 면을 의미하며 창조적 즉흥 연주의 주요 개념인 '음악 아이'와도 연관된다. 내담자는 이미 만들어진 틀의 제한적 권유 안에서 그 자신의 음악을 창조하고 이를 통해 자신을 있는 그대로 표현하며 교류한다(정현주 외, 2006).

즉흥 연주는 연주 행위에서 오는 신체 리듬의 활성화, 음악으로 표현되어지는 정서, 전달하고자 하는 소통 의지, 그리고 함께 연주하면서 경험하는 집단 역동성과 성취감 등 다양한 치료 목표를 다루어 준다.

치료사는 내담자의 음악에 귀를 기울이고 음악으로 표현된 내담자의 정서를 읽어 낼 수 있는 음악적 귀를 가져야 한다.

분석적 즉흥 연주는 프리스틀리Priestley, 피터Peter, 마저리Marjorie가 클라인Klein의 이론을 즉흥 연주에 도입하면서 개발되었고, 내담자의 내면세계를 표현하는 방법으로 단어나 상징적인 즉흥 연주 음악을 사용하는 기회를 제공하는 데 목적이 있다(Priestley, 1975). 분석적 즉흥 연주에서 중요한 것은 음악적인 상징과 언어로, 음악은 무의식의 통로가 되기도 하고 내담자가 표현하지 못하는 것을 표현할 수 있도록 도와준다. 내담자의 모습이나 감정을 반영하는 거울이 되기도 하고 저항, 분노, 공격성 등의 부정적 감정을 표현함으로써 내담자의 숨겨진 감정을 이끌어 내어 내담자를 빨리 이해할 수 있게 해주는 도구이다.

2) 노래 부르기

노래 부르기는 음악 자원 중 인간의 삶에서 쉽게 접할 수 있으며 삶의 다양한 주제를 다루기 때문에 치료적으로 유용하다. 노래는 인간의 의식뿐만 아니라 우리 내면의 비밀을 나타내 주고, 무의식중에 흥얼거리는 멜로디는 숨은 충동과 표현하지 못한 욕구를 상징하며, 돌발적으로 떠오르는 멜로디는 무의식에 억압된 사고의 한 부분이기도 하다(Jung, 1960).

노래는 음악치료에서 다양하게 사용되며 언어와 음악의 결합으로 이루어져 있다. 언어는 인지적이지만 음악은 감정적이다.

노래는 개인의 이야기를 반영하면서 감정을 소리로 표현하는 것으로 자기표현 향상, 집단 응집력 증가, 통찰력 향상, 자신과 삶에 대한 이해 증가, 집단 간의 교류 향상, 창조성, 현실 인식, 문제 해결력 증가 등을 목적으로 치료에 적용할 수 있다. 노래 부르기, 노래 만들기, 노래 토의, 음악 자서전의 방법으로 안전하고 지지적인 환경을 제공함으로써 다양한 감정을 탐색하고 느낌 및 생각을 자유롭게 표현하게 한다(정현주·김동민, 2017).

노래를 통해 과거를 재경험하고 현재를 바라보며 미래를 조명함으로써 통찰력을 얻을 수 있다. 또한, 음악 경험이 삶에 미치는 영향의 중요성을 검토함으로써 음악이 삶에 어떻게 영향을 미치는지 주목하게 된다(최병철, 2017).

노래심리치료는 이러한 노래의 치료적 기능을 활용한 접근 방법이다. 첫째, 노래 자료를 이용한 음악심리치료의 한 방법으로 가사를 중심으로 활용하는 접근과 둘째, 작사 또는 개사를 통해 만들어진 곡을 직접 노래하는 활동이 있다. 가장 중요한 것은 노랫말에 대한 분석이 중요하며 가사 속의 상징, 은유, 비유 등을 통해 인식하지 못했거나 회피했던 감정과 생각들을 수용하고 받아들이는 작업이다.

노래심리치료의 목표는 심리·정서적 변화를 도모하는 데 있다. 음악과 언어를 통해 구체적인 자기표현을 가능하게 하며, 자기의 현재 상황과 문제들을 노래 안에서 동일시하게 되는 것이다. 정서적 어려움이 있는 내담자들에게 자신의 목소리를 사용하여 자존감과 존재감을 강화시켜 주기 위해 활용되는 경우가 있다. 자신의 말투나 음색을 싫어하거나 절대로 타인 앞에서 노래를 부르지 않으려는 내담자의 태도는 이미 많은 정보를 제시해 준다. 자신의 목소리에 대한 인식은 곧 자긍심에 대한 정보이기 때문이다.

내담자가 노래하는 동안 치료사는 내담자의 음성 상태와 발성, 음색, 목소리의 공명, 소리의 음악적 요소에 집중하면서 긴장 요소와 에너지 수준을 분석한다.

노래하기의 목적은 스트레스의 해소, 타인과의 의사소통 능력의 증진, 신체적, 정서적인 안녕 상태에 도달하는 것이다.

3) 음악 감상

음악 감상은 정서적 배경을 제공하는 대표적인 매체로, 감상자들에게 긍정적인 감정 반응을 이끌어 내어 음악 감상의 동기를 부여한다(Panksepp, 1995). 음악을 감상할 때 일어나는 감정의 변화, 심미적인 경험 등은 인간이 무의식적으로 추구하는 내적인 욕구에 의한 것이다.

인간이 음악을 감사하면서 경험하는 각성과 심미적 반응에 대한 현상학적 분석과 해석은 관련주의적 시각에서의 관련성 이론, 표현주의적 시각에서의 기대 이론, 최적 복잡성 이론, 이 두 가지 시각을 절충한 정서 이론이 있다. 적극적인 음악 감상을 이용한 음악심리치료 기법으로는 '심상 유도 음악치료(GIM)Guided Imagery and Music'와 섬머Lisa Summer가 개발한 '음악과 심상(MI)Music and Imagery'이 있다. 1970년대 초반 보니Helen Bonny가 개발한 GIM은 치료사가 프로그래밍한 음악을 통해 내담자의 내면을 경험하는 대표적인 음악심리치료 기법이다. 이를 통해 내담자는 무의식과 연관된 현재의 문제를 직면하고 성찰하는 과정을 갖게 되며, 내적 갈등을 해소하고, 더 나아가 개인적 자유, 내적 방향성, 그리고 책임감을 얻게 된다. 이처럼 확장된 자기 인식 경험은 자기 통합을 통해 자아실현에 이른다.

음악심리치료는 다양한 음악치료적 방법과 기법을 통해 일반인뿐 아니라 임상에서 요구하는 치료적 목적에 부합하여 적용되고 있다.

SUMMARY

- 음악심리치료는 음악적 경험 내에서 내담자가 가진 상호 관계적 문제에서 발생하는 감정 또는 정서 결핍에 초점을 두고 내담자의 내면적 자원과 힘이 실현되도록 돕는 전문화된 치료 영역이다.
- 음악심리치료의 기법으로는 연주자가 악보 없이 그때그때 상황과 느낌에 따라 멜로디, 리듬 등의 형태로 노래나 악기를 연주하는 것으로 내담자가 즉흥적으로 음악적인 것에 연관 지어 자유롭게 작곡 창작하면서 연주하는 즉흥 연주와, 인간의 삶에서 쉽게 접할 수 있으며 삶의 다양한 주제를 다루기 때문에 치료적으로 유용한 노래 부르기, 그리고 정서적 배경을 제공하는 대표적인 매체이자 감상자들에게 긍정적인 감정 반응을 이끌어 냄으로써 음악 감상의 동기를 부여하는 음악 감상이 있다.

생각해 볼 거리

1. 즉흥 연주 영역의 다양한 방법에 대해 생각해 봅시다.

2. 노래 부르기 영역의 다양한 방법에 대해 생각해 봅시다.

CHAPTER 05

심상 유도 음악치료(GIM)의 이해 1

적극적인 감상의 형태인 심상 유도 음악치료(GIM)는 음악이 중심이 되는 치료 방법으로, 음악 감상을 통해 다양한 심상을 경험함으로써 인간의 내면세계를 탐색하는 음악심리치료의 심층적 기법이다.

1. 심상 유도 음악치료(GIM)의 개념

심상 유도 음악치료(GIM)Guided Imagery and Music는 1960년대에 미국 동부 메릴랜드 정신의학연구소에서 약물 중독과 분열 장애를 가진 환자들을 대상으로 한 정신 건강 관련 전문가들의 연구를 토대로 생겨났다(Summer & 정현주, 2010). 이들의 증상을 완화하기 위해 정신 건강 분야의 다양한 전문가인 판케Walter Pahnke와 그로프Stanislav Grof, 켈로그Joan Kellogg, 보니Helen Bonny를 중심으로 LSDLysegic Acid Diethylamide를 사용한 정신 심리 치료 연구가 국가의 지원을 받아 이루어졌다(Mid Atlantic Training Institute, 2000).

보니는 환자들의 치료적 경험을 촉진하기 위한 보조적인 수단으로 음악을 활용하였다. 연구 기간 중 정부의 LSD 연구 기금 지원이 줄어들자, 연구자들은 환자의 경험을 촉진하기 위해 LSD의 효과를 음악 자체만으로 나타낼 수 있는지에 대한 연구를 활발히 수행하였다. 이 과정에서 음악을 사용한 600회 이상의 세션 결과들을 토대로 하여 음악이 약물의 부작용 없이 더욱 심층적인 수준의 의식으로 환자들을 이끌어 주어 절정 경험을 촉진하는 효과가 있음을 확인하였다(Bonny, 2002; Clark, 2002).

이러한 연구 결과는 일차적으로 LSD 사용에 필요한 기금의 소비를 줄이는 데 공헌했으며, 음악치료 분야의 발전에도 기여하였다. 보니는 이러한 연구 결과들을 바탕으로 음악을 체계적으로 사용하는 음악심리치료 기법을 개발하여 심상 유도 음악치료(GIM)라고 명명하고 음악치료 영역의 전문 분야로 정착시켰다. 보니가

1972년에 GIM 협회를 창설한 이래로 GIM 치료사 양성 및 치료적 임상은 현재까지 40년 이상 발전하고 있다(Summer & 정현주, 2010).

심상 유도 음악치료(GIM)는 음악이 중심이 되는 치료 방법으로, 음악 감상을 통해 다양한 심상을 경험함으로써 인간의 내면세계를 탐색하는 심층적 심리치료 기법이다(Summer, 1998). 또한, GIM은 '내적 경험들의 역동적인 전개를 자극하고 지속하기 위하여 특정한 연속적인 고전 음악 프로그램들을 사용하는 의식의 음악-중심적 탐구'이다(Association for Music and Imagery, 2000).

GIM의 세션은 마치 꿈을 꾸는 것과 같은 '전환된 의식 상태'에서 음악을 감상하면서 치료사와 대화하고, 무의식을 통한 다양한 심상을 경험하며, 그 심상의 상징적 의미를 통해 통찰을 얻어 자신을 이해하고 문제를 해결해 나가는 음악심리치료 기법으로 인간의 내적 경험을 다룬다(Summer, 2002; 이난복, 2010; 정현주 외, 2017).

GIM에서 하는 경험들의 궁극적인 목적은 자기 변화이다. GIM에서 대상자들은 음악으로 유도된 심상을 통해 내면세계를 부분적으로 또는 전체적으로 접하면서 자신에 대한 이해를 높이고, 자신을 조율할 수 있는 능력을 개발한다. 이 과정에서 존재의 목적과 책임감을 인정하고 진정한 자유로움과 자기 고유의 가치를 높이는 것이 GIM의 치료 목표이다(Summer, 2002; 정현주, 2019).

GIM은 무의식적인 문제에 접근하고, 정화 작용을 촉진하며 내면의 정신 구조로 들어가게 하여 통찰을 이끌어 내는 치료 방법이며, 신경증인 우울 불안과 정신적 외상인 약물 남용 및 중독, 그리고 스트레스 관련 문제들을 가진 사람들에게 적절하며 이혼, 사별과 같은 삶의 변화 속에서 자신을 찾고자 하는 사람들에게도 적절하다.

정신 분열증과 같이 자아ego의 경계가 약한 사람, 신경학적 손상으로 경험을 언어로 표현할 수 없는 사람, 은유적 심상의 상징적 의미를 이해하지 못하는 사람은 GIM의 깊은 정서적 문제들과 무의식적인 문제를 나타내는 데 어려움이 따른다.

2. 심상 유도 음악치료(GIM)의 방법

보니Helen Bonny는 치유와 자기실현을 위해 훈련된 방법으로 대화하는 동안 사전에 계획된 서양 고전 음악을 감상하는 GIM을 개발하였다(Goldberg, 1994; Bonny, 2002).

각 세션은 구체적인 절차와 단계로 이루어진다. 평균 1시간에서 2시간 정도 소요되며 4단계로 나뉜다. 각 단계는 초기 면담, 이완과 도입, 감상, 마무리로 구성된다(Grocke, 2002; 정현주, 2019).

1단계에서는 세션의 방향과 목표, 그리고 내담자의 심리적 문제를 언어적으로 탐색한다. 현재의 어려움 또는 일어난 사건에 대한 감정과 관계적 문제 등 내담자가 가진 문제를 조명한 다음, 이에 따라 심상 경험에 들어가는 데 필요한 시작점과 이와 관련된 음악 프로그램을 선택한다. 내담자가 세션에서 어떠한 문제를 다루어야 하는지에 대해 명확히 이야기하지 못하거나 양가감정을 가지고 있는 경우에는 그냥 열린 마음으로 세션을 시작하는 경우도 있다(정현주, 2019).

2단계에서는 심상 경험에 필요한 이완 활동을 간단히 실시한다. 이완 활동의 목적은 좌뇌의 역할을 최소화하는 데 있으며, 도입에서는 우뇌에 적절한 자극을 제공하는 데 목표를 둔다(Summer, 1992). 이완 활동은 점진적 긴장 이완법을 활용하거나 시각적 혹은 촉각적 이미지를 통해 몸과 마음을 편안하게 할 수 있도록 유도한다(최병철, 2017).

심상 경험에 필요한 이완 활동에서 중요한 부분은 표면적 긴장도로 불리는 신체적 긴장을 줄이는 것이다. 반면에 감정적 혹은 정신적 긴장은 GIM의 감상 부분에서 활용할 수 있는 자원이므로 지나치게 이완 상태로 이끌기보다는 긴장도가 남아있는 상태에서 시작해야 한다. 2단계의 도입 부분은 적극적인 음악 감상에 들어가기에 앞서 내담자가 음악 감상을 시작하는 출발점을 정립하는 시간이기도 하다. 도입에서 주요하게 고려해야 할 작업은 세션의 목표를 설정하고 그 목표에 따라 제시되는 이미지를 제시한다.

치료사는 이완된 상태의 내담자에게 시각적인 집중과 초점을 유도하기 위해 이미지를 제시하고, 음악이 시작되면 보다 열린 마음으로 음악을 받아들일 수 있도록 격려한다(정현주·김동민, 2006). 제시되는 이미지는 현재 내담자를 위해 설정된 치료 목적과 연관 지어 선택되어야 하며 이때 치료사의 통찰력이 필수적이다. 효과적이고 적합한 심상 제공을 위해서는 초기 면담 동안 내담자의 지지적 자원에 대한 정보와 이해를 얻는 것이 중요하다(Grocke, 2002).

3단계에서는 내담자와 토론한 세션의 초점과 방향에 따라 치료사가 선정한 음악 프로그램을 최소 3~5곡을 선정하며 약 30~40분 동안 음악 감상을 하면서 심상 경험에 들어간다. 여러 예술적 매체 중에서 음악은 무의식 수준에 잠재된 감정을 자극하는 데 효율적이다. 보이지 않는 소리의 형태인 음악을 듣고, 이를 통해 울고, 웃고, 에너지 고조를 경험하는 것은 우리의 감정, 즉 무의식에 내재된 에너지를 자극한다(최병철, 2017).

내담자는 음악을 감상하는 동안 떠오르는 심상이나 경험하는 감각적 반응들에 대해 치료사와 계속 대화하면서 심상 여행을 한다. 여기서 대화란 내담자가 음악을 감상하는 동안 체험하는 심상들을 구두로 계속 치료사에게 알리고, 치료사는 내담자가 그 체험의 깊이와 강도를 충분히 탐색하고 경험할 수 있도록 언어적 지시를 주어 내담자가 어디에 있는지 확인하는 언어적 개입을 말한다(Kenneth & Bruscia, 2018).

음악치료사는 내담자가 감상하는 동안 심상에 대한 태도와 감정을 읽으면서 프로그램에 수록된 곡을 조정하거나 차례를 바꾸는 등 융통성을 발휘할 필요가 있다. 따라서 치료사는 날카로운 임상적 판단력과 순발력, 그리고 통찰력을 갖춰야 한다. 내담자가 음악을 감상하는 동안 치료사는 최대한 집중하여 내담자가 경험하는 청각적·촉각적·시각적·운동적인 모든 것에 관해 언어로 대화하고 그 과정에서 내담자에게 치료사가 '함께 있음'을 전달한다(정현주 외, 2006).

4단계에서는 감상을 마치고 내담자는 자신이 경험했던 전체 심상에 대한 느낌과 감정을 치료사와 나눈다. 이러한 나눔을 할 때 먼저 언어적인 매개체를 통해 표현하도록 유도하는데, 그림 작업이나 악기 연주, 혹은 글쓰기 동작 등을 이용한다. 이 과정에서는 내담자가 경험한 무의식적인 자료들을 의식화하는 데 목적을 둔다(정현주, 2019).

치료사와 내담자는 음악을 감상하는 동안 경험한 것들을 같이 탐색하고 이야기

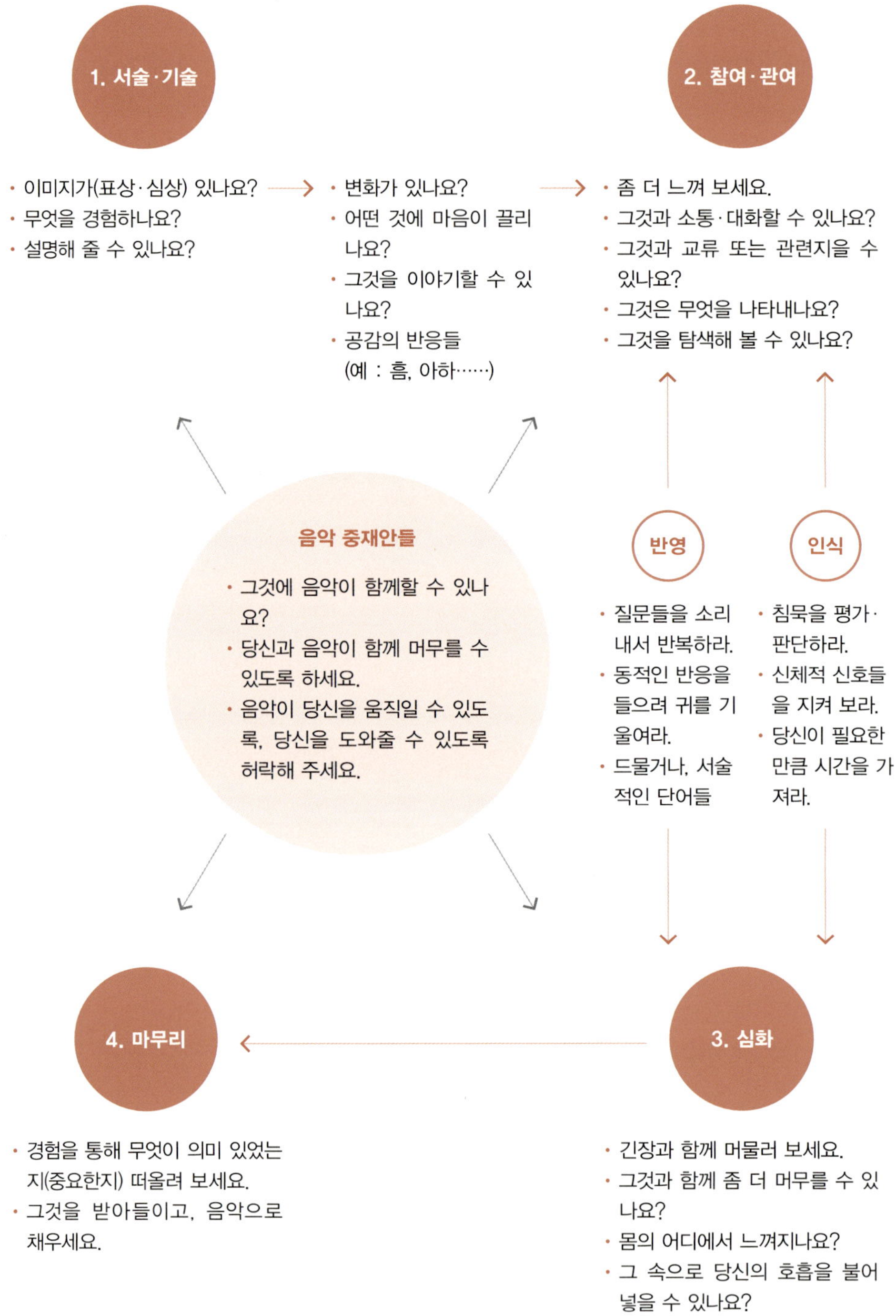

그림 5-1 언어 중재 절차

출처 : Association for Music and Imagery(2003, 재구성)

하면서, 내담자가 경험한 심상들이 내담자의 내적 세계 혹은 현실과 어떻게 연관될 수 있는지에 관해 이야기한다. 이 과정에서 치료사는 적극적인 분석이나 문제 해결을 제공하는 역할을 하기보다는 내담자가 자신의 경험에 대한 의미와 관련성을 이해할 수 있도록 도와준다(Grocke, 2015; 정현주 외, 2017).

치료사의 역할은 내담자가 본인의 경험을 보는 시각을 키우고, 잠재된 자기 가치와 존재에 대한 통찰력을 촉진하도록 최대한 돕는 것이다. 이러한 과정이 내담자에게는 감정적으로 힘들고 고통스러울지라도, 치료사는 충분한 공감과 감정 이입을 제공함으로써 궁극적으로 내담자 자신이 본인의 문제에 대해 얻은 새로운 시각을 실제 삶에서도 적용하도록 격려해 주어야 한다(Bums & Woolrich, 2004).

GIM은 그룹 치료와 개별 치료로 나누어 모든 내담자에게 효과적으로 적용할 수 있는데, 그 형태에 따라 치료 과정과 단계가 다르다. 개별 치료는 치료사와 대화하면서 심상을 체험하고, 치료사는 내담자가 음악에 몰입하고 심상을 더 산출할 수 있도록 대화 및 신체 중재를 하는 것이 가능한 반면, 그룹 치료는 대화 없이 개인적인 문제보다 집단 역동을 유도하는 데 초점을 둔다(최병철, 2017).

SUMMARY

- 심상 유도 음악치료(GIM)는 음악이 중심이 되는 치료 방법으로 음악 감상을 통해 다양한 심상을 경험함으로써 인간의 내면세계를 탐색하는 심층적 심리치료 기법이며 GIM을 실시할 수 있는 대상들에 대해서도 설명하고 있다. 각 세션은 구체적인 절차와 단계로 이루어진다. 평균 1시간에서 2시간 정도 소요되며 4단계로 나뉜다. 각 단계는 초기 면담, 이완과 도입, 감상, 마무리로 구성된다.
- 1단계에서는 세션의 방향과 목표, 그리고 내담자의 심리적 문제를 언어적으로 탐색한다.
- 2단계에서는 심상 경험에 필요한 이완 활동을 간단히 실시한다.
- 3단계에서는 내담자와 토론한 세션의 초점과 방향에 따라 치료사가 선정한 음악 프로그램을 최소 3~5곡을 선정하며 약 30~40분 동안 음악 감상을 감상하면서 심상 경험에 들어간다.
- 4단계에서는 감상을 마치고 내담자는 자신이 경험했던 전체 심상에 대한 느낌과 감정을 치료사와 나눈다.
- GIM의 음악 세션 중 제시되는 언어 중재 절차에 대해서도 그림을 통하여 설명하고 있다.

생각해 볼 거리

1. 음악심리치료의 중요성에 대해 생각해 봅시다.

2. 심상 유도 음악치료(GIM)사의 역할에 대해 생각해 봅시다.

3. 음악 세션 중 언어 중재의 다양성에 대해 생각해 봅시다.

CHAPTER

06

심상 유도 음악치료(GIM)의 이해 2

1. 심상 유도 음악치료(GIM)의 심리치료적 접근
2. 심상과 음악의 치료적 기능

1. 심상 유도 음악치료(GIM)의 심리치료적 접근

GIM은 보니Helen Bonny가 개발한 것으로, 음악 감상을 통해 다양한 심상을 경험함으로써 인간의 내면세계를 탐색하는 심층적 심리치료 기법이다(Summer, 1998).

1) 정신 분석

지그문트 프로이트

프로이트(Freud, 1922)는 자신의 이론을 통하여 인간의 모든 행동, 사고, 감정은 추동하는 에너지의 원천인 무의식적이고 성적인 본능에 의해 결정된다고 설명하고 있다. 그는 이러한 리비도와 직결되는 욕구인 원초아와 자아, 초자아 간의 갈등 과정에서 성격이 형성되며, 6세까지 어떤 경험을 하는가에 따라 기본적인 성격이 형성되고, 이렇게 형성된 성격 구조는 성인기가 되어도 변하지 않는다고 가정하였다(양명숙 외, 2019). 정신 분석의 주요 개념은 다음과 같다.

정신 분석은 심리적 결정론으로, 인간의 모든 행동과 심리적 현상은 생의 초기 6년간 경험의 영향을 받는다는 견해이자 무의식에 대한 가정이다. 인간이 지각하는 것보다 더욱 방대한 내용이 존재하며, 대부분의 행동은 이렇듯 지각하지 못하는 부분에 의해서 영향을 받는다.

프로이트는 의식과 무의식은 억압에 의해서 나뉜다고 보았으며, 성적 충동인 리비도와 공격적 욕구로서 리비도의 성적 욕구는 인간의 가장 기본적인 욕구이며 무의식의 주된 내용이라고 가정하였다(신동열 외, 2017). 유아기에 느꼈던 성적 욕구와 공격 욕구가 무의식의 대부분을 차지하는 것으로 알려져 있으며, 자아는 의식을 보호하기 위해 무의식을 억압한다. 무의식은 기회가 될 때마다 의식으로 표출되려고 시도하므로 이를 억압하는 데 정신 에너지가 많이 소모된다.

무의식적인 사고와 생각이 의식적인 사고와 갈등 상태에 놓이면 정서적인 문제가 발생한다. 자아, 초자아, 원초아가 투쟁하고 타협하는 정신 분석적 과정을 통해 인간의 다양한 행동이 나타나는데, 자아가 주도적으로 역할을 하지 못하거나 원초아와 초자아의 중재가 이루어지지 못하면 심리적 불안과 부적응적 행동이 나타난다(황은영 외, 2017).

정신 분석 심리치료의 궁극적인 목적은 자기 이해와 성찰이다. 인간의 자유 의지를 믿고, 일반인 스스로가 어떤 이유로 특정 행동을 하는지 알게 되면 스스로 자신을 통제할 수 있으며, 자기 이해는 개인의 노력 여하에 따라 변화와 성장의 바탕이 될 수 있다(정현주 외, 2006).

정신 분석적 음악치료의 기본 가정은 첫째, 우리가 의식하는 것은 우리 정신생활의 극히 일부분에 불과하며 의식의 밑에 깔려 있는 거대한 무의식의 세계가 생각과 행동에 영향을 미친다는 것이다. 둘째, 무의식의 영역은 욕구나 충동이 담겨 있는 깊은 저장고로서, 그 존재를 의식하지 못하지만 본능적 충동을 끊임없이 밖으로 표출하려는 성향이 있다는 것이다. 셋째, 인간 행동의 근원은 무의식적 본능에 있다는 것이다. 그러므로 정신 분석적 음악치료는 비언어적인 표현을 촉진하고 자아 정체성의 확립을 위한 자기-인식과 내면의 통찰력을 증진하는 데 목표를 둔다(정현주, 2019).

음악은 심리적 긴장감과 내재된 정서를 승화하고 다루는 데 하나의 매개체로 사용될 수 있다. 음악 내적 요소들인 리듬, 선율, 음계, 음색, 형식 등 각 부분이 가지고 있는 음악적 의미, 은유, 원형을 살피고 인간의 내적 성격 구조인 원초아, 자아, 그리고 초자아 간의 관계를 다각적으로 분석한다.

음악 경험은 직접적인 접근을 통해 감정을 해결하는 일차적 심리 기능과 감정이나 긴장을 판단과 사고, 논리적 문제 해결이라는 과정을 통해 조절하고 해소하는 이차적 과정을 모두 거친다(정현주 외, 2006). 감상은 일차적·이차적 차원에서 심리적 기능을 수행하지만, 이와 동시에 인간이 추구하는 규율, 절제, 통제 등의 초자아와의 관계에서도 필요를 충족시켜 준다. 음악은 리듬의 배경적 구조, 조성적 구조, 박자의 통제감 등 틀과 규율, 예측적인 도식에 순응하게 하며 초자아를 충족시키는 음악 행동 중 하나이다(최병철, 2017).

감상은 내재된 불안을 해소하는 방법 중 하나로 작용할 수 있다(Freud, 1922). 적극적 감상법인 GIM은 개인의 무의식에 내재되어 있는 억압된 감정을 표출하는 과정을 중심으로 이루어지며 자아, 초자아, 원초아의 세 가지 성격 구조의 역동적 상호 작용이 음악으로 유도된 심상을 통해 표현되는 GIM 과정에서 이러한 역동적 상호 작용의 이해와 통찰을 얻을 수 있다(Bruscia, 1998a).

음악은 무의식과 연관된 자유 연상의 역할을 하기도 하고, 중간 영역이 되기도 하며, 상징이 되기도 한다. 투사의 대상으로 사용될 수 있고 담아 주기와 안아 주기 역할을 할 수 있다(Bums & Woolrich, 2004). 전이, 역전이, 저항 등 다양한 형태의 방어 기제도 음악 안에서 나타나는데, 음악적 표현을 통해 공격적 경향이 소리로 표현된다. 이로써 내담자는 말로 표현되지 않은 채로 남아 있는 게 더 나은 미움과 파괴를 언어로 표현하는 데 대한 죄책감을 느끼지 않을 수 있다.

내담자는 처음에는 공격성을 외부로 표현하는 것에 대해 불편함을 느끼지만, 음악은 내담자가 공격성을 긍정적으로 사용하도록 함으로써 가치 있는 삶의 목표를 획득하는 것을 돕는다. 음악은 음으로 표현된 감정으로서 무의식과 연결되며 개인의 내적 세계와 직접 접촉할 수 있게 한다(Priestley, 1975).

2) 분석 심리

카를 구스타프 융

융Carl Jung은 분석 심리학을 통해 정신에 대한 개념을 확립하였다. 정신의 실체는 내담자가 가진 심상, 환상, 신화 및 행동을 통해 얻은 자료로 확인된다. 정신은 의식뿐만 아니라 개인 무의식과 집단 무의식을 포함하여 균형과 보상을 이루는 대극 체계로 이루어진다(박철안, 2016; 황은영 외, 2017).

페르소나persona는 사회적 적응을 위한 외적 인격으로서, 자아의 구성 요소이며, 임시적이고 변화 가능한 집단적 인격이다. 페르소나는 적응 혹은 개인적인 편의를 도모하기 위해 존재하는 일종의 기능 콤플렉스이다. 사회적 기능인 페르소나는 절대적으로 대상과의 관련성에 주목한다(한재희, 2010; 양명자 외, 2019). 페르소나를 분석하면 자아가 지금까지 자기 것이라고 생각했던 것이 자기 것이 아니라 타인의 것이었음을 알게 되며, 이러한 자각은 때로는 심각한 충격과 위기를 불러온다. 페르소나는 없애기보다는 구별되어야 한다(이부영, 2005).

그림자shadow는 무의식의 열등한 인격이며 '나' 자아의 어두운 면이다. 자아가 가장 싫어하는 열등한 성격을 지니고 있다. 그림자는 본래 의식에 가까운 개인적인 무의식의 내용이다. 따라서 그림자가 다른 사람에게 투사될 때는 나와 비슷한 부류의, 나와 같은 성의 대상에 투사되며, 거기에서 자기가 가장 싫어하는 사람들의 모습을 본다. 개인적 무의식의 내용인 그림자를 의식화해서 의식에 동화하면 의식의 시야가 넓어지고, 그림자의 부정적인 작용이 건설적인 기능으로 바뀐다(이부영, 2018).

자아ich는 과거의 과정에서 파생된 이미지들의 거대한 집합체로 구성된다. 자신이 고유하게 느끼고 생각하며 자신만이 갈 수 있는 내면의 세계로 인도하는 주체가 바로 자아이다(Clift & Wallace, 1982). 모든 의식 내용은 나, 즉 자아에 연계되어 있다. 그래서 자아는 의식 영역의 중심 역할을 한다. 자아는 복합적인 요소로 구성된 하나의 콤플렉스이며, 자아 콤플렉스로도 불린다. 자아의 기능은 무의식의 내면세계를 살펴 이와 관계를 맺고 적응하는 기능과, 다른 하나는 바깥 세계와 관계를 맺고 이에 적응하는 기능이다. 의식의 중심으로서 의식을 통제하고 견고히 하는 것이 자아이지만, 이와 동시에 무의식의 내용을 의식에 받아들여 동화하거나 그 뜻을 인식하는 것도 자아의 역할이다. 그만큼 자아는 자기실현의 필수적인 전제 조건이다(Jung, 1960; 이부영, 2018).

인간들은 약점이 노출될 때 감정적으로 동요하거나 흥분하곤 한다. 콤플렉스complex는 바로 그 약점에 자리하고 있다. 콤플렉스는 열등감을 일으키며 열등의식으로 말미암아 생기기도 하지만 모든 콤플렉스가 열등의식과 동일한 것은 아니다. 콤플렉스는 하나가 아니고 여럿이다. 무수히 많은 체험이 많은 콤플렉스를 만들어 낸다. 하나의 핵심 요소로 강한 정감을 가지고 있는 것이 특징이다(이부영, 2005).

콤플렉스란 부모나 사회적 가치관 혹은 기대에 부합하지 않거나, 그것에 의한 외상적 상처들의 결과로 형성된 자아로부터 나온 의식의 파편들이다. 일련의 생각들과 이미지들이 연합되어 형성된 감정을 불러일으키는 에너지의 중심이기도 하다(Austin, 2003).

융은 집단 무의식 영역에 있는 내적인 인격을 영혼, 즉 아니마anima 혹은 아니무스animus로 불렀다. 흔히 남성과 여성이 본질적으로 동일한 심리적 체계를 가지고 있다고 여긴다. 그러나 남성과 여성은 생물학적 구조도 다르고 생리적 기능도 다를 뿐더러 심리적인 특성도 어떤 문화나 사회, 남녀와 관계없이 보편적으로 다르다(이부영, 2005).

여성은 남성에게 부족한 속성을 가지고 있는데, 바로 예감 능력과 개인적인 감정이다. 여성의 예감 능력은 남성보다 앞선다. 여성의 감정은 대개 개인적인 대상에 관계하지만 남성의 감정은 개인적인 대상보다는 집단과 객체를 향한다. 남성은 유혹에 곧잘 사로잡히고 마음속에서 올라오는 정감에 자신을 내맡기고자 하는 감상에 젖는다. 그러나 여성의 경우에는 느낌이나 기분과 같은 것이 무의식에서 나오는 것이 아니라 본래 여성적인 본성에 포함된 여성 고유의 것이다(이부영, 2011).

아니마와 아니무스는 의식과 무의식을 연결하는 내적 인격이다. 남성의 무의식에는 여성적 성향의 정신 원리인 아니마가 있다. 여성의 무의식에는 반대로 남성적 성향의 정신 원리인 아니무스가 있다(이유경, 2010). 아니마와 아니무스는 경험적 관념이며 이론적으로 이해하기보다는 경험적으로 이해해야 한다. 원형으로서의 아니마·아니무스는 투사되어 경험될 때 잘 인지된다. 원형이란 어느 한 개인의 것이 아니라 사람들의 마음에 보편적으로 존재하므로, 아니마와 아니무스의 원형도 거기에 적합한 범상하지 않은 인물이 밖에 나타나면 모든 사람의 무의식을 자극하여 집단적으로 심상을 투사하는 결과를 빚는다(이부영, 2005).

의식과 무의식, 인간의 모든 정신현상 전체를 자기라고 한다. 자아의식만으로는 결코 하나가 된 인격이라 할 수 없다. 자기는 의식과 무의식을 포괄하기 때문에 자아를 넘는 크기를 가지고 있다. 오직 자아만이 자기의 유일한 내용이다. 자기self는 전체 정신이기도 하고 전체 정신의 핵이기도 하다(Jung, 1974; 이부영, 2018).

자기의 개념은 초월적 명제이기 때문에 심리학적으로는 정당하다고 인정받더라도 과학적으로 증명할 수는 없다. 융은 전체성으로서 자기는 필연적으로 의식을 초월한다고 하였으며, 전체성은 의식의 인간뿐 아니라 그림자, 아니마, 아니무스 등 무의식의 모든 속성을 포함한 전체이다.

융은 언어는 사람이 가지고 있는 감정, 두려움, 무서움, 분노, 사랑 등의 감정을 표현하고 실제로 일어나고 있는 상황에 대한 내용을 인지적으로 정리해서 제시하므로, 자연적 소리인 신체로부터 나오는 소리는 그때의 감정과 정서를 표현하기에 더욱 효율적이다. 음악을 이용해 개인적, 집단적, 무의식, 창조적 자아, 그리고 상징과 원형적 심상을 체험하는 것을 강조한다(Grocke, 1999a; 정현주·김동민, 2017).

인간들은 선천적으로 모두 '음악 아이music child'를 가지고 있다(Nordoff & Robbins, 1983). 보이는 음악적 반응과 깊이와 강도가 다양함으로 결국 음악은 개인적일 수밖에 없다. 이러한 표현력과 창의성을 제한하는 틀에서 벗어나게 하기 위해 음악적 자아를 자극하고 제한을 극복하게 함으로써 성장을 촉진시켜 자발적인 표현, 자기실현, 그리고 궁극적인 자기 통합을 체험하게 된다(정현주 외, 2005).

음악은 의식과 개인 무의식, 그리고 나중에는 집단 무의식 사이의 다리가 될 수 있다. 즉각적인 신체적 표현을 담고 있기 때문에 자각한 감정이 방어를 더욱 어렵게 해 통찰력을 촉진할 수 있다(Priestley, 2001).

3) 인본주의

서구 인본주의 이론가는 로저스Carl Rogers와 매슬로Abraham Maslow이다. 인본주의는 내담자가 자기 이해와 자기 개념, 행동, 타인에 대한 태도를 변화시킬 수 있는 무한한 자원을 가지고 있다는 신뢰를 기본 전제로 한다. 인본주의는 단지 상담 이론으로만 머물지 않고 교육, 정치, 경제 등 우리 삶의 전 영역에 적용되어 하나의 인간 중심적 삶의 원리이자 삶의 철학으로까지 발전하고 있다(김윤정, 2011; 오창순 외, 2015). 인본주의의 주요 개념은 다음과 같다.

칼 로저스

진솔성은 치료사의 생각과 행동이 일치하며 솔직하고 진실함을 의미한다. 치료사의 내적 경험이나 외적인 표현은 일치해야 하며 내담자와의 관계에서 지금 느끼는 감정, 생각, 반응, 태도 등을 있는 그대로 표현하도록 노력해야 한다(Rosenberg, 1998; 황은영 외, 2017).

무조건적이고 긍정적이며 존중하는 상담자는 내담자의 감정이나 표현, 생각에 대하여 어떤 평가나 비판을 하지 않는다. 하나의 인격체로서 상대를 수용하고 가치 있는 존재로서 존중하며 판단하지 않는다.

공감은 인간관계에서 가장 중요한 접근 방식이며 치료적인 요인이다. 공감하고 이해하기 위해서는 진실성과 무조건적이고 긍정적인 존중이 우선 기본 전제가 되어야 하며, 상담자가 진실한 모습으로 내담자의 모든 모습을 있는 그대로 존중하면서 내담자의 내면세계에서 교류하는 동반자가 되어야 한다(신동열 외, 2017).

인본주의 심리학에서는 인간이 세상을 보고 경험하는 '지금-여기'의 사상이나 현상을 이해하는 데 초점을 둔다. 개인이 주관적으로 가지고 있는 개인적 관점이나 사고, 그리고 경험하는 세계관을 가장 중요하게 생각하기 때문이다(정현주 외, 2006).

에이브러햄 매슬로

매슬로(Maslow, 1968)는 인간의 본질에 대해 보다 낙관적인 관점을 가지며, 인간에게는 생리적 욕구, 애정과 소속의 욕구, 자아존중감의 욕구, 자아실현의 욕구 등 다섯 가지 욕구가 있다는 욕구 위계 이론을 형성하였다. 이러한 욕구들은 강도와 중요성에 따라 위계적 관계로 배열되는데, 하위 욕구가 충족되면 유기체는 상위 욕구를 추구하게 된다(정옥분, 2015).

인간들은 최상의 행복감과 완성감을 느끼는 순간에 기본적으로 나타나는 인지적 현상들을 절정 경험이라고 부른다. 절정 경험에서 인간은 전치된 의식 상태를 경험하는데, 이는 곧 현실적인 생각에서 벗어나 자기 존재의 가치를 인정하게 되는 순간이다. 이러한 경험은 가장 높은 수준의 욕구인 자아실현을 가능하게 하며 나 자신을 받아들이고 체내에 있는 유기적 에너지를 생산적으로 이용하게 한다.

정현주(2006)는 욕구 위계 이론에서 음악은 하위 욕구보다는 상위 욕구 충족과 연관이 있으며, 극히 심리적이고 정신적인 욕구를 충족시켜 준다고 하였다. 수동적 혹은 능동적 수준의 음악적 경험은 내재된 욕구의 투사, 규명, 통찰 등의 기회를 제공한다. 즉흥 연주에서는 이러한 절정 경험을 체험할 수 있는데, 자신의 소리를 만들어 창의성을 발휘하고, 이 소리들이 모여 음악의 형태를 이루며, 음악의 시간적 진행을 통해 완성도를 경험하고, 이 과정에서 본인의 결정력과 통제력, 그리고 완전히 기능함을 체험할 수 있다.

인본주의 심리학은 핵심 개념인 자아실현을 도모할 수 있는 다양한 개념들을 제시했는데, 그중 하나가 창조성이다. 창조적 작업을 통해 인간의 능력과 잠재력을 탐색하고 표현할 수 있으며, 그중에서도 음악은 예술적 매개체로서 창의성을 기본으로 하는 활동이다.

음악 만들기는 인간의 창의성을 촉진하고 실현하는 경험을 제공한다. 즉흥 연주는 판단되거나 평가되지 않는 내담자 고유의 음악이며 창작물이다. 내담자는 음악적 경험 내에서 자발적인 표현, 자아실현, 그리고 궁극적으로 자기 통합을 체험하게 된다. 음악 만들기는 음악적 기술이 절정 경험과 자아실현을 도모하는 데 주 역할을 하기 때문에 그 어느 접근보다도 음악적 기술이 요구 된다(정현주 외, 2006). GIM은 인본주의적 치료 개념인 자기실현과 욕구 충족, 그리고 '완전히 기능'하기 위한 잠재력의 탐색 등을 강조한다(Maslow, 1968).

GIM에서는 음악을 이용하여 전치된 의식 상태에 들어감으로써 외부 세계가 아닌 내부세계를 탐색하고 자기실현에 필요한 잠재력을 확인하고 체험하게 된다(Association for Music and Imagery, 2003). 내담자는 전치된 의식 상태에서 자신의 다양한 측면을 탐색함으로써 기본적인 욕구들은 물론 감정적 정신적 영적 필요들을 탐색하고, 해결에 필요한 내적 자원과 외적 자원을 규명하는 과정을 거친다(김진욱, 2017 재인용).

인본주의적 제3세력 운동인 게슈탈트 치료에서는 정신 분석이나 행동주의와는 달리 개인과 타인, 인간과 환경의 상호 불가분의 관계를 역설한다(김정규, 2015). 펄스Fritz Perls와 징커Joseph Zinker가 주요 이론가인 게슈탈트 심리치료는 현상학적 실존주의적 접근을 바탕으로 지금-여기의 개인적 경험에 주의를 기울이고, 대인관계에서의 만남과 접촉을 통해 성장과 치료를 도모하는 치료 방법이다. 게슈탈트 상담에서는 개인의 즉각적인 경험을 탐색하는 과정에서 유기체의 관심을 끄는 것을 전경으로 인식하고 이와 관련된 배경과의 관계에서 의미를 찾는다(Yontef, 2008).

게슈탈트 심리치료의 최종적 목표는 '알아차림'과 '접촉'의 증진이다(Zinker, 1977). '알아차림'은 유기체-환경의 장에서 발생하는 여러 현상들 중 자신에게 현재 중요한 것을 게슈탈트로 형성하여 전경으로 떠올리는 행위이고, '접촉'은 그렇게 형성된 게슈탈트를 현실과 상황에 적절한 행동을 선택함으로써 해소하여 배경으로 물러나게 하는 행위라고 할 수 있다. 이 과정 중 장애가 생겨 알아차림과 접촉이 자연스럽게 이루어지지 않으면 개체는 자신의 유기체적 욕구를 해소할 수 없을 뿐만 아니라 환경에 적응하는 것에도 실패하게 된다(김정규, 2015).

내담자의 변화와 성장을 위해서는 현재 감정에 대한 알아차림뿐만 아니라 주위 환경에 대한 알아차림, 신체에 대한 알아차림 등 내적·외적 알아차림을 바탕으로 한 접촉이 필수적이다. 유기체가 자신의 욕구를 알아차리지 못하거나 외부 세계와 접촉하여 이를 해소하지 못하면 미해결 과제가 쌓이는데, 이렇게 되면 개체는 생기 있는 삶을 살지 못하고 심리 장애를 일으키게 된다.

치료자는 내담자가 자신의 감각을 사용하면서 지금-여기에서 무엇이 일어나고 있는지, 어떻게 일어나고 있는지를 스스로 탐구하고 깨달으며 필요하면 실험을 통해서 자신의 문제에 대한 해결책을 직접 찾아 나가도록 안내한다(Zinker, 1977; 김정규, 2015).

게슈탈트 치료에서는 내담자로 하여금 다양한 실험을 제안함으로써 내면의 갈등을 탐색하게 하고, 타인과의 접촉을 통하여 미해결 과제를 완결 짓고 새로운 창의적 행동을 통하여 내면의 잠재력을 개발하며, 이를 환경과의 접촉에 적극적으로 활용할 수 있도록 도와준다. 내담자와의 대화적 만남이 가능하도록 하기 위해 치료자는 자신의 선입견이나 가치 판단을 내려놓고 내담자의 현상학적인 세계로 조심스럽게 들어가서 그의 경험을 존중하고 수용해야 한다(Yontef & Jacobs, 2014).

음악 지각에 대한 이해는 형태주의 이론가들의 연구를 통해 개념화되기 시작하였다. 이들은 감각적으로 수용된 정보를 형태나 관계로 조직하려는 선천적인 경향을 띠었으며, 수용된 지각적 정보들을 가능한 한 의미 있는 전체로 이해하려는 시도로서 음악을 설명하였다. 게슈탈트 이론가들은 음악의 형태를 개념화했는데, 대표적으로 근접성의 원리, 유사성의 원리, 완결성의 원리, 단순성의 원리, 대비의 원리 등이 있다(정현주 외, 2006).

근접성의 원리는 시간과 공간상 근접해 있는 음들은 그렇지 않은 음들보다 선율의 단위로서 쉽게 지각될 수 있다는 원리이다. 인간은 음의 연결을 선율로 조직화하는데, 빈도율에서 음들이 근접한 상태로 명백히 종결을 향해 나아갈 때 쉽게 지각할 수 있다. 음 요소들 간의 연관 관계는 그 자체로서 선율의 형태적 경험을 정의한다(Espinoza-Varas & Watson, 1989). 유사성의 원리는 음의 질이나 속성 또는 형태를 묶어서 이해하는 기제인데, 오케스트라 음악을 들을 때 현악은 현악기들끼리, 관악은 관악기들끼리, 타악기는 타악기들끼리 분류되어 들리는 것을 말한다.

완결성의 원리는 기존의 제시된 음들을 토대로 이후의 구성을 완성하고자 하는 인지적 기술을 의미한다(정현주, 2019). 단순성의 원리는 거칠음, 불규칙성, 불균형과 비교하여 규칙성, 균형감에 대한 지각적 신호를 말한다. 혼란으로부터 지각적 질서를 이루어 가는 것과 연관된다(Rudolf & Boyle, 2018). 대비의 원리는 대립되는 내용들을 균형감 있게 배치하는 기제를 의미한다. 음악적 예로는 상행 선율과 하행 선율을 말한다(정현주 외, 2017; Radocy & Boyle, 2018).

4) 자아 초월 심리학

자아 초월 심리학transpersonal psychology은 우리가 일상적으로 경험하는 자아의식에 대한 이해와 치유에 관한 서양 심리학에 기초하면서도 인간의 실존적이고 초월적 측면까지 통합하고 있다. 사상적 배경을 살펴보면 동서양의 다양한 전통과 지식을 토대로 하며, 타 학문과의 교차적 성격, 인간 정신 및 영혼에 대한 광범위한 접근 방식, 이론과 실무 적용 방법론의 다양성 등을 포괄하고 있기 때문에 다루는 연구 분야가 매우 폭넓다. 평범하고 평균적인 것을 초월하여 인간 존재에 더 깊고 높은 측면을 더한다는 의미를 담고 있다. 자아 초월은 '자아를 넘어선다'는 것을 의미한다(Scotton & Chinen & Battista, 2015).

자아 초월 심리학은 건강과 인간 잠재력에 관한 심리학이며, 전인적인 접근 방법이다. 지적, 정서적, 영적, 신체적, 사회적, 그리고 개인 삶의 창조적 표현 측면에서 균형적인 발달을 추구한다. 자아 초월 심리학은 모든 인간이 자연스러운 치유 과정을 통해 독립적으로 성장하고 발전하는 잠재력을 지녔다고 전제한다. 자아 초월 심리학의 치료 목적 중 하나는 인간이 자신의 내적 자원을 만나게 하는 것이다. 내적 자원이란 자아의 힘, 존재의 중심이 될 수 있는 내재된 힘을 의미한다(Summer & 정현주, 2010).

자아 초월 심리학은 개인의 차원을 넘어선 인간의 의식, 즉 전치된 의식 상태를 탐구하는 학문이며, 초개인 심리학으로도 불린다. 서양의 밀교 의식과 동양의 영적 사상을 통합하고 몸과 정신, 영적 세계에 초점을 맞춘다. 자아의 건강한 주체성 확립을 위해 정신 분석, 상담, 교류 분석 등 전통적인 심리치료의 성과를 받아들이고, 초월적 상태로 촉진하는 방법으로 샤머니즘, 호흡법, 도가, 요가, 선, 티베트 밀교 등의 동양 사상을 받아들인다. 궁극적 목표는 우주 의식과의 동일화, 생사를 포함한 모든 것에 대한 집착성의 탈동일화 등이며, 영원한 철학을 추구하는 영성에 초점을 맞춰 초월 심리치료를 실제화하였다(정현주 외, 2006).

자아 초월 심리학은 서양의 심리학과 동양의 명상을 결합하여 보다 효과적으로 자아 초월, 자기 치유, 자아실현을 가능하게 한다. 정신 통합의 기법은 꿈 분석, 일기, 자유 연상, 음악 요법, 심리극 같은 서구 심리학의 기법에서부터, 명상, 직관과 같은 동양적인 기법으로 구성된다(Bruce, 2015). 보니Bonny는 음악을 하나의 초월적 개념으로 설명하고 음악을 통해서 우리가 상상적인 세계를 탐색하고 규명해 낼 수 있다고 하였다. 음악은 통찰과 창의성과 만나게 해주며, 우리 안에 극단적 에너지를 중재하고 내재된 불균형을 통합하는 힘을 가지고 있다. 음악은 우리를 정돈시켜 주는 힘과 억압된 감정의 힘으로 유동하는 자신을 지지해 주는 힘을 지니고 있다(Bonny, 1989).

초월적 음악 감상은 감상 과정에서 일어나는 모든 심상에 초점을 맞추는 것에서 시작하며, 음악을 하나의 상징과 삶의 원형으로 간주한다. 심상은 정서 및 감정과 정서를 동반한다. 음악 감상을 통해 내담자가 이전에 해결되었거나 미해결된 정서와 만나는 내면세계를 탐색함으로써, 내담자가 자신의 존재를 다양한 원형과 심상의 형태로 경험한다. 이때 치료자는 내담자가 전체적인 시각과 보다 깊이 있는 이해를 얻도록 돕는 역할을 한다.

이러한 탐색 영역을 초월적 영역이라고 하는데, 내담자는 현실의 여러 문제들을 떠나 음악을 통해 자신의 감정 억압된 정서와 만나면서 감정을 표면화하고 이해하게 된다. 이러한 과정은 내담자에게 내면세계를 탐색하고 음악의 내적 조화와 역동적 힘을 자신의 자원으로 내재화하는 기회로 작용한다(정현주 외, 2006).

GIM에서는 초월 경험을 중요시하는데, 초월적 경험은 내적 혹은 내면세계와 초월적 영역에서의 경험을 말하며, 음악이 전치된 의식 상태를 유발하고 촉구하는 역할을 한다고 본다. GIM은 내면세계를 탐색함으로써 자신의 존재를 인간의 형태가 아닌 다양한 원형과 심상의 형태로 경험하고 전체적인 시각과 보다 깊이 있는 이해를 얻도록 이끈다(정현주 외, 2006).

GIM은 내담자가 인간적인 존재가 아닌 다른 존재적 경험을 통해 삶에 대해 더 큰 이해와 깨달음을 얻게 하는 데 그 목적이 있다. 현실 세계가 아닌 내면세계를 탐색함으로써 내담자는 내재된 욕구들을 규명하는 기회를 갖게 되고, 존재의 의미 및 정체성을 확인하며, 이를 통해 얻은 통찰력은 현실에서 자기실현을 촉진하는 데 기여한다(Bums & Woolrich, 2004).

2. 심상과 음악의 치료적 기능

1) 심상과 원형

섬머(Summer, 1990)는 GIM에 대한 이해에서 심상의 의미를 충분히 알아야 한다고 강조하였다. GIM에서 음악을 감상하는 동안 형성되는 심상은 내적 경험의 신화적이고 원형적인, 상징적인 이미지 혹은 형태들을 포함한다. 여기서 상징은 그 자체가 지니고 있는 본질적인 의미 외에 개인적 의미를 담은 표상을 말하며, 원형이란 내면세계의 우주적 표상이라 할 수 있다(Jung, 1974).

심상은 음악을 통해 자극되고 체험되며 정서 및 감정과 연관된다. 인간과 외부세계의 상호 교류에서 일어나는 내적 갈등의 표상이며, 이에 대한 긴장을 표현하는 상징적인 역할을 한다. GIM에서 심상은 시각적인 상은 물론 이를 포함하여 훨씬 더 넓은 감각적 의미의 심상까지 포함한다. 꿈을 꿀 때처럼 감각적이기도 하고 촉각적, 청각적 또는 감각 운동적인 내용이 담겨 있는 경우도 있다(정현주 외, 2006).

음악을 통해 유도된 심상은 내담자가 삶을 이야기하는 방법 중 하나이다. 내담자의 내적 문제를 상징하는 하나의 '상' 또는 '은유'이기도 하며 내담자의 심리적

표 6-1 음악으로 유도된 심상의 종류와 형태

종류	형태
시각적 경험	• 색깔, 형태, 장면들, 사람, 동물, 새, 물(호수, 강가, 바다 등)
기억	• 어릴 적 기억, 의미 있는 사건과 감정 회상
감정과 느낌	• 모든 감정의 스펙트럼 : 슬픔, 기쁨, 행복감, 애도, 공포, 분노, 놀람 등
신체적 감각	• 무게감, 감각의 둔마, 몸에서의 분리감, 공중에 뜨는 기분, 떨어지는 기분, 돌아가는 기분, 몸의 변화
전치된 청각적 경험	• 음악이 멀리 또는 가깝게 들림, 특정 악기 소리가 부각
추상적 심상	• 안개, 구름 등 명확한 형태가 없는 것
영성적 이미지와 영적 경험	• 빛으로 끌리거나 빛의 열기를 가깝게 느끼는 것 또는 종교적인 장소에 있거나 성직자와의 상호 작용을 경험하는 것
초월주의적 경험	• 신체가 작아지거나 커지는 등 신체적 변화를 경험함 또는 다른 형태의 물체로 변형을 경험
상징적인 형태	• 이미지는 특정한 변화나 전이를 상징함, 요람, 여행, 우주, 세 갈래 길 등의 상징적인 형태는 내담자에게 특정한 의미

출처 : Grocke(1999a, 2005a, 필자의 재구성)

인 힘과 나약함, 그리고 내적 자원에 대한 표상이기도 하다(Grocke & Wigram, 2007). 그로크(Grocke, 1999a, 2005a)는 내담자들이 GIM을 경험하는 동안 심상 경험의 형태를 포괄적인 목록으로 정리하였다(표 6-1).

GIM에서의 심상은 다양한 종류의 원형과도 연관이 있다. 융(Jung, 1974)은 원형이란 본능과 같은 일차적 과정으로 기억과 충동을 표현하는 '원형'으로도 상징되어 표현될 수 있다고 하였고, 이는 무의식 차원에서 자기 충족 생존 항상성을 추구하는 데 있다고 하였다. 자아는 원형과 같은 창조적 표현 형식을 통해 인간의 본질적인 부분을 이미지로 보여 줌으로써 인간이 완전한 존재로 향하게 하는 방법과 목적, 그리고 방향을 제시해 준다(Austin & Vancouver, 1996).

GIM에서는 내담자로 하여금 의식적으로 인지하고 있는 선을 넘어서 조금 더 우주적인 경험을 할 수 있도록 하는데, 이는 집단 무의식 혹은 개인 무의식의 탐색이다. 탐색하는 내용의 상황, 욕구, 강도 등은 상징적인 방법으로 표현되는데, 그런 사례 중 하나가 전래 동화, 신화 등에 등장하는 원형적 이미지이다(Austin, 1996).

이러한 시각에서 음악으로 유도된 원형은 심상의 하나일 수 있으며, 내재된 원초적인 욕구와 본질을 표현하는 역할을 한다. GIM에서 반복되는 심상이나 원형

등은 여러 가지 의미에서 매우 유의미하다(정현주·김동민, 2017).

2) 음악

GIM에서는 치료사가 내담자와 면담을 거친 후 내담자의 주제, 즉 심리적 문제나 에너지 레벨, 신체적 상태에 따라 음악을 선택한다. 여기서 음악을 구성하는 요소들을 고려하여 선곡해야 하는데, 음악은 하나의 '자극제input'가 아닌 다양한 소리 자극의 형태와 패턴으로 구성된 복합체이기 때문이다. 음악이 심상 경험을 구조화하기 때문에 치료사의 음악 선곡은 치료 환경의 핵심이다(정현주, 2019).

치료의 도입 부분에서 회기의 전개와 치료 목적을 비롯하여 필요한 정보가 수집되면 이에 따라 단계마다 적절한 음악을 선택한다. 섬머Summer는 '충분히 좋은 엄마good enough mothering'라는 위니코트Donald Winnicott의 개념을 빌려 음악도 '충분한' 역할을 하면 된다고 설명하였다.

GIM의 치료 목표는 음악에 대한 내담자의 경험이 더 중요한 심리적 작업이라는 것을 기억해야 한다. 음악은 적절하게 내담자를 밀었다 당겼다 하는 역할을 할 수 있어야 하는데, 이는 마치 엄마(음악)가 아이(내담자)를 품에 안고 있다가 잠시 놀도록 내보냈다가 다시 안아 주는 것에 비유할 수 있다(Bums & Woolrich, 2004).

GIM에서 사용하는 음악은 보니(Bonny, 1972)가 다이내믹의 범위, 음악 선율의 흐름, 화성의 리듬, 구조, 연주 형태 등을 중심으로 심리적 문제에 따라 다양한 감

표 6-2 GIM 음악 프로그램 구성 단계

단계	음악 프로그램 구성 요소	
1단계	invitation	• 내면세계를 탐색하도록 서서히 초대하며, 감정이 생기게 도와주는 음악
2단계	uncovering	• 내면세계에 접근해 탐험하게 하고 문제와 만나도록 자극하며, 저항력을 감소시키고 내관을 형성하도록 하는 음악
3단계	extension release	• 내면세계를 깊이 경험하여 이완하고 확장하며 감정적 해소 및 문제를 해결하도록 지원하는 음악
4단계	unsights closure	• 통찰하고 통합하며 경험을 정리하도록 지원하는 음악

출처 : Bush, Stokes & Borling(2000, 필자의 재구성)

정 영역을 구분한 것을 활용하여 감상 프로그램 시리즈로 개발한 것이다(표 6-2). 이 프로그램은 GIM 치료에서 꾸준히 활용되어 왔다. 현재 GIM에서 사용 중인 음악은 모두 18개의 특성에 따라 분류되어 녹음되어 있고 이러한 프로그램은 계속 GIM 전문가들이 다시 정리하는 과정을 거친다(Grocke, 2002). GIM 치료사나 내담자에 따라 부분적으로 선곡하는 등 곡의 사용에는 어느 정도 융통성이 있다(정현주 외, 2006).

GIM에서 음악은 치료사와 내담자와의 관계를 촉진할 뿐만 아니라, 내담자가 치료사와 상호 교류할 수 있는 음악적 공간을 제공한다. 공간에서 음악은 내담자의 심상을 유도하고, 심상은 치료사와 경험하는 내면의 문제를 감정적으로나 내용적으로 공유하고 공감할 수 있도록 해준다. 전치된 의식 상태에서 이러한 교류는 충분히 자극적이지만 음악적 공간 덕분에 안정적으로 체험이 가능하다(정현주 외, 2006).

SUMMARY

- 심리치료적 접근에서는 크게 정신 분석, 분석 심리, 인본주의, 그리고 자아 초월 심리로 구분하여 살펴보았고, 심상과 음악의 치료적 기능에서는 다양한 심상과 원형들에 대해 제시하였다. 음악의 치료적 기능에서는 음악은 보니(Bonny, 1972)가 다이내믹의 범위, 음악 선율의 흐름, 화성의 리듬, 구조, 연주 형태 등을 중심으로 심리적 문제에 따라 다양한 감정 영역을 구분한 것을 활용하여 감상 프로그램 시리즈로 개발한 것이다. 또한, 음악 프로그램 구성 4단계에 대해서도 제시하였다.

생각해 볼 거리

1. GIM 세션에서의 다양한 심상의 형태에 대해 생각해 봅시다.

2. 원형의 상징에 대해 생각해 봅시다.

3. GIM 음악 프로그램의 개발에 대해 생각해 봅시다.

CHAPTER 07

심상 유도 음악치료(GIM)의 적용

1. 심리 사회 및 정서 분야
2. 의료 분야

미국을 중심으로 많은 연구자들은 다양한 대상에게 개별 혹은 집단으로 GIM을 실시하고 있다. 주로 불안, 우울, 상실, 삶의 전환 및 자기실현에 관련된 내담자들을 돕기 위해 적용된다. GIM에 관한 연구는 크게 심리·정서를 중심으로 GIM을 적용한 결과를 살펴본 연구들과 각 의료 현장에서 환자들을 대상으로 GIM을 적용한 결과들로 나뉜다.

1. 심리 사회 및 정서 분야

랑셰와 쾨를린(Wrangsjö & Körlin, 1995)은 심리적 고통, 대인 관계, 우울, 불안, 강박, 적개심, 편집증과 정신 분열로 고통받는 성인 14명을 대상으로 GIM 세션을 실시한 결과 대부분의 증상이 현저하게 감소되었음을 발견한다. 그들은 2000년에 수행한 후속 연구에서도 30명의 성인을 대상으로 GIM을 실시한 결과 신체화, 우울, 정신 분열 및 각 증상의 심각성과 심리적 고통 수준이 감소하거나 정상화되었다는 결과를 발견한다.

맥키니(McKinney, 1997)는 GIM 세션이 일반 성인의 기분 및 스트레스와 연관된 호르몬인 코르티솔cortisol에 미치는 영향을 조사하였다. 23세에서 45세까지의 건강한 성인 28명을 대상으로 7회기의 개별 GIM 세션을 실시하였고, 종결 7주 후에 혈액 샘플을 수집하였다. 그 결과 GIM 세션이 우울감, 피로감 및 전체 기분 장애를 현저하게 감소시켰으며, 후속 기간 동안에도 여전히 낮게 유지되었음을 확인하였다. 이처럼 GIM이 일반 성인의 기분, 호르몬, 정신적인 측면에 긍정적인 효과를 가져온다는 것을 알 수 있다.

마아크와 놀란(Maack & Nolan, 1999)은 최소 6회기의 개별 GIM 세션을 경험한 16세에서 83세 사이의 내담자 25명에게 설문 조사를 실시하였다. 내담자들은 GIM을 통해 감정을 표현하고 소통하는 측면과 문제에 대한 통찰력, 영적 성장,

자아의 새로운 영역 발견 및 휴식 증가를 보고하였고, 자존감의 변화를 확인하였다. 또한, 세션이 종결된 후에도 참여자의 67%에서 정신적인 영역의 향상이 지속되었고, 46%는 신체 영역에서, 88%는 대인 관계 영역에서 개선이 지속되었다.

선행 연구들을 통해 GIM이 성인들의 부정적인 기분, 대인 관계 스트레스와 관련된 생리적 측면까지 개선시키는 것을 확인할 수 있었다.

GIM은 비정신 분열성 장애를 가진 내담자의 불안을 포함하여 대인 관계 문제들과 대부분의 증상을 감소시키는 것으로 나타났다(Wrangsjö & Körlin, 1995). 워커(Walker, 1993)는 우울증을 앓는 내담자가 GIM을 통해 '영적 본질과 깊이 소통'하는 데 도움이 되었다고 보고하였다. 12회기의 세션 동안 내담자는 GIM을 통해 어린 시절 트라우마의 기억들을 작업할 수 있었으며, 충격적 기억에 접근하고 내적으로 소통하는 데 도움을 받았음을 발견하였다. 내담자는 그 후 알코올에 대한 약물 치료를 중단할 수 있었다.

블레이크(Blake, 1994)은 GIM을 통해 베트남전 참전 용사들의 트라우마를 그들의 감정과 재접촉함으로써 불안감을 줄이고 자기 이해도를 높일 수 있음을 발견하였다.

이처럼 GIM은 언어적 사고방식을 초월할 수 있는 기회와 자아 성찰의 시간을 제공하였으며, 사고를 떠나 감정을 경험하고 연민과 수용으로 자기 자신과의 관계 경험을 제공하였다. 그 결과 대상자는 새로운 관계성을 구축할 수 있었으며, 스스로 힘과 용기를 얻을 수 있었다. 이 연구를 통해 창조적 치료 과정인 GIM이 대상자로 하여금 알코올에 의존하기보다는 내적 경험을 하도록 이끌고, 영적인 차원에서 대상자의 욕구를 충족시켰음을 알 수 있었다(Soshensky, 2001).

2. 의료 분야

GIM의 효과성은 의료 분야에서도 나타나고 있다. 야코비(Jacobi, 1995)와 번스(Burns, 1999)는 GIM이 긍정적인 생리 변화를 이끈다는 것을 많은 연구들을 통해 검증하였으며, 최소 7주 동안 생리적인 변화와 관련하여 긍정적으로 지속된다는 것에 주목하였다(Jacobi, 1995; McDonald, 1990; McKinney, 1997; Burns, 1999).

피켓(Pickett, 1995)의 연구에서도 알코올 환자에게 GIM을 실시한 결과, 어린 시절 트라우마 작업을 통해 내적인 힘을 회복하고 알코올에 대한 약물 치료를 중단한 사례가 동일하게 보고되었다.

메리트(Merritt, 1993)는 강직성 척추염으로 고통받고 있는 한 남성에게 GIM을 실시한 결과, 고통 지수가 6에서 3까지 줄어들었다(Merritt, 1993). 또한 내담자로 하여금 어린 시절의 아픈 기억을 직면하고 해결하는 데 도움이 되었다. 두 번째 GIM 세션 후, 내담자는 '고통이 거의 없는 상태'가 되었다(Merritt, 1993).

맥도날드(McDonald, 1990)는 21세에서 75세까지 고혈압 증상이 있는 30명의 성인을 대상으로 주 6회기의 개별 GIM과 주 6회기의 언어 치료를 실시하였다. 그 결과 세션을 받은 실험군은 종료 후 평균 수축기 혈압과 확장기 혈압 모두 의미 있게 감소하였다. 세부적으로 GIM을 받은 그룹은 확장기 혈압이 연속적인 세션 동안 현저하게 낮아졌으며, 후속 기간까지 동일한 수준을 유지하였고, 수축기 혈압은 더욱 큰 폭으로 낮아졌으며, 세션이 끝난 6주 동안 급격한 하강을 보였다. 대조군과 비교했을 때 유의한 차이를 보였으며 세션 후에도 긍정적 변화가 지속된다는 것을 입증하였다.

야코비(1995)의 연구에서는 류머티즘 관절염을 앓는 성인 27명을 대상으로 10회기의 개별 세션을 진행하였다. 참가자들은 GIM을 통해 우울, 불안, 적개심, 공포 불안, 신체화 및 정신 분열과 같은 심리적 고통 및 통증이 현저하게 감소했다고 보고하였다. 강직성 척추염을 앓고 있는 남성에게 GIM을 적용한 결과 내담자는 '고통이 거의 없는 상태'가 되었으며, 또 다른 연구에서는 고통 지수가 6에서 3까지 감소하였다(Merritt, 1993).

GIM이 암환자들에게 미치는 영향도 연구되고 있다. 번스(1999)는 유방암 및 난소암의 병력이 있는 8명의 여성들을 대상으로 삶의 질과 기분 상태를 조사하였다. 대상자들은 10회기의 개별 세션에 참여하였다. 세션이 종료된 시점과 6주 후에 사후 검사를 실시한 결과, 개별 GIM을 받은 그룹에 속한 사람들의 삶의 질은 증가되었지만 대조군에 속한 사람들은 변화되지 않았다. 이 연구를 통해 GIM에 암환자의 고통을 줄이고 삶의 질을 향상시킬 가능성이 있음을 알 수 있었다.

정신 질환과 관련한 GIM의 연구들은 다양한 질환을 대상으로 실시되고 있다. 루타(Ruta, 2014)는 알코올 남용 장애를 가진 48세 남성을 대상으로 매주 한 번의 언어심리치료와 한 번의 GIM 세션을 총 9회기 실시하였다. 세션 시에는 대상자의 치유 능력을 활성화하는 내담자 중심 언어 상담 기법과 GIM을 통합하여 적용하고, 보니Bonny 방법의 유도된 심상과 음악을 통합하여 적용하였다.

GIM을 대상으로 한 선행 연구들은 음주 문제를 가진 사람들을 포함하여 정신건강이 필요한 내담자들을 대상으로 그 효과를 입증하였다(Bonny & Tansill, 1977; Borling, 1992; Heiderscheit, 2005; Pickett, 1992; Summer, 1992). 한편, 피켓(1992)은 또 다른 연구에서 다중 중독을 가진 여성에게 GIM을 실시한 결과 대상자가 직접적으로 자신의 감정에 직면할 수 있었으며, 의미 있는 관계성을 발전시키는 데 긍정적인 영향을 미쳤다고 보고하였다.

브루샤(Bruscia, 1991)는 AIDSAcquired Immune Deficiency Syndrome에 걸린 한 남성을 대상으로 GIM 세션을 통해 죽음의 이미지와 직면하게 함으로써 삶과 죽음에 대해 다루었다. 마르(Marr, 1998~1999)도 생의 마지막 단계에서 완화 치료를 받고 있는 한 여성에게 15회기의 GIM 세션을 실시하고, 대상자가 자신의 삶과 관련하여 핵심적인 문제를 다루도록 이끌었다.

이처럼 GIM은 일반인의 심리·정서적 측면과 의료 상황의 통증 환자와 정신 질환자들을 비롯한 호스피스 환자들에 이르기까지 다양한 임상 현장에서 폭넓게 적용되고 있으며, 다양한 질환이나 정신 문제를 가진 환자들에게 자신의 삶을 돌아보고 죽음을 맞이하는 과정이 되고 있음을 알 수 있다.

SUMMARY

- 일반인은 주로 심리 · 정서적인 측면인 우울, 불안, 강박, 적개심, 편집증, 대인 관계, 스트레스, 정신 분열로 고통받는 성인을 대상으로 연구된 결과를 기술하였다. 의료 분야에서는 심상 유도 음악치료(GIM)이 생리적인 변화와 알코올 환자, 강직성 척추염, 고혈압, 류머티즘 관절염, 암환자, 다중 중독환자, AIDS, 호스피스 환자들에게 폭넓게 적용되고 있음을 설명하고 있다.

생각해 볼 거리

1. GIM 세션이 집단을 대상으로 실시되는 경우를 생각해 봅시다.

2. GIM 세션의 대상이 다양한 연령층에게 실시되는 경우를 생각해 봅시다.

CHAPTER

08

중년 여성의 자기실현을 위한 심상 유도 음악치료(GIM) 1

1. 중년 여성의 특징
2. 중년 여성의 심리·사회적 변화
3. 중년 여성의 자기실현

1. 중년 여성의 특징

1) 중년 여성의 특성

인간의 평균 수명이 길어지면서 19세기 말부터 중년이라는 용어가 등장하였다(Lachman, 2004). 중년은 일반적으로 40세에서 60세까지의 시기이다. 이 시기에는 성장과 발달이 아닌 성숙과 퇴화 등의 변화를 경험하며, 개인의 성숙과 노화, 심리적 절정과 전환을 보이며 정체성의 재정립을 통해 더욱 생산적으로 변화한다(Carstensen, 2006; 심지현, 2017; 신동열 외, 2018).

(1) 신체 생물학

여성의 갱년기 증상은 뇌하수체 기능의 이상과 난소의 점진적인 기능 저하로 생기는 생리적 신경·내분비적 변화로 나타나며, 혈관 운동계, 신진대사, 정신적 증상 등에서 이상 징후를 나타낸다(장휘숙, 2012). 신체적 증상에 하나로 폐경을 경험하며 폐경은 월경이 자연적으로 정지되어 1년 이상 경과된 경우 '난소의 기능이 상실되어 에스트로겐의 분비가 없어지고 임신할 수 없는 상태', '노년기로 가는 과도기'로 정의된다(Sowers, 2000). 난소 기능의 저하에 따라 여성은 여러 가지 신체 변화를 맞이하며 성인병, 근골격계 및 호르몬의 변화에 의한 면역계 질환, 스트레스, 우울, 수면 장애 등 일상생활에 영향을 받게 된다(Maoz, 1977; Slay & Taylor & Williamson, 2004; 박이균, 2015).

개인차가 있지만 대부분의 여성들은 45세에서 55세 사이에 폐경을 경험한다. 폐경에 뒤따르는 많은 증상들은 다른 원인 때문에 생기기도 하지만 주로 노화와 관계가 있다.

(2) 정서

여성에게 중년기는 자녀가 성장함에 따라 양육 역할이 감소하고, 여가 시간의 증가로 인해 잠재된 능력을 탐색하며, 이를 새로운 방향으로 전개하고자 하는 욕구가 출현하는 시기이다(Rubin, 1979; 고경희, 2017). 중년 여성들은 부부 간의 갈등, 자녀와의 갈등, 시댁 식구와의 갈등, 남편과의 성적 갈등, 자아실현 및 경제적 문제로 인한 갈등 등 가족과 여성의 주위를 둘러싼 사회적 관계에서 스트레스를 많이 느끼는 시기이기도 하다(정원임, 2013; 신명희 외, 2017). 생활 스트레스는 우울감과 같은 부정적인 감정이 높아지며 중년 여성들의 기분에 영향을 미치고, 무력감, 불안, 적대감, 긴장감 등 부정적인 정서가 많아지고 이것이 화병이나 신체화 증상 등의 신체적 증상으로 나타나기도 한다(김순이·이정인, 2007; 이은경, 2014; 김재희·김욱, 2015; 박영미·신창식, 2015; Bonder, 2015).

중년 여성의 우울의 특성을 보면 자아 개념, 자아 정체감 등 성역할과 관련된 가치관이 확고한 중년 여성들은 우울 정도가 낮았고, 배우자와의 관계가 원만하지 못하거나, 결혼 만족도가 낮을 때, 가정 경제가 어려울 때는 우울 정도가 높았다(박이균, 2015; Sohn, 2018).

우리나라의 대표적인 중년기 질환으로 알려진 화병은 한국적 사회 문화와 전통적인 정서 표현으로 알려진 한恨과 깊이 관련되어 발병하는 것으로, 화병 환자의 80%를 여성이 차지하며 대부분 40·50대 중년 여성들에게 나타나고 있다(김은하 외, 2013; 최연우, 2015). 이렇듯 중년기의 여성은 심리적 변화를 매우 심각하게 경험한다고 할 수 있다.

(3) 인지

중년이 되면 갑자기 알고 있던 단어가 생각이 나지 않거나 조금 전 사용했던 물건을 어디에 두었는지 생각이 나지 않는 경우를 종종 경험한다. 이런 경험을 하게 되면 지능이 나빠진다고 생각하는데, 반드시 지능의 쇠퇴 때문은 아니다(신명희 외, 2019).

커텔(Cattell, 1967)는 지능을 유동성 지능과 결정적 지능으로 구분하였다. 유전적 요인에 의해 결정되는 유동성 지능은 지적 능력이며 뇌신경의 성숙에 의해 감퇴하는 지능이다. 유연성, 정보 처리의 속도, 새로운 상황에의 적응력과 관련되며, 도형 분류, 도형 관계 등 일반적 추론 능력, 관계적 사고와 귀납으로 진단된다. 결정적 지능은 후천적으로 학습된 능력이므로 문화적 영향, 후천적 경험, 학습에 의해 습득되는 지능이다. 논리적 의미 관계 추론, 기계적 지식, 경험적 평가 능력, 언어 이해력, 판단력 등이 이에 속한다. 결정적 지능은 교육 수준이 높은 경우에는 노년기까지 계속해서 발달한다.

중년기에는 대부분의 사람들이 기억 감퇴를 호소한다. 정보 처리 이론의 관점에서 감각 기관과 단기 기억은 중년기에 거의 약화되지 않지만, 장기 기억은 약간 다르다. 나이가 들면서 장기 기억 능력이 감퇴하는 것은 기억이 희미해지거나 기억의 손실이라기보다는 정보를 덜 효율적으로 저장하거나 기억에 저장되어 있는 정보를 인출하는 데 비효율적이 되기 때문이다(신동열 외, 2018).

중년기의 기억력 쇠퇴는 상대적으로 크지 않으며 다양한 인지적 전략으로 보충할 수 있다. 자극적 환경에 노출되고, 문화를 활용하여 교육적 자원을 이용하며, 사회 활동에 참여할 때 지능이 덜 감퇴된다(Schaie, 2008). 고독은 급격한 인지적 능력의 감소와 관계있으며 높은 수준의 사회적 참여는 치매 발병 위험을 감소시키며 인지 능력의 감소 위험을 줄여 준다(Wilson, 2007).

2. 중년 여성의 심리 · 사회적 변화

에릭슨(Erikson, 1960)의 심리 사회 발달 단계 이론은 프로이트Freud의 심리 성적 발달 이론에 근거한 사회적 접촉, 대인 관계 등 사회적 발달에 초점을 맞추었다. 에릭슨은 인간의 전 생애를 8단계로 나누고 각 단계마다 극복해야 할 위기와 성취를 해야 하는 발달 과업이 있다고 보았다, 중년기에 해당하는 7단계는 생산성과 침체성 사이에 균형을 이루는 주요한 발달을 이루는 시기이다. 생산성은 자기보다 나이 어린 사람들을 양육하고 보살피는 동시에 자율성을 존중하면서 상호 관계를 형성하는 능력을 기반으로 성취된다(Vaillant, 2010). 다음 세대를 양육하고 다른 창의적인 생산적 작업에 기여하는 시기이다.

중년기는 사회적 책임 수행과 생계유지에 필요한 경제적 표준의 확립과 유지, 자녀를 양육 및 교육하고 성장시켜 출가시키는 시기에 해당한다. 평균 수명의 증가로 노부모를 부양하는 기간도 길어져서 중년 여성은 부모 역할뿐 아니라 자녀 역할도 하는 등 동시에 여러 역할을 수행해야 하는 책임이 무거운 세대이다(Huttman & Hennecke & Orth & Reitz & Specht, 2014; 김정주, 2018).

중년기 여성은 남성에 비해 상대적으로 고독감과 상실감을 더 크게 느낀다. 가족 내에서 역할 감소와 변화는 개인의 에너지와 관심을 외부로 돌리게 하는 촉매제가 된다. 사회적 활동이 활발해지는데, 이는 가정 내에서 '부모 역할 생산성'으로 발달할 수도 있고, 사회적으로는 자신이 가진 기술과 능력을 여러 가지 과업을 통해 다음 세대에 전수하여 삶에 대한 관점을 확정함으로써 '과업 생산성'으로 발달할 수도 있다(안순옥, 2013).

생산성은 직업적인 성취나 학문적 예술적 업적을 통해서도 발휘된다. 지역 사회에서 펼치는 자원봉사나 정치적 활동 등 사회에 기여하는 활동 모두가 생산성과 관련된 활동이다. 생의 중심에 있다는 것을 깨달은 중년들은 자신이 살아온 시기와 앞으로 남은 생에서 직장이나 가족, 사회의 중추적인 역할을 한다(김미옥, 2014).

중년기는 여성들에게 그동안 살아오면서 겪은 복잡하고 다양한 일과 사건들을 통해 얻은 부정적 또는 긍정적인 경험을 토대로 안정된 삶을 누릴 수 있도록 자기 성찰을 하는 시기이며, 새로운 삶의 의미를 찾는 시기가 되어야 한다(심지현, 2017).

3. 중년 여성의 자기실현

중년기는 전 생애에 걸친 발달 단계의 한 부분으로서 중요한 의미를 지니는 시기이다. 이 시기에는 개인적으로 내버려둔 내면세계와의 관계를 다시 맺어야 할 필요성을 갖게 되며(이부영, 2018), 내적 자아에 대한 깊은 성찰을 통해 과거의 이상과 현실에 대해 재평가하고 통합하게 된다(William, 2007).

중년 여성의 전환기는 폐경이라는 생물학적 변화와 자녀의 독립 등과 관련이 있는데, 부모의 역할 감소와 함께 독립적이고 자율적인 존재로서 자아의 욕구와 성장 발달에 관심이 증가하는 시기이다(Slay, 2004). 중년기는 생의 전환기로서 생에 대한 의미가 다시 제기되는 시기이며, 성공적인 삶을 위하여 생의 의미와 목적을 자각하고 내면의 목소리에 귀를 기울여야 하는 시기이다(김성민, 2014; 임슬기, 2018).

청소년기와 초기 성인기에는 삶 속으로 나아가야 하며, 이때 생기는 신경증은 대개 삶을 두려워하고 삶에서 후퇴하는 데서 생기므로 이들의 치료는 다시 삶 속으로 나아가게 하는 것을 도와야 한다(이부영, 2018). 인생의 후반기인 중년기 성인들의 주요 과제는 진정한 자기가 되어 내부 세계를 형성하고 자기의 정체성을 확장하는 것으로, 중년기는 전체성의 회복을 뜻하는 자기실현 또는 개성화의 시기이다(이부영, 1998; 박정묘, 2007).

융Jung은 1921년 출판된 『심리적 유형psychological types』에서 자아, 자기self를 찾아가는 과정이라는 뜻으로 자기실현, 개성화라는 용어를 처음으로 사용하였다. 그는 의식과 무의식을 모두 포함하는 전체성을 강조하였다. 의식과 무의식의 정신작용은 양면성을 지니며 통합할 때 전체성을 이룬다. 의식과 무의식의 상호 작용에 의해 의식적 삶의 편향성은 수정되고 보상되어야만 한다. 이것이 융이 말하는 모두에게 내재하는 온전한 삶의 실현을 향한 노력이며 자기실현 과정의 목표이다(Jung, 1960; 최은미, 2015).

중년기 이전에는 자아가 사회적 역할에 맞추기 위해 외부를 지향한다. 그러나 중년기는 근본적으로 전환의 시기이므로 스스로 내부를 지향하여 지금까지 외면했던 무의식에 귀를 기울여 의식과 무의식의 통합적인 자기를 지향해야 한다. 여성에게 중년기는 소외감, 상실감, 공허함, 좌절감을 느끼고, 죽음의 간접적 경험과 자각을 통해 삶의 유한함에 직면하는 시기이다. 전환 시기의 변화를 극복하면서 삶과 자신의 존재에 대해 깊이 성찰하고 새로운 인생 설계를 통하여 건강한 노후를 준비하는 시기이기도 하다(박태경, 2019).

융은 인간의 정신발달이 일생을 통하여 계속되는 것으로 보고, 인생의 중년기를 가장 중요한 시기로 주목하였다. 중년기의 정신적 균형감은 자기 인식을 통해 자기실현을 향해 나아갈 때 완전해지며 비교적 온전한 삶을 영위할 수 있다. 자기 인식을 위해 요구되는 조건이 중년기에 이르러서야 나타나는 만큼 이 시기를 자기실현을 할 수 있는 결정적 시기로 볼 수 있다(Jung, 2001).

인생의 전반기는 자아가 페르소나와 동일시하는 시기이다. 이 시기에 자아의 힘이 강화되어 사회 적응에 도움을 받았다면, 인생에 후반기에는 자아와 페르소나의 분화가 일어나야 하며 자신의 개성과 페르소나가 다른 것임을 깨닫고 내면세계로 시선을 돌려야 한다. 자아 성숙의 궁극적인 목표가 페르소나가 아니라는 자각으로 개인적인 사명과 집단정신을 구별해야 한다(이부영, 2005; 이죽내, 2011).

무의식을 의식화하는 그림자의 성찰의 단계는 비교적 쉬운 편이므로 성숙한 단계의 사람이라고 하면 대개 여기까지는 도달했다고 볼 수 있다. 그림자는 억압하는 것이 아니라 받아들여서 소화할 때 비로소 친구가 된다. 수용한 그림자를 통찰하는 의식화 과정이 필요하다. 대체로 열등하고 미숙하며 측면의 그림자를 인식한 자아는 일반적인 도덕적으로도 비난받을 만한 성격을 띠고 나타나 갈등하며 저항한다. 그림자는 본래부터 악하고 부정적이고 열등한 것이 아니라 무의식 속에 버려져 있어 분화될 기회를 잃었을 뿐이며, 의식화되어 햇빛을 보는 순간에 창조적이며 긍정적인 역할을 하게 된다(Jung, 2014).

아니무스는 여성 속의 남성, 아니마는 남성 속의 여성을 뜻하며 이는 원형적인 요소와 개인적인 무의식의 내용을 포함한다(이부영, 2005). 아니무스의 분화가 이루어지기 위해서는 여성 자아가 모성상과 먼저 분리되어야 한다. 그러지 않으면 여성의 아니무스는 원시의 수준에서 벗어나지 못한다. 여성 자아가 모성상을 극복한 뒤에야 외부 세계에서 대상을 객관적으로 경험할 수 있고 동시에 내면세계의 객체인 아니무스도 제대로 인식할 수 있다(이유경, 2010). 남성의 아니마 의식화는 무엇보다도 이성에 눌려 억압된 섬세한 정감을 되살리는 작업으로 시작되어야 한다. 아니마의 인식에서 남성도 여성과 같이 아니마가 모성과 결합되어 있을 때 이것을 분리하는 작업이 필요하다. 성인이 되어서도 아니마와 모성의 유대 관계가 아직 해결되지 않은 경우, 결혼한 뒤에는 부인이 모성-아니마가 되어 모성 의존의 퇴행적 관계를 유지하게 된다. 남성에게는 모성과의 유대에서 독립하는 과제가 자기실현에서 매우 중요하다(이부영, 2018). 남성에게는 사랑과 감정의 분화, 여성에게는 정신적인 지혜의 발달이라는 과제가 있다. 본능의 사랑, 불모의 논리성에서 보다 성숙한 통합된 사랑과 지혜로의 분화를 지향하게 되는 것이다(이부영, 2005).

자기실현의 과정을 통해 자아는 페르소나와의 동일시에서 벗어나 정신에 있는 그림자를 통합하며, 아니마와 아니무스를 인식하고 분화시켜 태어나는 순간부터 주어진 고유한 개성을 발견하여 그대로 드러낸다(이부영, 2018).

융은 자기실현의 목적이 자기를 페르소나의 잘못된 은폐에서 해방시키고 무의식의 상들로부터 오는 암시력에서 해방시키는 데 있다고 보았다. 이 작업은 결코 쉬운 일이 아니다(이부영, 2005). 인간을 건강하게 만드는 길은 그동안 사회의 요구에 무조건 순응함으로써 자아에 의해 완전히 소외된 개인의 개성, 자기를 찾는 일, 즉 자기실현뿐이다.

자기실현은 자기 인식의 과정이며 자기 인식이란 무의식의 내용들을 인식하는 과정이다. 이것을 의식화라고 한다. 인식은 지적인 인식이기도 하고 감정적인 통찰이기도 하다. 의식화는 깨달음에 가까운 뜻을 가지고 있다(이부영, 2018). 넓어진 의식은 더 이상 예민하고 이기적이며 사사로운 욕망, 조심, 희망과 야망이 뒤얽힌 실타래가 아니라 객체 세계에 집합된 관계기능이 된다.

자기실현의 과정은 자기와의 의식적인 대화 과정이라고 할 수 있는데, 한 인격이 받은 상처로 인한 고통에서 시작된다. 위기의 순간이야말로 내면을 성장시킬 수 있는 훌륭한 기회가 되는 것이다. 고통은 무의식의 그림자를 의식으로 끌어내어 자기와의 대화를 시도할 수 있게 하는 끌개이며, 그림자 통합의 매개가 된다(Franz, 1977). 자기실현의 과정은 상처 입은 인격이 고통스러워하는 데서 시작된다.

SUMMARY

- 중년 여성은 성숙과 퇴화 등의 변화를 경험하는 시기로 정체성의 재정립을 통해 더욱 생산적으로 변화한다.
- 중년 여성의 특징을 신체 생물학적 측면으로 살펴보면 여성의 갱년기 증상은 뇌하수체 기능의 이상과 난소의 점진적인 기능 저하로 생기는 생리적 신경 · 내분비적 변화로 나타나며 혈관 운동계, 신진대사, 정신적 증상 등에서 이상 징후를 나타낸다.
- 정서적인 면으로는 자녀가 성장함에 따라 양육 역할이 감소하고 여가 시간의 증가로 인해 잠재된 능력을 탐색하며 이를 새로운 방향으로 전개하고자 하는 욕구가 출현하는 시기이다.
- 인지적인 면으로는 중년이 되면 갑자기 알고 있던 단어가 생각이 나지 않거나 조금 전 사용했던 물건을 어디에 두었는지 생각이 나지 않는 경우를 종종 경험한다.
- 중년 여성의 심리 · 사회적 변화는 사회적 책임 수행과 생계유지에 필요한 경제적 표준의 확립과 유지, 자녀를 양육 및 교육하고 성장시켜 출가시키는 시기에 해당한다. 남성에 비해 상대적으로 고독감과 상실감을 더 크게 느낀다.
- 중년의 시기는 개인적으로 내버려둔 내면세계와의 관계를 다시 맺어야 하는 중년기는 여성들에게 그동안 살아오면서 겪은 복잡하고 다양한 일과 사건들을 통해 얻은 부정적 또는 긍정적인 경험을 토대로 안정된 삶을 누릴 수 있도록 자기 성찰을 하는 시기이며, 새로운 삶의 의미를 찾는 자기실현의 과정이 요구되는 시기이다.
- 심상 유도 음악치료(GIM)를 통해 자신의 삶 전반을 돌아보고 현재의 내적 요청과 심리적 문제를 다루고 개선하여 자기실현 과정을 경험할 수 있는 중요한 매체라는 점을 기술하였다.

생각해 볼 거리

1. 나의 중년 시기의 자기 인식을 위한 과제는 무엇인지 생각해 봅시다.

2. 자기실현을 위한 내면 작업을 위해 무엇이 필요한지 생각해 봅시다.

MEMO

CHAPTER 09

중년 여성의 자기실현을 위한 심상 유도 음악치료(GIM) 2

사례 1. 엄마는 엄마, 나는 자유로운 나가 되다!

1. 대상자 배경
2. 치료 과정
3. 치료자의 이야기

1. 대상자 배경

아담한 키에 동안의 얼굴인 김지연(가명, 51세 직장인)은 현재 사이버 대학교에서 대학 과정을 공부하고 있으며, 남편과는 1996년 결혼하여 2009년 사별하였다. 남편은 신혼 때부터 술을 많이 먹고 가정을 잘 돌보지 않았다고 한다. 남편은 10년 동안 암으로 투병했으며 남편과의 사이에 2녀를 두었다. 큰딸은 전문직으로 직장 생활을 하고 있으며, 작은딸은 대학에 재학 중이다.

지연의 형제는 1남 3녀이며, 어린 시절 아버지(2019년 사망)는 술을 많이 먹었는데, 술을 먹고 오는 날은 큰 소리로 잔소리가 심하였다. 지연의 가족은 아버지가 술을 먹고 오는 날은 아버지를 피해 도망 다니며 두려움에 떨었고, 어머니는 항상 큰 소리로 야단을 많이 쳤고 날카로운 성격이었다. 지연은 부모의 사랑을 받고 싶다고 하며 어릴 때부터 지금까지 행복한 기억이 없다고 하였다. 자신의 어릴 때 이야기만 해도 머리가 아프다고 하였다.

지연은 결혼 생활도 불행하였다. 큰언니의 소개로 남편을 만났는데, 술을 안 먹는다고 해서 결혼했지만 그렇지 않았다. 남편은 대장암으로 10년을 투병하였다. 투병 생활을 할 때도 남편이 미워서 잘 돌보지 않아 죄책감이 든다고 하였다. 아이들도 경제 문제에서 자기들 것만 챙겨 섭섭하다며, 지연은 아이들을 키울 때 어머니가 자신에게 한 것처럼 매를 자주 들고 거칠게 대했다고 한다. 딸들이 대학생이 된 후 어릴 때 지연에게 받은 상처들을 이야기하면, 미안하다고 말하고는 그때는 그럴 수 밖에 없었다고 상황을 이야기한다고 하였다.

지연은 지금도 친정 식구를 가족으로 인정하고 싶지 않다고 한다. 형제간에도 혼자 사는 지연을 도와주지는 못할망정 어머니의 요청으로 큰오빠에게 매달 20만 원씩 의료 보험을 대신 내주어야 하는 형편이라 하였다.

지연은 GIM 과정을 통해 사람들과의 관계에서의 갈등과 신체적 통증을 다루고자 하였다.

2. 치료 과정

내담자 사례는 상담 과정에서 녹취된 부분을 명확하게 전달하기 위해 수정 없이 기록됨을 밝힌다.

SESSION 1

지연은 첫 번째 세션을 시작하기 전 첫 인터뷰를 하고 잘 모르는 사람을 집에서 만나자고 괜히 그랬나 하는 생각이 들었다고 하였다. 과거에 남편과 같이 사이비 종교에 잠깐 관련된 적이 있었는데, 그런 것은 아닌가 하는 걱정이 들어 세션을 받는 것에 대한 갈등이 생겼었다고 하였다.

지연은 요즘은 가장 힘든 일이 직장에서 같은 부서의 나이 어린 상사 때문에 스트레스를 많이 받는다고 하였다. 사이버로 하는 대학 과정 공부에 대한 갈등도 있고, 본인의 속마음을 잘 모르겠다고 하였다. 신체적으로는 앉으면 등이 항상 결린다고 하고, 지금도 몸이 무겁고 피곤하다고 하며, 3년 전부터 뇌질환을 앓아 약을 복용 중이라고 하였다. 신체의 통증은 목, 등이 제일 아프며, 지금 에너지 수준은 1~10 중 5 정도라고 하였다. 첫 번째 세션이라 인텐션을 정하는 게 어렵게 느껴진다고 해 편하게 '나를 바라보는 여행'으로 정하자는 치료자의 제안에 좋다고 하며 편안한 자세로 음악 세션을 기다렸다. 음악 프로그램은 'sun singer'를 사용하였다.

지연은 음악 세션 첫 곡에서 얼굴에 뜨거움을 느꼈다고 한다. 가슴에서 갑자기 무언가가 계속적으로 훅 나가는 시원한 느낌이 지연의 가슴을 시원하게 해주는 것 같았다고 하였다. 두 번째 곡에서는 공작 깃털의 심상을 보았으며, 마지막 곡에서는 무언가 움직이는 느낌이고 심장도 빨리 뛰는 것도 같은 신체적 느낌도 느꼈다고 하며, 공작이 날개를 펴듯 무언가 펼쳐지는 나쁘지 않은 느낌이었다고 하였다.

지연은 처음 시작할 때보다는 기분이 맑아진 느낌이며, 5에서 7 정도로 에너지가 올라간 것 같다고 하며, 세 곡이 다 암흑이었다고 하였다. 첫 번째 곡에서 얼굴이 확 뜨거웠고, 검은 바탕에 파란색 물안개 같은 게 지연의 가슴에 부채처럼 계속 펼쳐졌다 사라졌다 하며 분수처럼 뻗어 나갔다며, 기억나는 것은 공작인데 이런 게 맞는 건가 하는 생각이 들었다고 하였다.

세 번째 곡에서는 음악에 따라 오르락내리락하며 시원한 느낌이 펴지지 않고 어중간했고 암흑이었다고 하였다. 지연은 갑자기 자랄 때 어머니가 자기 때문에 아버지랑 싸운다는 이야기가 생각났다고 하며, 부모님에게 사랑받고 싶었다고 하며 눈물을 흘렸다. 지연은 딸들에게 어릴 때 어머니가 본인에게 했듯이 가혹하게 대했다며, 성장 후 대화를 나누었지만 지연이 힘든 것을 전혀 이해하지 못하고 있었다고 하였다. 지연은 치료자와 이야기를 나누다 보니 마음이 좀 편해졌다고 느낌을 말하였다.

MANDALA

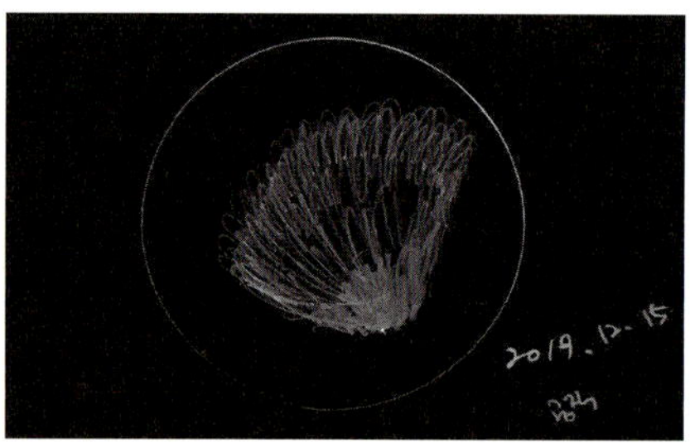

- 만다라는 검은 도화지에 파란색과 민트색으로 심상 중 경험했던 공작의 펼쳐진 날개를 그렸다. 제목은 '공작'이라 쓰면서, 검은 바탕에 중앙에서부터 물안개 같기도 한 파란색의 공작이 부채처럼 펴지는 심상을 그린 것이라고 하며, 초등학교 때 부채춤을 출 때 쓰는 부채처럼 펴졌다고 하였다.

SESSION 2

지연은 직장에서 나이 어린 상사와 둘이서만 근무하는데, 상사의 말투가 친정 식구들 음성처럼 지시적이고 자기감정에 따라 변화가 심해 지연에게 호감을 보일 때도 동조하기 싫고 스트레스를 많이 받는다고 하였다. 지연도 목소리가 부드럽고 음성이 편안한 사람으로 살고 싶고 형제간 뒤치다꺼리하는 것도 힘들다고 하며, 어머니가 지연을 챙겨 주고 어머니에게 사랑받기를 원한다고 하였다. 현재 에너지는

7~8 정도이고, 등과 오른쪽 머리 관자놀이 부분에 통증이 있으나, 감정은 다운되는 기분은 아니라고 하였다. 인텐션은 '사랑받고 싶은 나'로 정하고 음악 프로그램은 'secreat garden'을 사용하였다.

지연은 음악 세션 첫 번째 곡에서 심상으로 하얀 가지의 벚꽃이 바람에 날리는 게 너무 예뻤다고 하며, 벚꽃이 계속 하늘로 올라가며 회오리처럼 계속 도는데, 크게 돌았다 작게 돌았다 하며 우주 같은 느낌이 들었다고 한다. 지연은 조금 전에는 마음이 가라앉는 느낌이었는데, 음악이 좋다고 하였다. 곡이 바뀌며 지연은 어두운 녹색에 하얀 안개꽃 밭을 보며 안개꽃이 본인 같다고 하였다. 음악이 끝나고 지연은 검은 암흘이 라벤더 꽃을 감싸고 있는 심상을 경험하며, 세션 전 느꼈던 두통이 사라졌다고 하였다. 지연은 음악이 편안해 계속 듣다 잠들고 싶다고 말하였다.

MANDALA

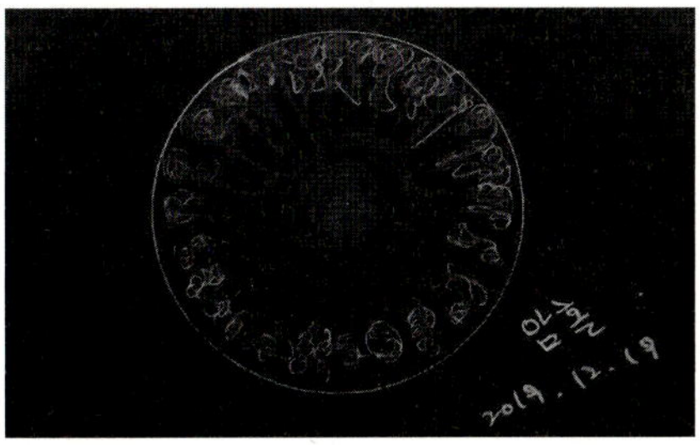

- '암흘'이라는 제목으로 만다라를 그리면서 평소에도 꽃을 좋아하는데 스스로가 꽃처럼 사랑받고 싶어하는 것을 인식하였다.

SESSION 3

지연은 요즘 직장에서 박쥐 역할을 하는 것 같다고 하였다. 직장 상사가 미용실로 오라고 해 가기 싫었는데 3시간이나 같이 있었다고 하며 본인 주장을 해보고 살지 못하고 남들만 배려하고 본인의 생각을 표현하지 못했다며, 평상시에도 암흘 같은 느낌을 느낀다고 하였다. 인텐션을 '암흘을 다시 바라보는 경험'으로 정하고 음악은 'exploration'을 사용하기로 하였다. 지연은 지금 등에 통증이 있고 코감기 때문인지 에너지가 5 정도인 것 같다고 하였다.

음악이 시작되자 지연은 해파리가 그물 모양으로 계속 움직이며, 깜깜한데 살짝 용암이 한 귀퉁이에서 번쩍하면서 오른쪽에서 보인다고 하였다. 신체적으로는 머리가 둥굴게 아픈 느낌을 표현하였다. 지연은 횃불이 꽂혀 있고, 불이 타고 있는 아치형의 보이지 않는 문이 4개 있으며, 위로 올라갈수록 밝고 문은 어둡고 깜깜한 느낌을 경험하였다. 그 어둠 속에 본인이 있는 것 같았고, 계속 어둠 속에서 이미지가 보였다 말았다 하는 것을 경험한다.

지연은 바닷속인지 지상인지 모르겠는데, 형체가 없이 위로 올라가다가 천장의 끝에 막혀서 더 이상 올라가지 못한 채 아래를 내려다보는데, 막혀 있지만 밝은 느낌이라며 답답해서 나가야겠다고 말하였다. 지연은 그 답답함이 힘든 꿈을 꿀 때 느끼는 느낌 같고, 막막할 때 울고 싶은데 울지 못하는 그 느낌인 것 같다고 하였다.

지연은 어떤 사람이 쳐다봤는데, 여자 같은 느낌인데 잠깐 무서움이 들었다며, 사라졌는데도 가슴이 답답하다고 하였다.

지연은 우산의 우산살에 매달려 있는 보석들이 출렁출렁 춤추고 있는데 어둡지만 좋다고 하며, 루비 빛깔의 보석이 찰랑거리는 것이라는 심상을 경험하였다. 계속해서 지연은 돌로 된 터널 같은 곳에 문이 몇 개나 있는데, 밝은 곳은 뚜렷하게 보였으나 막혀 있기에 나가야 될 것 같았고, 돌로 된 터널에는 빛도 있었지만 무너지듯이 막혀 버렸다고 말하였다. 신체적으로는 두통을 호소하다 치료자의 중재로 통증이 해소되었다고 하였다.

지연은 음악이 끝난 후에 심상으로 빛과 어두움이 계속 나타나며 밖으로 나가고 싶은데 그러지 못했다며, 그 모습이 마치 본인 같은 느낌이 들었고, 긍정적인 본인이 보이는 것 같다고 하였다.

지연은 음악 세션 중에 이런 심상 경험들이 심해에서 일어나는 것 같은 경험이었으며, 어두운 파도에 물렁물렁한 물 무리가 하얀색으로 일어나는 것 같았고, 루비의 빛이 강하게 느껴지는 게 좋았다고 하였다. 지연은 기분은 나쁘지 않았고 돌로 된 터널이 무너졌지만 그 방향으로 가려는 자신을 느꼈다고 하였다.

MANDALA

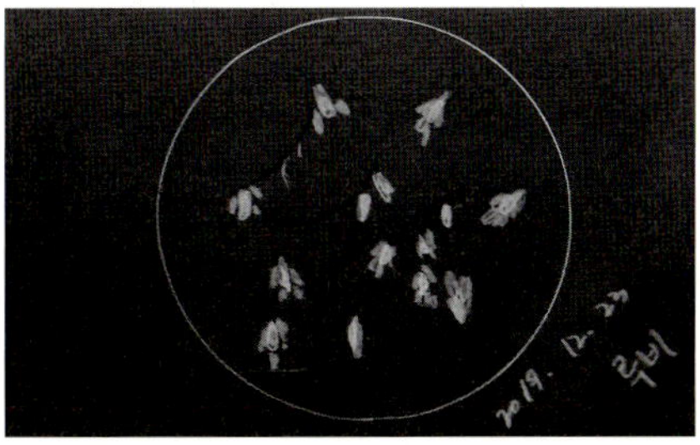

- 검은 도화지에 주황색으로 심상에서 경험한 루비를 그렸다.

SESSION 4

지연은 네 번째 세션을 시작하기 전, 양쪽 어깨, 등, 목, 등 몸이 아프다며 신체적 어려움을 이야기하였다. 현재 에너지 수준은 1~10 중 7 정도이고 느낌은 피곤한 상태를 편안하게 풀고 있는 좋은 느낌이라고 하였다. 인텐션은 '어둠을 뚫고 빛으로 나가고 싶은 나'로 정하고 음악은 'mostly bach'를 사용하기로 하였다.

지연은 음악 세션이 시작되자, 유리로 된 와인 잔들이 춤을 추고, 그 안에서 바닷물이 출렁대고 있는데, 와인 잔들이 그렇게 돌아다니는 것을 바라보고 있자니, 큰 잔이 위로 올라가고 있는 모습이 마치 칭찬받을 때 우월감이 생기는 것 같이 무언가 된 것 같은 느낌이 들어 기분이 좋다고 하였다.

위쪽에는 하늘이 있고, 고드름같이 생긴 마치 더덕 뿌리 같은 게 아무것도 없는 밑으로 내려가고 있으며, 짙은 빨간색의 목단꽃이 고속 촬영을 하는 것처럼 졌다 피었다 하는 심상이 여러 번 보였다고 한다. 곡이 바뀌면서 지연은 열대 지방에서 자라는 연녹색의, 밝은 초록색 같은 넓은 이파리를 심상으로 보았다.

빨랫줄에 널려 있는 많은 양의 빨래가 계속 한쪽 방향으로만 날리며 목단꽃과 들꽃들이 잡초마냥 연한 핑크색으로 경험되었다. 신체적으로는 숨 쉬는 게 편해졌으며, 어두워지려는 저녁 같은데, 아주 높은 곳에서 다른 집은 어둡고 마을은 전부 불이 다 켜져 있어 새벽 같은 느낌이라고 하였다.

지연은 음악이 끝나갈 때쯤 종이학의 심상을 경험하며 손으로 뭉글거리는 것이 만져진다고 하였다.

지연은 음악이 끝나고, 마지막 곡에서 말로 하지는 못했지만 본인은 위에서 쳐다보고 있는데 카페에서 많은 사람들이 이야기하고 있고, 사람들은 작게 보였으며, 중간에 큰 사람이 있었는데 본인이 그 큰 사람이었으면 좋겠다는 생각을 했다고 하였다. 하얀 사람 둘이 팔을 올려 하트 모양을 하고 사라졌다.

그리고 첫 번째 곡에서는 그 다음 장면에서 무엇이 나올까 해서 이야기를 못했는데, 황금색 독수리 날개를 닮은 멋있는 잎파리가 보였다고 하였다. 음악이 짧다는 느낌이 들 정도로 평화로웠으며 치료자가 질문하는 게 귀찮을 정도로 음악과 함께 호흡하는 것 같았다고 하였다.

지연은 전체적으로 느낌이 차분하고 믿음과 평안을 느꼈으며, GIM 세션 경험에 믿음이 간다며 음악이 더 길었으면 하는 느낌이라고 하였다. 지연은 심상으로 보인 목단꽃과 유리잔이 연관이 있는 것 같다고 하였다.

MANDALA

- 하얀 도화지에 짙은 회색으로 와인잔이 춤을 추는 것을 그렸다.

SESSION 5

음악 세션을 시작하기 전, 지연은 요즘 직장에 상사가 새로 왔는데 마음이 잘 맞는 사람이 와 직장에서 스트레스를 덜 받는다고 하였다. 개인적으로 바라는 게 있다면 지금 사는 집이 2년 후면 계약이 끝나는데 이사 안 다니고 깔끔하고 안정적으로 거주할 집이 있었으면 하는 바람이 있다고 하였다.

지연은 친정 식구들 생각만 해도 머리가 아프다고 하며, 본인은 혼자 살면서도 어머니 일이며 오빠의 의료 보험까지 내 주고 있지만 만나면 꼭 싸움으로 끝나 만나기도 싫다며 화가 난다고 하였다. 친정어머니를 버릴 수도 없고, 그들은 지연이 어려워도 돌보지 않을 것이라며 눈물을 흘렸다. 그런데도 끊어 내지 못하는 본인이 더 슬프다며 태어나서 행복이라는 것을 느껴보지 못했다고 하였다.

에너지는 4, 왼쪽 머리가 약간 아프다며, '소외감으로 분노하는 나를 바라보는 여행'을 인텐션으로 정하고 음악은 'abandment bonding'을 사용하였다.

음악 세션이 시작되고, 지연은 가슴이 무언가 풀리지 않을 때처럼 답답하다고 표현하며, 마치 나이아가라 폭포처럼 물이 위에서 아래로 떨어지고 있으며, 왼쪽 머리의 통증을 호소하였다. 계속해서, 무덤이 있고, 선인장 같은 가시가 무덤에 많으며, 이런 심상이 떠오르는 것을 불쾌하게 표현하였다. 계속해서 큰 선인장이 있고, 노란색 큰 꽃이 예쁘게 피어 있는 것을 지연이 땄는데 답답함을 느낀다고 하였다.

예쁘지 않은 해바라기가 보이는데, 꽃잎은 떨어져 있고, 씨앗은 시꺼멓게 되어 있었으며, 대는 찌그러진 채 꺾어지려고 하고 있는 상태로, 그 모습이 마치 본인의 모습인 것 같다고 하였다. 해바라기가 불쌍하고 눈물이 난다고 하였다. 지연은 곡이 바뀌어도 계속 눈물을 흘렸다. 곡이 바뀌고, 물이 담긴 무거운 양동이가 보였는데, 그 양동이를 보다가 뒤집어엎었더니 물은 안 보이고 무거운 짐 같은 느낌과 어둡고 작은 암흑 같은 느낌이 들더라고 표현하였다. 지연은 하늘 위로 구름 사이의 빛을 구름이 가려 안 좋다며, 잠깐이지만 밝음을 느꼈다고 하였다.

지연은 손 모양을 받치는 모양으로 해서 다시 폭포수를 잘 견디며 물을 받고 있다고 하며, 본인이 왜 그곳에 들어갔는지 의아해하다가 본인의 삶이 그런 것 같다고 견디고 사는 자신이 화가 나고 이상하다고 하였다. 지연은 스스로에게 "나와야지! 거기 왜 있어. 누가 봐도 아니지? 머리가 아파 죽겠네(두 손으로 얼굴 가리다)"라며 이야기하였다.

음악 세션이 끝나고 지연은 만다라에 해바라기를 그리며 시든 해바라기가 현재의 본인 같아 속상했다며 본인의 삶 같기도 하다고 하였다. 폭포수가 받아지지 않는데도 본인이 받고 있었다는 게 찝찝하고 짜증이 난다고 하였다.

음악이 짧게 느껴졌으며 본인의 삶에는 자신이 없었다며 어머니가 돌아가시면 형제들에게도 하고 싶은 이야기를 할 것이라며, 어머니는 잘살고, 남편도 있었고 자녀들도 있으며, 결혼 전 자신의 월급을 비롯하여 자녀들 월급을 전부 가져갔다며, 어머니는 본인의 삶보다 많이 누리고 살았다고 하였다.

MANDALA

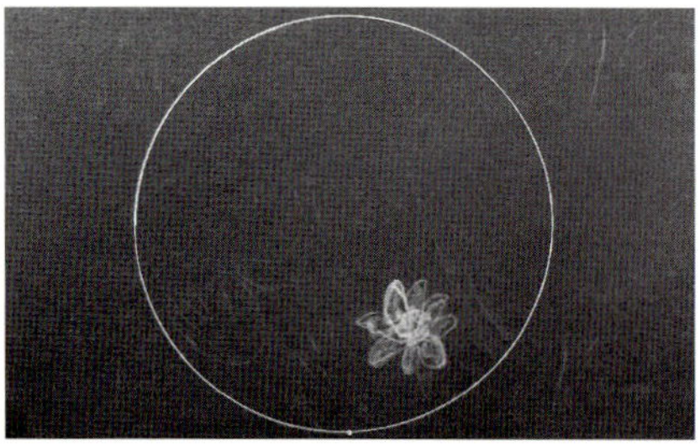

• 심상에서 경험한 시든 해바라기를 짙은 노란색으로 그렸다.

SESSION 6

음악 세션을 시작하기 전, 지연은 명절만 되면 머리가 아픈데 지난 추석 때도 친정에 갔을 때 머리가 너무 아파 병원에 입원을 했고, 이번 설날에도 두통이 와 먼저 집으로 왔다며, 친정 식구들을 만나면 형제들이 어머니에게 가르치듯이 하는 말투가 싫고, 지연은 듣고 있다가 감정이 폭발해 싸우고 헤어져 친정 식구들하고 만나기 싫다고 하였다.

이번 설날 저녁에는 큰 조카사위와 작은딸 진로 문제를 이야기하며 술을 마셨는데 지연은 거절하지 못하고 같이 밤을 샜다고 하며, 조카사위가 개인적으로는 마음에 들지 않지만 작은딸을 취직시켜 줄 수 있다 해서 동석했었다고 하였다.

지난 세션에서 울기도 해서 본인의 분노의 감정이 잘 해소된 것 같았는데, 폭포에 다시 들어가는 심상에는 화가 났었다고 표현하였다. 지연은 그 감정을 더 느끼고 싶다며 '폭포에 다시 들어간 나를 바라보기'로 정하고 음악 프로그램은 'anger p(mars tocata) insert(greensleeves)'을 사용하였다. 에너지는 5, 오른쪽 머리가 약간 아프다고 하였다.

음악이 시작되자, 지연은 폭포수가 울퉁불퉁한 바위 위로 떨어지는 것을 보고 시원한 마음이 든다고 하였다. 계속해서 비행기 십자 활주로 같은 데서 어디로 가야 할지 그냥 서 있다며 본인이 비행기처럼 구름을 뚫고 바람의 영향을 받듯이 올라가는 느낌이라고 하였다. 지연은 소용돌이 나무가 크리스마스트리 같은데, 가만히 있지 않고 황토 흙먼지 같은 소용돌이를 치며 계속 돌아 머리가 아프다고 하였다.

지연은 또 폭포가 보인다며, 그런데 폭포가 아니라 하수구에서 물이 쏟아지는 것이라고 하면서, 높은 데서 떨어지지 않고 폐수와 섞이더니 나갈 데가 없어 넘쳐나, 강인지 바다인지 모르겠지만, 흘러야 하는데 그냥 넘쳤다고 하였다. 지연은 느낌이 물에 빠졌을 때 못 나오는 느낌이라며, 흘러가야 하는데 그러지 않고 넘쳐서 머리가 아프다고 하며, 갑자기 이미지화된 꽃다발을 왼손에 잡고 있는데 어두운 느낌이고 자잘한 꽃이 별로 안 예쁘다고 하였다.

곡이 바뀌고 지연은 빛으로 된 새가 뒷모습만 보이고 아래에서 하늘을 향해 날아가는 모습이 편안하다며, 본인이 자연스럽게 날아가는 것 같다고 하였다.

음악이 끝나고 지연은 '빛새'라는 제목의 만다라를 그렸다. 첫 번째 곡에서는 머리카락이 쭈뼛 서는 것 같았고, 시원하게 본인에게 맞는 음악 같았다면서, 마지막 곡에서는 상이 사라질까 치료자에게 말은 안 했지만 어두운 마을과 산이 보였는데 나무가 많았다고 하였다.

지연은 어두운 곳을 보고 있으면서도 산속에 들어가자마자 피톤치드 향에 평온한 느낌이었으며, 위로 올라갔던 새가 어두운 그곳을 덮은 것 같다고 하였다. 신체적으로는 머리를 쪼는 듯한 두통은 없어졌는데, 묵직한 느낌은 남아 있다고 하였다.

지연은 여러 감정이 섞인 것 같은데, 좋은 감정도 있었고 찝찝하거나 시원하기도 했으며, 차분해진 것 같다고 하면서, 본인은 긍정적인 사람인 것 같다며, 이런 본인은 멈춰 있는 게 아니라 넘쳐나고 날아가고 올라가는 것 같다고 하며 이런 평온함을 가져야겠다고 하였다. 한편, 지연은 마음과 달리 거짓 행동으로 남을 속이며 수십 년을 살아왔다며, 자신 스스로가 자신을 못 믿는 것 같다고 말하였다.

MANDALA

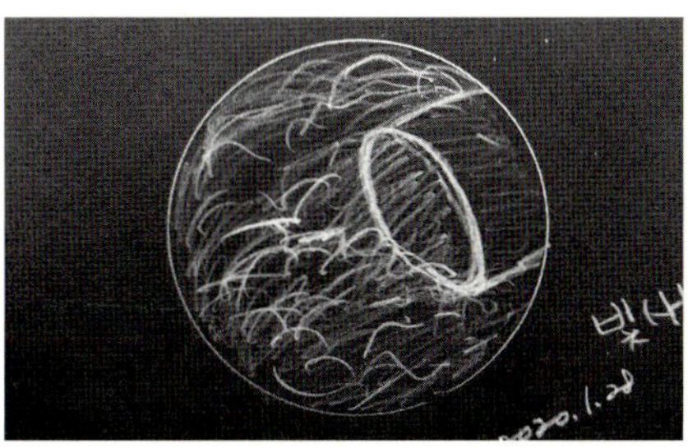

• 검은 도화지에 흰색으로 폐수가 넘쳐나는 것을 그렸다. 제목은 '빛새'이다.

SESSION 7

지연은 요즘 신종 코로나19 때문에 직장에 가서도 한가한 시간을 보낸다며, 예전에는 일찍 출근하면 수당도 받았었는데 요즘은 스스로 마음이 찔려 신청하지 못한다고 하였다. 지난 세션 때 꽃다발은 그림자 같은 느낌이었으며, 지금까지 본인의 이미지들이 폭포나 폐수 같이 상반된 이미지가 많았던 것 같다며 '상반된 이미지가 나에게 이야기하는 것이 무엇인가!'를 인텐션으로 정하고 음악은 'migration'을 듣기로 하였다.

지연은 음악이 시작되자, 리듬 체조할 때 부드러운 리본을 움직이는 것 같은 출렁되는 이미지가 느껴진다고 하였다. 계속해서 지연은 피아노 건반에서 많은 손들이 연주하고 있는 모습에 정신이 하나도 없고, 한두 명이 연주를 하면 되는데 너무 많은 손이 연주하고 있어 짜증나는 느낌이라고 하였다.

곡이 바뀌면서, 지연은 나팔 모양 같은 데서 전기에 감전된 것처럼, 그림 같은 것들이 음악에 따라 나팔을 불듯이 올라갔다 내려갔다 하며 자극이 된다고 하였다. 지연은 새로운 곡에서 빛 같은 것이 분수 모양으로 밑에서부터 위로 폭죽 터지듯이 계속 보인다면서, 앞의 음악은 짜증나고 화나고 머리가 아팠는데 이번은 조금 났다고 이야기하였다.

지연은 음악이 조명처럼 따뜻한 햇빛으로 비쳐 오며, 강아지풀이 그쪽으로 오라는 듯이 살랑살랑 움직이고 있는데, 그쪽으로 가고 싶기도 하다며 너무 평화롭다고 하였다. 장면이 바뀌어, 어두운 들판 같은 곳에 갈색 억새들이 뒤섞여 있고 그 한가운데 길이 있는데, 어둡고 겨울 같은 풍경이라 가고 싶지 않고 지켜만 보고 싶다고 하였다. 곡이 바뀌면서, 지연은 머리가 많이 아프다며 음악을 그만 듣고 싶다고 하였다.

음악 세션이 끝나고, 지연은 음악이 까집고 뜨는 것 같아 음악을 듣는 느낌이 일상생활 중 화가 나는 것을 참는 것과 같은 기분 나쁘고 약자에게 화풀이하는 느낌이라고 하였다. 이러면 안 된다는 것을 알면서도 화내고 있는 자신이 밉다고 하며, 머리 아픈 게 조금 좋아졌다고 하였다.

MANDALA

• 하얀 도화지에 검은색과 회색으로 나팔을 그리더니, 예쁘다고 하며 나팔이 꼭 자신 같다고 하였다.

SESSION 8

지연은 친정어머니를 보면 화도 나지만 딸 도리를 못하는 것 같아 내일은 어머니와 찜질방에 가려고 했는데 언니, 동생이 같이 가자고 해 싫다고 하였다. 친정 식구들은 만나면 처음 잠깐은 괜찮다가도 끝에 가서는 안 좋게 헤어져 항상 상처를 받고 온다고 하였다. 지연은 어머니한테 못 받은 사랑을 자신의 딸들에게 의지하는 것 같다고 하며, 아이들에게 서운한 게 많다고 하였다. 인텐션을 '어린 시절의 어머니와 나를 바라보는 여행'으로 정하고, 음악 프로그램은 'emotional exression'로 음악 세션을 시작하였다.

지연은 음악이 시작되자, 초등학교 때 어머니가 김밥 재료가 없다며 소풍을 가지 말라고 했고, 그래서 지연이 우니까 세들어 살던 새댁이 재료는 많지 않지만 김밥을 싸 주었다고 한다. 어머니는 자존심이 상했는지 그 김밥을 엎어 버렸고, 지연은 소풍을 갈 수 없었다. 지연은 어머니가 새어머니였으면 좋겠고 어머니가 없었으면 좋겠다는 감정을 표현하였다.

지연은 사춘기 때 오빠가 자신의 가슴을 만졌다면서, 그에 대한 두렵고 싫은 감정을 울부짖으며 표현했으며, 앉은뱅이책상과 다락방이 어머니나 가족들보다 자신을 더 잘 보호해 주었고, 어머니에게 이야기했지만 오히려 보호받지 못하는 어린 본인과 직면해야 하였다. 집이 싫고 남자가 싫어 지연은 결혼도 하지 않으려 했다며, 어머니와 오빠에 대한 미움을 적극적으로 표현하였다.

곡이 바뀌면서, 진주는 없지만 빛나는 큰 조개를 심상으로 보며 조개의 뚜껑을

닫아 주었으면 좋겠다고 하였다. 계속해서 바다 밑에서 해초 같은 것들이 마음대로 움직이고 있었는데, 굉장히 크고 넓은 그 바닷속에서 본인이 마치 땅에서처럼 쉽게 움직이고 평온하다며, 각자 생태계에 맞게 사는 것 같다고 하였다.

작은 물고기들이 자유롭게 다니는 그곳에서 자신이 미역, 해초 같은 느낌이 들고, 잎이 넓은 화초 같은데 좁아졌다 넓어졌다 마음대로 변하는 것 같다고 하며, 본인 스스로 바다의 흐름에 맡기고 가만히 있어도 부드럽게 가는 것 같다고 하였다.

음악 세션이 끝나고 지연은 만다라로 창살을 그리면서 사방이 뾰족한데 안은 따뜻하고 그리고 보니 예쁜 창살인 것 같다며 보석으로 만들면 예쁘겠다고 하였다.

지연은 머리는 아프지만 가족 외에 처음으로 오빠에 관한 이야기를 한 본인에게 화가 난다면서도 들어주는 사람이 있으니 좋다고 하였다. 지연은 세션 중에 깊은 바닷속의 해초나 물고기를 본 후 각자 생태계에 맞게 사는 것이라는 생각이 든다고 하였다.

MANDALA

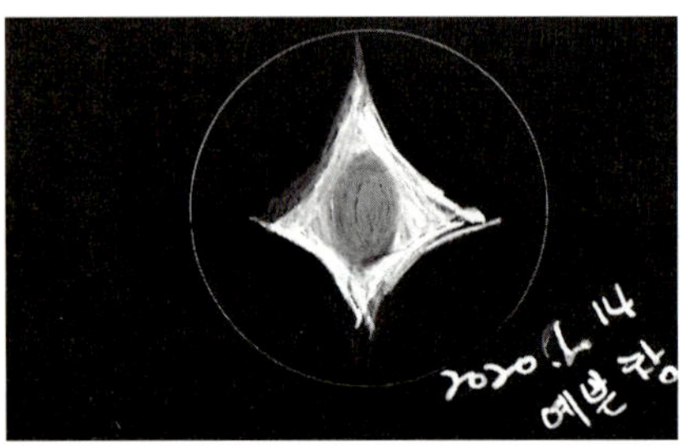

• 검은 도화지에 흰색과 초록색으로 창살을 그렸다.

SESSION 9

지연은 음악 세션을 하기 전, 그동안 둘째 딸이 아르바이트하는 곳에서 문제가 생겨 많이 당황했는데 치료자와의 통화를 하고 생각이 정리가 되어 잘 해결되었다고 하며, 지금도 약간 멍한 상태라고 하였다.

지연은 지난 세션 후 자랄 때 아버지의 술주정으로 인해 불안에 떨면서 피해 다녔고, 어머니에게 의지해 살았는데, 실제는 아닌 것 같다고 하였다. 오빠로 인해 힘들어 책상 밑으로 들어가 자는 자신을 보고 어머니는 본인의 친구들에게 A는 구석을 좋아하는 아이라고 하며, 지연을 보호해 주지 않았다며 어머니보다 책상 네 다리가 자신을 보호해 줬다고 하였다. 친정집에는 방이 많았는데도 다 세를 주고 성장하는 아이들을 한 방에 재운 게 원망스럽다며 지난 세션에 다 이야기하고 나니 마음이 편했다고 하였다.

가족에 대한 이야기하고 나니 머리가 띠를 두른 듯 무겁고 멍하다면서 에너지는 5 정도 된다고 하였다. 인텐션은 '친정 식구들과 분리되는 경험'으로 정하고 음악 프로그램은 'relationshiop'으로 음악 세션을 시작하였다.

지연은 음악이 시작되자, 화려한 방패를 가면으로 썼는데, 메두사 얼굴이었고, 나선형 계단이 보이며 스테인리스 세숫대야에 맑은 물이 담겨져 있었는데, 그것을 계속 들여다보고 싶다고 하더니 물에 가까이 가니 좋다고 하였다. 계속해서 화려하고 복잡한 샹들리에가 보이는데, 어둡고 답답하고 더럽다며 본인이 샹들리에를 교체하던지 청소를 해야 할 것 같은데 너무 복잡해서 깨끗한 등으로 바꿔야 할 것 같다고 하였다. 그러나 지금 등은 위험해 보여 혼자는 못할 것 같고, 새 것은 혼자 할 수 있을 것 같다며 빨리 갈아야 될 것 같다고 하였다.

지연은 곡이 바뀌며, 노란 베이지색 카라꽃이 활짝 폈는데, 원래는 밝은데 그리 밝아 보이지 않고 형태가 흐트러져 있다고 하였다. 꽃의 느낌은 밝고 다발이 멋있고 집에 가져다 꽂고 싶다고 하였다.

곡이 바뀌면서, 지연은 지저분한 식탁들이 천장에 올라가 있다며, 자신이 거인이 되어서 내리누르고 있는데 손을 치우면 또 올라갈 것 같아 접이식으로 바꿔 필요할 때마다 쓰면 좋을 것 같다고 하였다. 있던 식탁은 버려야겠다며, 버리는 것은 본인이 잘할 수 있다고 하였다.

지연은 노란색 은행잎들이 예쁘게 춤을 추는데, 주변은 어둡지만 노란빛, 금빛이 나는 빛을 반사하는 큰 나무가 되었다고 하였다. 신체 감각은 오른쪽 머리가 두통이 있으며, 복잡하고 뾰족한 집이 엄청 많고, 길이 없었다가 길이 생겼으며 넓어지면서 지연이 그 길을 만들어 가며 걸어가는 느낌이라 하였다. 음악이 끝나기 전, 지연은 약탕기 위에 화초를 올려놓았는데 부드러운 선인장 같은 초록색 화초였다고 말하였다.

음악 세션이 끝난 후, 지연은 만다라를 그리며 금빛이 나는 두 가지 색이 합쳐진 은행잎이 어두운 데 모여 춤을 췄다며, 만다라를 그리니 머리가 안 아프고 기분이 좋다고 하였다.

지연은 음악이 끝나자마자 머리가 굉장히 많이 아팠다고 하며, 음악의 마지막 부분에서 인어의 꼬리가 지연이 앞에서 살랑거렸다고 하였다. 많은 은행잎이 춤추듯이 떠오르는 심상이 제일 좋았다고 하였다.

지연은 친정 식구와 감정을 분리해야겠다는 결단이 생긴다고 하며, 평소에도 친정 식구들의 일에는 덜 관여해야겠다는 생각을 늘 하고 있었는데 하나씩 하나씩 때가 왔다며 친정 식구들과 분리되는 감정을 경험했다고 하였다.

MANDALA

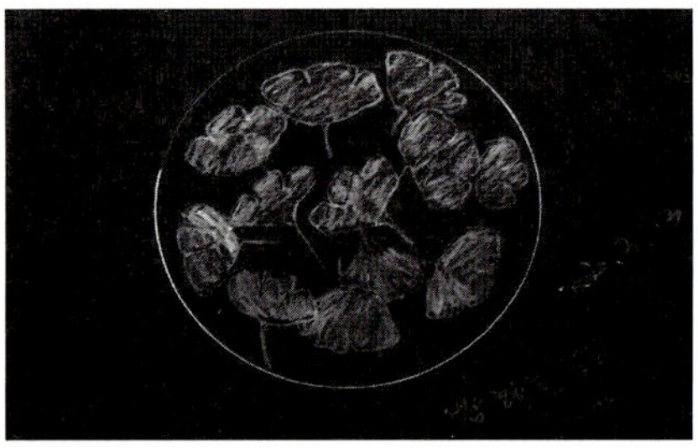

- 검은 도화지에 노란색 은행잎을 그렸다.

SESSION 10

지연은 치료자와 함께 지난 세션의 심상을 나누며 접이식 식탁같이 친정 식구들과는 필요에 따라 적절한 거리를 두는 것이 평소에도 원했던 것이라고 하였다. 오늘은 딸로서가 아니라 어머니로서 자신을 바라보는 경험을 하면 어떠냐는 치료자의 제안에 두렵기도 해서 보기도 싫고 생각하고 싶지도 않다고 하였다.

아이들을 데리고 이사도 많이 다녔고 힘든 일이 많았지만, 혼자서 아이들 일이라면 항상 최우선으로 여기며 해결하고 살았다고 하였다. 지연은 친정어머니에게 사랑받지 못하고 지지받지 못해서인지 다른 사람이 지연의 입장을 호응해 주지 않으면 화가 난다고 하였다. 아이들도 어머니가 힘든 것을 알고 철이 들었으면 좋겠다고 하며, 하지만 치료자를 신뢰하니까 경험해 봐도 될 것 같다고 하였다.

며칠 전부터 오른쪽 무릎 안쪽이 몸살이 난 것 같이 아프기는 해도 다른 곳은 괜찮다고 하였다. 치료자와 대화하고 나니 기분도 좋아졌다고 하였다. 음악 프로그램은 'life blood'로 정하였다. 인텐션은 '어머니로서 나의 모습을 경험하는 여행'으로 정하였다.

음악이 시작되자, 지연은 벙거지 모자를 쓰고 휴지통 앞에 있는데 휴지통의 뚜껑이 열렸다 닫혔다 하고 있다고 말하였다. 곡이 바뀌며, 지연은 치마를 입었는데 속치마가 하얀색 안개꽃으로 되어 있고, 치마 입은 모습을 자신이 보고 있다며, 무도회에서 춤출 때 움직이는 느낌으로 펄럭였다고 하였다. 또 바다에 오리가 떠 있는 모습이 보이고, 오리의 주둥이가 지연의 치마를 들추었는데, 지연은 오리가 강가로 가야지 왜 바다에 떠 있나, 하는 의문이 들었다고 하였다.

곡이 바뀌고, 지연은 빨래 바구니 같은 것을 시장바구니처럼 오른팔에 끼고 있는 모습으로 있었고, 굉장히 큰 바구니가 작아지고 있으며 속은 비어 있었다며, 내려놓고 싶은 마음이 들었고, 그렇게 해야 될 것 같다고 하였다.

네 번째 곡에서, 지연은 하얀 빨래 바구니를 보며 주방의 무거운 선반을 양손으로 받치고 있는데, 어둡지만 창가에 햇살이 드리웠으면 좋겠고, 깔끔하게 정리정돈하고 바꿔야겠다고 하였다.

지연은 음악 소리가 안으로 끌어안아 주는 느낌이 있고, 그러면서 폭포수 아래 고여 있는 물이 있는데 맑고 좋다며, 바닥에 깨끗한 자갈도 있고 아주 맑아 발을 담그고 싶을 정도이지만 아주 깊은 것 같아서 구경만 하고 있다고 하였다. 음악 소리가 별로 좋지는 않고, 인디언 추장의 머리에 있는 머리띠 같은 게 깃털로 만들어졌는데, 주뼛주뼛 신경이 곤두서는 것 같고 신경이 치솟는 느낌이라며, 자꾸 흐느적거리며 머리가 아프다고 하였다.

여섯 번째 곡에서, 지연은 잔디밭의 스프링클러가 물을 뿜으며 막 돌아가고 있다며 시원한 느낌이 든다고 하였다. 주변이 잔디밭인데 나무는 많으나 집도 없고 아무것도 없으며, 낙하산이 펼쳐진 상태로 나무에 걸려 있는데, 공중에 떠 있는 것도 아니고 바람막이처럼 걸쳐 있는 것도 아니었으며, 오히려 낙하산 지붕 같다고 하였다.

음악이 끝나고, 지연은 그림 그리기가 애매하다며 가장자리는 나무, 잔디, 낙하산이 펴진 모습을 그렸고, 이런 집에서 살면 좋을 것 같다고 하며 낙하산이 우리

집의 지붕이면 좋겠다고 하였다.

첫 곡에서 떠올랐던 휴지통은 지연의 어머니가 사는 아파트의 분리 수거장이었다고 하며, 오리의 주둥이가 유난히 크게 보였다고 하였다. 네 번째 곡에서 고여 있는 물의 웅덩이가 멀리서 볼 때는 그리 깊어 보이지 않았다고 하였다. 다섯 번째 곡의 깃털은 칼 같은 느낌으로 날카로운 느낌이었으며, 여섯 번째 곡의 스프링클러를 뿌리는 심상은 마치 영화를 보는 듯했다고 하였다.

지연의 친정어머니는 지연에게 의식주만 제공하는 어머니였다고 한다. 지연를 보호하고 사랑해 주지 않았다.

지연은 혼자서 아이들을 키울 때 최선을 다해 아이들 일이라면 쫓아다녔다며, 지연은 아이들에게 힘든 일이 생기면 버팀목이 되어 주었고, 힘든 가운데도 해결하고 안간힘을 다해 살아왔다고 하며, 애들에게 계속 그 일에 대해 화를 퍼부었다고 한다. 아이들은 어머니는 왜 저렇게밖에 말을 못하냐고 하는데, 그런데 이제는 지친다고 하였다. 아이들의 투정을 들어줄 여력도 없고, 큰아이가 특히 자신의 말에 토를 달며 괴롭히고, 고등학교 때는 자신이 싫어하는 말만 하려고 했다며, 어머니가 자기에게 살갑게 대해 주지 않아 부모와 잘 지내는 아이들이 부러웠다고 하였다.

아이들은 지연이 자기들을 위해 애쓴 것은 인정해 주지 않고, 한두 가지 못한 것을 가지고 왜 그러는지 모르겠다며, 못 받은 것만 이야기한다. 본인도 누군가에게 위로받고 싶은데, 아이들도 지연에게 위로받고 싶어한다고 하며, 어머니 노릇은 힘든 것 같다고 하였다. 이제 어머니는 그만하고 싶다며, 사고치는 어머니가 되고 싶다며, 본인도 사고치고 누군가 해결해 주는 철없는 어머니이고 싶다고 하였다.

어머니 역할에 많이 지쳤다면서, 본인의 인생이 없었다며, 딸로서, 아내로서, 어머니로서, 직장인으로서, 끌려다니기만 했다고 하였다. 치료자가 오기 전 설거지를 하면서 자살 생각도 했다고 하였다. 죽음이 두렵지는 않지만 평소에 죽고 난 후 본인의 물건이 남을까 정리정돈을 잘하려고 한다고 하였다.

신체적으로 두통도 해소되고 얼굴 혈색이 약간 붉어졌다. 느낌은 약간 쑥스럽고 화가 나면 아이들에게 퍼붓는데, 그러면 안 된다는 것을 알기는 알지만 인정하고 싶지 않다고 하였다.

MANDALA

• 하얀 도화지에 음악 세션에서 경험한 낙하산을 초록색과 회색으로 그렸다.

SESSION 11

지연은 지난 주말 큰딸과 방을 정리하지 않는 일로 다툼의 있었다고 하였다. 큰딸은 융통성이 없고 자기 불편한 것만 이야기한다고 하였다. 며칠 전에도 계속 머리가 아픈 이유가 큰아이를 자신의 차로 태워 출근시키면서 차 안에서 지연이 하는 말에 계속 말꼬리를 잡아 그런 것 같다고 하였다. 큰딸이 외출하고 없을 때 작은 딸이 큰딸과의 어려움에 공감해 주고 잘 받아 줘서 마음이 가라앉았다고 하였다. 지연은 울면서 큰딸이 본인의 말에 토를 달지 않았으면 좋겠고 자신의 이야기를 깊게 들어줬으면 좋겠다고 하였다.

지연은 집 안이 정리정돈이 안 되어 있는 것이 제일 스트레스를 받는다고 하며, 치료자에게 이야기하고 나니 머리가 안 아프다고 하였다. 한편, 큰딸에게 칭찬을 안 해준 것 같다고 하며 잘 안 된다고 하였다.

치료자가 지난 세션에서 정리가 안 된 선반을 정리하겠다고 한 참여자의 심상을 이번 세션에서 경험해 보면 어떻겠냐고 하자 해보겠다고 의사를 표현하였다. '아이들에 대한 나의 감정을 정리하는 여행'을 인텐션으로 정하고 음악 프로그램은 'group short #1(T-5 Beethoven wav, T-6 secret garden)'을 사용하였다.

음악 세션이 시작하자, 지연은 파란 하늘에 구름이 있고 수많은 물총이 하늘을 향해 물을 쏘아 올리고 있는데, 사람은 없이 물줄기만 올라가고 있었으며, 하늘도 보이고 구름도 보이며 주위에는 나무들이 쌓여 있다고 하였다.

엄청 큰 파도가 치는 바다인데, 파도 위에 나무가 있고 파도 끝 물보라 위에 나무가 쏠려 가슴이 불안하다며, 바다는 검푸른색, 나무는 녹색이며, 나무는 아주 작고, 땅에 있으면 아주 큰 나무인데, 파도에서는 브로콜리 같은 느낌이라고 하였다.

곡이 바뀌면서, 지연은 큰 나비가 다른 나비로 바뀌는데, 우리가 일반적으로 보는 나비가 아니고 본인이 조각칼로 판 것 같은 모양의 호랑나비 같기도 하고, 둥근 노랑나비 같기도 하고, 나비가 많이 바뀌어서 복잡하다고 하였다.

음악이 끝나고, 지연은 본인이 본인의 역량보다 모든 일에 넘치게 일했다며, 신경이 날카로웠고 그렇게 되면 감정이 폭발해 버린다고 하였다. 마지막 곡에서 화산이 예쁘게 폭발했다며, 미세한 먼지 같은 게 모여서 빛으로 예쁘게 폭발하는 심상을 경험했다고 하였다. 지연은 감정이 차분해졌으며 먼저 아이들에게 작은 것부터 칭찬을 하는 것으로 감정이 정리가 된다고 표현하였다.

MANDALA

- 하얀 도화지에 파란색과 보라색으로 '외로움'이라는 제목의 만다라를 그렸다.

3. 치료자의 이야기

지연은 심상 유도 음악치료(GIM)를 통해 그림자와 착한 딸이라는 페르소나의 원형상으로 자기실현의 과정을 경험하였다. 이러한 과정은 지연이 어린 시절 부모와 형제간에 겪은 트라우마, 그리고 그 환경에서의 부적절한 자아의 형성과 관계됨을 알 수 있다.

지연은 자신의 외적인 어려움이 내면의 상태와 연관된다는 그림자의 자각을 통하여 생각과 감정을 적절하게 표현하지 못하고 부정적 감정을 억압하는 상태가 신체적 통증을 유발함을 통찰하게 된다.

지연이 GIM 안에서 현재 가족 관계의 부정적인 감정을 언어로 표현하고, 수동적인 자신의 심상 안에서 자신의 생각을 적극적으로 변화시키는 경험을 통하여 그림자의 의식화 과정이 이루어졌다.

또한, 스스로 가족에 대한 역할과 책임에 종속되어 있는 상황과 관련지어 사랑받지 못하고 보호받지 못했던 상황을 억울한 감정을 직면하고 부정적 감정을 해소하는 과정을 거쳤으며, 이를 통해서 자신의 고유한 힘을 회복하였다.

지연은 어머니와 형제들과의 관계에서도 감정을 분리해야겠다는 결단을 통해 친정 식구들과의 관계에 거리를 두어야겠다고 결심하고, 현재 어머니와 딸의 관계에서 어머니로서 자신에게 긍정적인 역할과 관계성에 문제가 있음을 발견하고는 어머니라는 페르소나를 건강하게 발휘할 수 있는 힘이 있음을 확인하였다.

SUMMARY

- 지연은 직장 상사와의 관계에서 수동적이고 자신을 표현하지 못하는 상황이었다. 신체적인 통증과 항상 피로감이 있어 삶이 즐겁지가 않았다.
- GIM 세션을 통해 지연은 본인의 그림자가 친정 식구들과의 관계에서 사랑받고 싶은 자신을 발견하고 억압, 분노, 원망을 재경험하게 되었다. 지연은 GIM 세션을 통해 부정적 감정을 표출하고 해소하는 과정을 통해 자신을 인식하게 되었다.
- 한편, 착한 딸이라는 페르소나의 자각을 통해 독립적이고 건강한 어머니의 역할을 재정립하게 되었다. 비로소 지연은 긍정적인 에너지를 확인하고 자유로운 상태의 자기실현의 과정을 경험하게 되었다.

생각해 볼 거리

1. 지연의 아니마, 아니무스의 통합 과정에 대해 생각해 봅시다.

2. 지연의 건강한 어머니의 역할을 위해 어떤 과정이 필요한지 생각해 봅시다.

CHAPTER 10

중년 여성의 자기실현을 위한 심상 유도 음악치료(GIM) 3

사례 2. 어두움 너머 자유롭고 유쾌한 나를 만나다!

1. 대상자 배경
2. 치료 과정
3. 치료자의 이야기

1. 대상자 배경

이소정(가명, 56세)은 처음 만났을 때 얼굴에는 미소를 띠고 있었지만 치료자를 경계하며 긴장하고 있었다. 말을 시작할 때도 버벅거리는 경우가 많았으며, 본인의 이야기를 할 때도 '— 그랬었을 것이다' 등의 객관적인 문장을 많이 썼다. 치료자를 배려하고 호의적으로 대해 주었다.

소정은 바닷가 가까운 시골의 가난한 가정에서 태어났다. 3남 2녀의 둘째딸로 성장하였다. 아버지(84세)는 지방을 다니며 장마당이 서는 곳에서 영화를 틀어 주는 일을 했는데, 가정 경제에는 무책임하였다. 아버지는 당신밖에 모르는 사람이었고, 어머니(2006년 사망)는 무능한 아버지를 대신해 가정 경제를 책임져야 했기에 평생을 고단한 삶을 살았다. 형제간은 위로 오빠, 그리고 소정, 여동생, 남동생이 두 명 있다. 오빠는 가정 형편이 어려워 어릴 때부터 남의 집 머슴으로 나가 살았고, 여동생과 남동생도 교육을 못 받았다. 형제들 사이는 지금도 잘 지내고 있다.

소정은 시골 초등학교지만 공부를 아주 잘해 중학교도 장학생으로 입학해 다닌던 중 소정만 시골에 혼자 남겨 두고 가족들이 P시로 이사를 하였다. 시골에 혼자 남겨진 소정은 이 집 저 집으로 거처를 옮겨다니며 공부를 해야 하였다. 중학교 1학년 어느 비 오는 날, 아버지가 학교에 전학 절차도 밟지 않고 소정을 가족들이 사는 P시로 데리고 갔다. 소정은 P시에 가서 두 달 정도 쉬다가 P중학교로 전학을 가서 그 달에 3등을 했지만 아버지가 자퇴하라고 해서 더 이상 학교를 다니지 못하였다.

아버지는 소정이 6학년 때 자고 있는 소정을 성추행하였다. 이후로도 두세 번 그런 일이 있어서 이불로 몸을 둘둘 말고 잤다. 소정은 중학교를 자퇴하고 기숙사가 딸린 미싱 일을 배우는 직업 학교에 다녔는데, 17살 방학 때 아버지가 또 자는 소정의 몸을 만져 어머니에게 그동안 아버지가 소정을 성추행한 이야기를 했더니, 그 자리에서 아버지가 소정의 배를 발로 차며 화를 냈다. 그 이후로는 그런 일이 없었다. 소정은 혹시 또 그런 일이 생길까 봐 밖으로 나돌았다. 소정은 지금도 아버지만 보면 그 일이 생각난다.

아버지는 소정의 형제들이 벌어 오는 돈을 소정의 형제들을 위해 쓰지 않고 자기 마음대로 썼다. 후에 소정은 검정고시로 중고등학교 과정을 거쳐 방송통신대학교 국문학과를 졸업하였다.

24세 때 이모 소개로 결혼하여 시부모, 시누이와 함께 생활하였다. 남편은 맏아들이자 종손으로 어려운 일을 해보지 않았다. 부동산 계통의 사업을 한다고 하면서 생활비를 가져다주지 않아 소정이 경제 활동을 계속해야 하였다. 시아버지가 경제력을 쥐고 있어 생활비를 타서 써야 하였다. 신혼 생활도 재미가 없었다.

소정은 남편과의 사이에서 아들을 둘 낳았다. 큰아이(30세 독립)를 낳고 몸이 많이 약해졌다. 남편은 일주일 중 꼭 하루는 외박을 하였다. 물어보면 술 먹고 화투 치느라 외박을 한다 하였다. IMF를 겪으면서 남편은 경제 활동을 전혀하지 않고, 2천만 원만 주면 이혼을 해주겠다고 해서 집을 담보로 융자를 받아 주고 이혼을 하였다. 18년의 결혼 생활을 이혼으로 끝냈지만 소정은 10년 동안 남편의 옷을 정리하지 않고 남편이 마음이 변하여 돌아오기만을 기다렸다. 소정은 몇 년 전 아들을 통해 남편의 재혼 소식을 듣고 마음을 접었다.

소정은 현재 정년이 보장된 직장에서 13년째 근무하고 있으며, 큰아들은 독립해서 살고 있고, 직장을 다니는 작은아들은 소정과 함께 살고 있다고 하였다. 소정은 독실한 기독교인이며 교회에서도 초등부 교사를 맡고 있다.

소정은 요즘 들어 감정이 가라앉는 경우가 많으며, 직장 내 동료들과의 관계에서도 어울리지 못하는 어려움이 많다고 치료자에게 호소하였다. 소정은 GIM 세션을 경험을 통해 본인의 마음이 가벼워졌으면 좋겠다고 하였다.

2. 치료 과정

내담자 사례는 상담 과정에서 녹취된 부분을 명확하게 전달하기 위해 수정 없이 기록됨을 밝힌다.

SESSION 1

소정은 음악 세션을 하기 전, 소정의 어머니는 추운 12월에 혼자서 냉골인 방에서 소정을 출산했다 한다. 소정은 제대로 첫울음을 울지도 못했고 지나가던 사람이 불을 지펴 주어 물과 방을 데울 수 있었다고 한다. 소정은 성인이 되어 가슴이 답답하여 심전도 검사를 했더니 부정맥 진단을 받았는데, 출생 시 힘들었던 환경 때문인 것 같다고 하였다. 소정은 다리도 하지 정맥을 앓고 있다고 하였다.

소정은 결혼 생활 동안 건강도 나빠지고, 경제 활동도 힘에 부치니 남편이 미웠다고 한다. 이혼하면 남편이 폐인이 될 것 같아 엄두를 내지 못했지만, 소정은 자궁 적출 수술을 했는데도 여전히 무관심한 남편의 태도에 이런 생활이 늙어서까지 갈까 두려움이 생겼다고 한다. 소정은 이 일로 인해 이혼을 결심하게 되어 남편과 합의 이혼을 하였다.

소정은 타인의 지시에 그대로 따라 하면 그 사람의 종이 된 것 같은 생각이 든다고 하였다. 그래서 5리를 가자 하면 10리를 갔고, 더 많이 해야 내가 주인이 된 것 같다고 하였다. 소정은 그대로 복종하면 기분이 나쁘고, 기분이 나쁘면 노래를 혼자 흥얼대며 기분을 가라앉힌다고 하였다. 갈등이 있으면 혼자 묻고 혼자 대답하고, 힘들 때는 생각의 스위치를 꺼 버리면 살길을 찾은 것 같아 그렇게 행동하는 것이 소정이 자신에게 유익하게 행동하는 것이라고 생각한다고 하였다.

소정은 첫 번째 세션은 치료자가 이끄는 데로 가겠다고 하였다. 지금 에너지 수준은 1~10 중 7 정도이고, 마음은 GIM에 대해 호기심이 들고 치료자와 이야기를 나눠서 상승되어 있다고 하였다. 인텐션을 '나를 돌아보는 여행'으로 정하고 음악은 'sun singer'로 세션을 시작하였다.

소정은 음악 세션 안에서 편안한 감정을 느꼈으며, 정원의 심상을 보았다. 신체적으로는 왼쪽 종아리의 무거움을 느꼈다고 하였다.

음악이 끝나고, 소정은 '공원을 바라보는 나'라는 제목의 만다라를 그렸다. 소정은 만다라를 그리면서 사람을 잘 못 그리겠다고 하며 아주 단순하게 졸라맨의 모습으로 본인의 모습을 그렸다.

음악 안에서 본 심상은 정원 같기도 했는데 포스트 세션에서는 넓은 공원 같다고 하였다. 쉬고, 자유롭고, 평안을 원하는 자신을 음악 안에서 경험했으며, 마음이 아프고 안타까움을 느꼈다고 하였다. 음악이 살짝 무거움을 주기도 했고, 어두운 녹색, 가라앉는 느낌을 가졌다고 하였다.

신체적으로는 원래 오른쪽에 통증이 있었지만 깨어날 때까지 왼쪽 반쪽이 아팠다고 하였다. 평소에도 오른쪽에 통증이 있었다고 한다. 음악이 계속되면서 연한 연두색, 노란빛이 나는 연두색, 밝고 평안한 색을 경험하며, 따뜻하고 평화로웠으면 좋겠다는 느낌을 치료자에게 이야기하였다.

소정은 스스로에 대해 애잔한 마음이 든다고 하며, 잘살아 내려고 애쓰는 모습이 느껴진다고 하였다. 소정은 GIM 과정을 통해 자신다운 자신을 찾지 않을까 하는 느낌과 다음 세션을 기대하는 마음이 든다고 하였다.

MANDALA

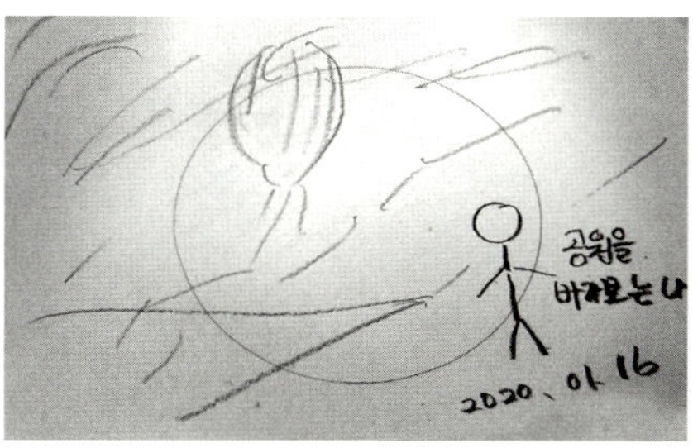

- 하얀 도화지에 고동색으로 본인을 그리고, 초록색으로 정원을 그렸다.

SESSION 2

두 번째 만났을 때, 소정은 지난 세션 후 그린 만다라에서 사람의 모습을 단순히 그렸는데, 그때는 미처 몰라 그렇게 그렸다고 하였다. 이제 생각해 보니 머리가 길고, 치마, 니트로 된 카디건, 흰색, 푸른색의 드레시한 옷을 입은 편안해 보이는 여성을 그리고 싶었다고 말하였다.

소정은 회사에서 다른 부서 직원들과 어울리고 싶어하는데, 직원들이 소정과 같이 있으면 불편하다고 안 들어왔으면 좋겠다는 말을 했다고 한다. 소정은 섭섭하기는 했지만 소속이 달라 그럴 수도 있거니 하며 마음을 달랬다고 한다. 소정은 직장의 사주가 바뀌기 전 회사의 분위기를 '공산당' 같았다고 표현하였다. 한마디로 숨도 쉬기 힘들 정도로 경직되어 있었고 소정을 감시하는 것 같았다.

소정은 17세부터 미싱 일을 해서 다리가 늘 부어 있어 그런지 성인이 된 후 하지정맥 진단을 받았다. 소정은 지난 세션 후 왼쪽 유두가 찌릿찌릿한 감각을 느꼈다고 하였다. 세션 전 소정은 양쪽 어깨가 약간 뻐근한데, 그중 왼쪽이 더 뻐끈하다고 하며 몸의 불편함을 표현하였다.

소정은 두 번째 세션을 하기 전 본인의 에너지 수준은 1~10 중 7 정도이고, 기분도 나쁘지 않다고 하였다. 소정은 이번 세션에서는 본인의 마음의 느낌을 더 알고 싶다는 의견에 따라 인텐션을 '나의 느낌을 찾아보는 시간'으로 정하고 음악 프로그램은 'unforgetting'으로 세션을 시작하였다.

소정은 음악 세션 안에서 음악이 감미롭다고 하며 물속에서라도 같이 있을 수 있는 서로 마음이 잘 맞고 이야기를 들어주는 여자 친구라도 있었으면 좋겠다고 말하였다.

소정은 평화로운 바다를 심상으로 떠올리며 가지 않고 보는 것만 해도 괜찮다고 말하였다. 몸의 감각은 오른쪽 무릎 밑 안쪽에서 통증이 느껴진다고 하였다.

세션이 끝난 후, 소정은 '칠량 바닷가'라는 제목의 만다라를 그렸다. 어머니가 평소에 물질을 하는 칠량 바닷가에 어머니와 바지락을 잡으러 갔는데, 어머니의 노란색 양푼이 물에 떠내려가고, 그 옆에 배가 있는 것을 그렸다. 소정은 노란 양푼이 떠내려가는 모습이 신기하다고 하였다.

소정은 초등학교 1학년(9세) 때 어머니와 같이 칠량 바닷가로 조개를 잡으러 갔다고 한다. 어머니는 평소에도 바닷가에서 물질을 해서 시장에 내다팔았는데, 어머니가 시장에 가면 소정은 돌이 안 된 막내 여동생을 돌봐야 하였다. 소정은 학교에 가고 싶은데 동생을 돌봐야 하는 자신의 상황에 속이 많이 상해서 동생을 뒤집어엎고 빨리 죽으라고 말하기도 하였다. 동생은 돌이 되기 전 떫은감을 잘못 먹여 급체로 죽었다. 소정은 그 일이 늘 마음에 걸렸다. 이후로 소정은 말을 함부로 해서는 안 되겠다고 결심했다며 눈물을 흘렸다. 어머니는 살기 바빠 그런지 죽은 동생에 대한 이야기는 이후로 하지 않았다고 한다. 어머니는 작은아버지와 함께 죽은 동생의 주검을 항아리에 넣어 산에 묻었다. 이후 어머니는 혼자 가끔씩 동생이 묻힌 산에 다녀오시곤 하였다.

소정은 세션 전 느꼈던 무릎, 머리, 어깨 통증이 없어졌다고 하며, 어린 명희(동생)를 생각하면 마음이 서글프다고 하였다. 소정은 자신이 누군가에게 존중받고 싶은 마음이 든다고 하였다.

MANDALA

- 하얀 도화지에 파란색으로 바다의 물결을 그리고, 사람은 고동색으로 그렸다.

SESSION 3

소정을 세 번째 만났을 때, 소정은 지난 세션 음악 안에서 바닷가가 연상되었는데, 어머니와 조개 잡던 추억도 생각나고, 돌도 안 된 막내 여동생이 자신이 아닌가 하는 마음이 든다고 하였다. 어린 시절의 풍경이 흑백 사진처럼 소정의 마음에 남아 있다고 하며, 이번 세션에서는 '어린 시절의 나를 바라보는 여행'으로 인텐션을 가지고 가고 싶다고 하였다.

소정은 요즘 회사에서 업무로 인해 몸이 힘들어 한약을 먹고 있는데, 몸을 따뜻하게 해야 한다고 하였다. 세션의 음악은 'gentle deep saddness'를 사용하였다.

소정은 음악 세션 안에서 어린 자신을 보지만 슬프거나 그런 느낌은 아니라고 하며, 남의 집에서 일하고 있는 어머니가 데리러 올 것이고, 그때는 초등학교도 다녔고, 공부도 잘해서 자신이 부끄럽거나 남의 눈치를 보지 않았다고 표현하였다. 소정은 나름대로 마음에 희망도 있었고 어둡지는 않았다며 슬픈 데 슬프지 않다고 하였다.

소정은 심상에서 초등학교 3~4학년 때 어느 할머니 집에서 청소를 해주면서 학교 다니는 자신의 모습을 떠올리며, 불쌍해 보이지는 않고 잘 지내는 것 같다고 하였다. 치료자가 어린 자신에게 해줄 말이 있느냐는 질문에 소정은 "괜찮아질 거야, 잘하고 있어, 힘내"라고 표현하였다.

소정은 마음의 느낌을 심상의 어린 자신을 향해 "참, 애썼구나, 애썼구나, 괜찮아질 거야, 잘하고 있어, 힘내"라고 말하며 치료자가 어린 자신을 만져 줄 수 있냐는 질문에 눈물을 흘렸다.

소정은 음악이 끝나고 만다라를 그렸다. 만다라의 제목은 '빵빵, 스쿨버스'라고 썼다. 중학교 1학년 때 아버지가 마음대로 자신을 학교를 자퇴시켰다고 한다. 스쿨버스 기사 아저씨가 학교 지시를 못 받아 3~4일 동안 자신을 데리러 왔는데, 소정은 스쿨버스가 오는 시간에 버스 경적 소리가 들리면 나무 뒤에 숨어 울었던 모습을 그렸다.

소정은 초등학교 때는 힘든 일을 하지만 공부를 할 수 있다는 게 좋았고, 공부를 하며 희망을 가지게 되었다고 하였다. 하지만 중학교를 다니고 싶은데, 가지 못하는 어린 자신의 마음은 굉장히 슬펐다고 하였다. 소정은 학교에 계속 다니지 못하는 슬픈 자신을 공감해 주고 슬퍼해 주고 위로해 주어 좋았다고 느낌을 말하며, 자신이 살아온 길을 남이 들으면 불쌍하게 보겠지만, 자신은 재미와 희망이 있었다고 이야기하였다.

MANDALA

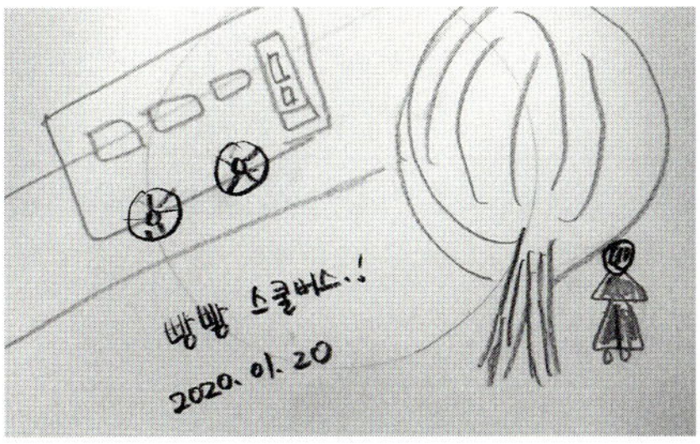

- 하얀 도화지에 고동색으로 스쿨버스를 그리고, 초록색 옷을 입은 본인을 그렸다.

SESSION 4

네 번째 세션을 시작하기 전, 지난 세션에서 아버지가 학교를 보내 주지 않아 다니지 못했던 가엾고 슬픈 어린 자신과 만났던 경험을 나누었다. 소정은 공부하는 게 너무 재미있어서 초등학교 때도, 보육교사 자격증(36세)을 취득할 때에도 400명 중 1등을 해 학원비를 반만 내고 다녔다고 한다.

소정은 중고등 과정 검정고시 시험 준비 때도 장학금을 받으며 다녔다. 그런데 소정의 아버지는 자식들의 월급을 다 가져가고도 자식들을 공부시키지 않았으며, 당신밖에 모르는 분이었다고 하였다. 소정은 20대 때 교육 대학에 가고 싶다고 했는데, 그것까지도 아버지가 도와주지 않아 30대는 그런 아버지를 많이 미워했다고 하였다.

소정은 결혼 후 몸이 자주 아프고, 힘이 들고, 잘 지쳤었다. 2006년 자신의 살림을 도와주던 어머니가 심근 경색으로 돌아가셨다. 그때부터 소정은 아버지는 아버지 인생이라는 생각을 하며 아버지에게 거리를 두고 자신만 잘살면 된다는 생각을 했다고 한다.

소정은 52~53세 때 혼자서 책을 통해 상담 공부를 해서 스스로에게 적용하며 '빈 의자 기법' 같은 것도 혼자서 해보며 하나님이 싫어하는 것은 안 하려고 노력하고 살았다. 소정은 용서하라는 것은 하나님의 명령인데 '어떻게 그것을 용서해?', '그럴 수도 있었겠다?', '용서란 무엇이지?'라는 생각을 상담 관련 책을 읽은 후 많이 하게 되었다고 한다.

소정은 아버지는 미성숙한 인격으로 분별력이 없어서 그렇다 생각하니 마음이 조금 편했졌다고 하였다. 그 후 아버지가 교회에 다니겠다고 해서 소정이 성경 말씀을 문자로 보내 주면 아버지로부터 간단하게라도 답 문자가 왔다고 한다. 소정의 아버지는 주정 헌금도 1만 원씩하고, 십일조도 하다가 작은 일로 인해 목사를 신뢰하지 않기 시작하더니 교회에 출석하지 않았다. 그 이후로 아버지가 문자로 "내 딸, 사랑한다, 고맙다"라는 문자가 왔는데, 소정은 거부감이 들었고 사탄의 역사로 생각되었다. 소정은 자신한테 그러지 말고 "하나님에게 하세요"라고 하며 아버지와 거리를 두려고 하고 있으며, 힘이 들었지만 지금은 좀 부드러워졌다고 하였다.

소정은 자신이 편안해져야 해서 마음을 편하게 가지려 한다고 하며, 요즘 이런 생각을 하면 오빠는 얼마나 마음이 아팠을까 하는 생각이 들어 이번 명절에 아버지 집에 가면 형제들끼리 이야기를 많이 나누어야겠다고 하였다.

소정은 지난 세션에 어린 자신을 바라보는 시간을 인텐션으로 갖고 갔는데, 이번 세션에서도 한 번 더 같은 인텐션을 가지고 가고 싶다해 '어린 자신을 바라보는 시간'으로 여행하기로 하였다.

소정은 음악을 들으며, 느낌은 담담하며 음악 소리가 가슴 부위에서 푸른 불 같기도 하고 물결 같기도 한 게, 계속 가슴에서 모닥불이 타는 것 같이 느껴졌다고 하였다. 음악을 듣는 느낌이 따뜻하기도 하고, 시원하기도 하며, 후련하기도 하다고 표현하며 무언가 태워지는 느낌이며, 자신의 마음이 가벼운 상태라고 하였다.

음악이 끝난 후 소정은 '호숫가의 소정'이라는 제목으로 만다라를 그렸다. 마지막 곡에서 호수를 바라보는 자신을 그린 것인데, 얼굴 방향이 반대쪽을 보고 있다고 하였다.

소정은 네 번째 곡에서 들판이 보였다고 하였다. 소정은 음악 세션 전에 아버지에 대한 불편한 이야기가 많이 나와 불편한 심상이 많이 나올 줄 알았다고 하였다. 지난 세션에 가여운 어린 자신은 흘려보낸 것 같다고 하며, 이번 세션에서 소정은 공부만이 기쁨이 아니고, 과거에 삼총사라 불렸던 회사 동료들과의 즐거움도 있었고, 자아실현을 하고 싶은 마음이 있었던 것 같다고 느낌을 이야기하였다.

신체적인 통증은 세션 전에 머리가 아팠는데 후에는 해소되었다고 하며, 소정은 세션의 느낌을 가슴에 무거움이 없고 더 가벼워졌다며, 지금 그런 느낌에 감사한 마음이 든다고 하였다.

소정은 자신이 살아온 길을 남이 들으면 불쌍하게 볼 것 같은데, 자신은 재미와 희망이 있었다고 네 번째 세션의 느낌을 말하였다.

MANDALA

- 하얀 도화지에 파란색으로 호수를 그리고, 본인은 모자는 고동색, 옷은 주황색으로 그렸다.

SESSION 5

소정은 설날에 아버지가 사는 집에 갔다가 아버지가 자식들이 전화도 잘 하지 않고 외롭다고 하는데, 아버지 얼굴이 어두워 보였다고 하였다. 소정의 아버지는 혼자서 생활도 잘하고, 기억력도 좋다고 한다. 소정은 이번 명절에는 아버지를 봐도 거부감이 덜 들었다고 하였다. 소정의 큰아들은 할아버지가 사는 P시 본가에는 설날이라고 다녀왔다고 하며, 소정에게는 문자만 왔다고 하였다.

큰아들은 소정의 경제 사정과 건강 상태가 안 좋아 할아버지가 있는 P시에서 고등학교를 다녔다고 한다. 그래서인지 소정과는 거리감이 있다며, 그래도 소정은 큰아들에게 미안함은 크지만 섭섭하지는 않다고 하였다. 작은아들도 본가에 갔다 소정과 같이 친정에 갔는데, 이번 명절에 형제간 고생했던 이야기를 해볼까 했는데 굳이 그럴 필요가 없겠다는 생각이 들어 그냥 지내다 왔다고 한다.

지금도 소정은 아버지에게 다가오려면 거부감과 불편한 감정이 들지만, 소정은 아버지와의 관계가 이 정도면 괜찮다고 생각한다고 하였다. 이번 명절에 아버지는 소정에게 예쁘게 꾸미고 다니라고 하기에 소정도 긍정적으로 받아들였지만, 아버지와 가까워지면 아버지를 보살펴야 되지 않을까 하는 부담감에 일부러 거리감을 두고 있는 것 같다고 하였다.

굳이 아버지에게 더 가까이 가야 하나, 하는 생각과 가까이 간다고 소정의 마음에 남아 있는 아버지로 인한 상처가 해결될 수 있을까, 하는 생각이 든다고 하였다. 그리고 그렇게 되고 싶지도 않은 것 같다고 하였다. 소정은 그래도 음악 안에서 아버지와의 불편한 감정을 다루어도 될 것 같다고 해서 인텐션을 '아버지와의 불편한 감정을 바라보기'로 결정하고 음악 프로그램은 'death bach'로 세션을 시작하였다.

소정은 음악이 시작되자, 10여 회의 하품을 하며 오른쪽 어깨 겨드랑이, 왼쪽 무릎, 오른쪽 골반 안쪽, 머리 위쪽이 부어 있는 느낌이고, 오른쪽 팔굽, 왼쪽 팔꿈치 위쪽의 통증을 이야기하며 피곤을 좀 느낀다고 하였다.

두 번째 곡이 시작되자 소정은 왼쪽 머리, 왼쪽 어깻죽지 쪽의 통증을 이야기하며, 피곤할 때마다 이렇다며, 한참 자고 나면 괜찮아진다고 이야기하였다.

소정은 아버지의 모습이 심상으로 떠오른다고 하며, 소정이 어렸을 때 아버지가 멀리 친척집에 가 있었는데, 소정은 방학 때 아버지가 있는 지방으로 아버지를 만나러 갔다고 한다. 아버지는 소정의 눈치를 보며 여자가 있는 선술집에서 술집 여자와 술을 마시고 있었는데, 무언가 깨끗하지 않은 느낌이라고 하였다. 치료자가 아버지에게 할 말이 있냐고 묻자 "아버지, 왜 그렇게 사세요? 아버지, 왜 그렇게 사세요?"라며 아버지는 욕망에 이끌려서 살았고, 아버지는 가족은 상관하지 않고 당신 좋을 때로 감각적으로 살았다고 하였다.

아버지는 어머니와 자신의 형제를 돌보지 않고, 당신만 아는 사람이라고 하며, 그런 아버지가 밉다고 하면서 "왜 그렇게 사세요, 당신만 생각하며 살았잖아요?" 하며 눈물을 흘렸다. 소정은 그런 아버지가 아니었다면 더 행복하고 좋은 기억들이 많았을 것이고, 모두가 좋은 가족이 되었을 텐데 모두 희생되었다고 하며, 서럽게 울었다. 다섯 번째 곡에서 소정은 깜깜한데 저녁놀의 심상을 경험하며 편안해졌다고 느낌을 말하였다. 마지막 곡에서 소정은 잠이 들었다.

음악 세션이 끝난 후 소정은 만다라에 그릴 게 없다고 하며, 검은 도화지에 초록색으로 바람인지 구름인지 모르겠지만 한쪽 방향으로 불고 있는 것을 그렸다. 소정은 캄캄한데 저녁놀은 아니고, 점점 밝아오는 새벽 여명 같은 심상을 보았다고 하였다. 마지막 곡에서는 회색의 느낌을 받았으며, 그리고 잠이 든 것 같다고 하였다.

소정은 세션 전에 머리가 아팠는데 울고 난 후에는 통증이 해소되었다고 하며, 마음은 답답하기도 하고 혼돈스러움도 있다고 하였다. 소정은 본인 나름대로 아버지와의 상처가 정리되었다고 생각했었는데 남은 감정이 있었다는 것을 알게 되었다고 하며, 그 상처가 해결되어서 자유로워지고 싶다고 하였다.

MANDALA

- 검은 도화지에 파란색으로 '여명'이라는 제목의 만다라를 그렸다.

SESSION 6

소정은 음악 세션을 시작하기 전, 5번의 세션 후 그린 만다라를 치료자가 보여 주자 사람의 모습이 어린아이에서 소녀로 변했다는 느낌을 말하였다.

어제 예배 시간에 예수의 큰 사랑으로 소정은 용서를 받았는데, 자신은 아버지를 용서할 수 있을까 하는 생각이 들었다고 하였다.

예전에 아버지에게 성경 문자를 보낼 때는 자연스럽게 안부를 보냈는데, 요즘 친정에 가면 아버지의 표정이 굳어 있는 것 같이 보인다고 하였다. 소정의 생각으로는 아버지와의 불편한 감정이 해결되었다고 생각했는데, 너무 서툴렀던 것 같다며, 소정은 자신은 불편한 관계를 못 견뎌 하며 아버지와 터놓고 이야기하고 싶다는 생각이 든다고 하였다.

여전히 자신이 지혜롭지 못 했다는 생각이 들며, GIM을 통해 아버지와의 불편한 감정이 해결될 수도 있고 안 될 수도 있겠지만, 자신이 불편하니까 가보겠다고 하였다. 소정은 아버지가 편하면 자신도 편할 것 같다며, 자신의 삶에는 아버지의 존재가 중요하지 않지만 자신의 한쪽 부분이 서늘해서 세션을 하겠다고 하였다. 소정은 GIM 경험을 괜히 시작했다는 생각과 답답했다는 생각이 든다며, 경직된 표정을 보여 오늘의 인텐션은 '내 안에서 일어나는 불편한 감정을 흘려 버리는 시간'을 가지고 음악 세션을 하기로 결정하였다. 음악 프로그램은 'anger 1, 2(insert : Air in G)'로 시작하기로 하였다. B는 에너지가 6 정도라고 하였다.

소정은 음악 세션 안에서 마음의 잔잔함을 느끼며, 본인에게 "흘려보내도 괜찮아"라는 말을 하였다.

음악 세션이 끝나고, 소정은 음악을 들으며 곡이 웅장했고 마음도 잔잔했다고 하며, 오늘의 느낌은 마음이 가볍다기보다 차분하다고 하였다. 소정은 지금은 약간 허전하지만 쥐고 있었던 잔재를 놔 버리는 느낌이라고 하였다. 소정은 이번 세션을 통해 아버지에 대해서도 그렇지만 불편한 것이 있으면 어떤 것이라도 놔 버려야겠다고 생각한다고 하였다.

MANDALA

- 하얀 도화지에 만다라를 그리면서 바닥은 보라색을 넓게 칠하고, 주황색, 살구색을 칠하였다. 제목을 '밝아 오는……'이라고 썼다.

SESSION 7

소정은 치료자를 만나자마자 지난 세션 때 본인 안에서 저항이 일어난 것 같다고 했다고 하며 치료자에게 죄송하다고 하였다. 소정의 표정은 약간 굳어 있었지만 치료자와 저항에 대해 이야기를 나누면서 표정이 밝아졌다. 치료자가 자신의 저항을 알고 인정한다는 것은 어려운 일이라고 했더니, 본인은 스스로 자기 분석을 잘한다고 하였다.

소정은 직업 상담사도 정말 간절히 바라니까 네 번만에 합격했다고 하며, 본인의 의지에는 강함이 있다고 하였다. 소정이 지난 세션에 슬프고 애잔한 느낌이 남은 게 있다면 마저 흘려보내고 싶다고 해서 이번 세션의 인텐션은 '내 안에 있는 애잔한 느낌마저도 흘려버리는 여행'으로 정하고 음악 프로그램은 'bearing wittness'로 결정하였다.

소정은 음악 세션 중, 편안한 마음으로 들녘의 심상을 보았으며, 세 번째 곡에서는 편안하게 느껴지는 잔잔한 물이 넓은 곳을 향해 흘러가는데, 자신이 물 위에 누워 떠내려가는 심상을 경험하였다.

신체적인 느낌은 머리 오른쪽이 살짝 간지러운 느낌과, 이마에 가만히 무언가가 올려진 느낌을 경험했다고 하였다.

소정은 음악 세션이 끝난 후 만다라를 그리며 초등학교 때 수학여행을 가는 느낌이라고 하였다. 만다라의 제목은 '부드러움과 따뜻함'이라 썼다.

소정은 음악 세션 후의 느낌이 마음이 깨끗해진 것 같고, 몸의 느낌은 안 느껴지고, 얼굴만 있는 것 같은 느낌이며, 요람 안에 있는 느낌이었다고 하였다. 그 느낌을 계속 느끼고 싶었다고 하였다. 소정은 그냥 감사하다는 마음만 드는데, 눈물이 왜 나는지 모르겠다고 하며, 세션 전에는 변화가 있을까 하는 의문이 들기도 했지만 경험해 보니 생각지도 않은 느낌이 느껴졌다고 하였다.

MANDALA

- 하얀 도화지에 노란색과 초록색으로 색을 칠하며, 초등학교 때 수학여행을 가는 느낌이라고 하였다. 제목은 '부드러움과 따뜻함'이다.

SESSION 8

세션을 하기 전, 소정은 얼마 전 유튜브에서 강아지를 지켜 주지 못한 사연을 보고, 죽은 동생에게 사과하지 못해 미안한 마음이 들며 갑자기 눈물이 나왔다고 하였다. 소정은 그 아이 입장이 되어 미안함이 생겨 '너무 미안하다. 용서해라'라며 혼자서 오열했다며 동생에 대한 애도의 기회가 없었다고 하였다. 그때는 동생이 죽었다는 느낌을 못 느꼈으며, 깜깜한 밤, 동생의 주검을 덮은 홑이불, 높이 뜬 달, 어머니가 작은아버지의 도움을 받아 동생의 주검을 항아리에 넣어 묻는 기억들이 떠올랐다고 한다.

소정은 지난 세션 때 수학여행의 느낌은 소풍 간다는 기분 좋은 느낌이었다고 하였다. 해남 대흥사로 2박 3일 정도의 기간이었는데, 키가 크고 평소에도 찝찝하고 불결해 보이며 능글능글한 교감 선생님이 소정과 같은 방에서 자고 있는 친구를 성추행을 하는 것을 보았다고 한다.

소정은 요즘 살짝 서글프다는 느낌이 든다고 하며, 회사에서 평소 안 하던 파트의 일을 해서 팔이 아프기도 하고, 도망가고 싶기도 하고, 서글픔 마음과 이겨내야지 하는 비장함이 있다고 하였다. 소정에게 다른 파트의 일을 도와주라고 하며 당연하게 생각하는 게 속상하다며 눈물을 흘렸다.

이번 세션의 인텐션은 '고유한 나를 바라보는 여행'으로 정하고, 음악 프로그램은 'relationship'을 사용하기로 하였다.

소정은 음악 세션에서 치료자에게서 상큼한 향기가 난다고 하였다. 세 번째 곡에서는 본인에게 "가 보자"라는 말을 하며, 음악 소리에 맞춰 춤을 추는 심상을 경험했다고 한다. 음악에 대해 좀 더 알았으면 좋겠다고 말하였다. 신체적인 느낌은 오른쪽 이마 위가 묵직함을 느꼈다고 표현하였다.

음악 세션이 끝나고 소정은 만다라를 연두색, 노란색, 보라색의 순서로 그렸으며, 제목을 '보라빛 향기'라 썼다.

소정은 음악을 듣던 중 향기가 자꾸 나서 치료자의 스프레이 냄새인가 하는 생각이 들며 집중이 잘되지 않았다고 하였다. 춤추는 모습은 발레리나의 춤이었다며, 음악이 무언가 알려 주는 듯 했다며, 잘 느껴 보라고 하는 느낌이었다고 하였다. 신체적으로는 머리가 오른쪽부터 묵직하게 중앙 왼쪽까지 통증이 있다고 하였다.

소정은 오늘은 딴생각이 떠올라 집중이 잘되지 않았다고 하였다. 아픈 것도 자신이고, 우울한 것도 자신이고 소망을 가지는 것도 자신이라고 하였다.

소정은 언젠가 글을 써 봤는데, 다른 사람의 글하고 본인의 글이 다르다고 느꼈다고 하였다. 본인 내면의 느낌을 글로 써서 밖으로 내놓으면 혹시나 남이 위선으로 생각할까 해서 내놓기가 망설여졌었다고 하였다. 소정은 늘 자신을 객관화했다며, 이 이야기를 하니 신경질이 난다고 하며, 있는 그대로의 본인의 모습을 글로 쓰고 싶다고 하였다.

MANDALA

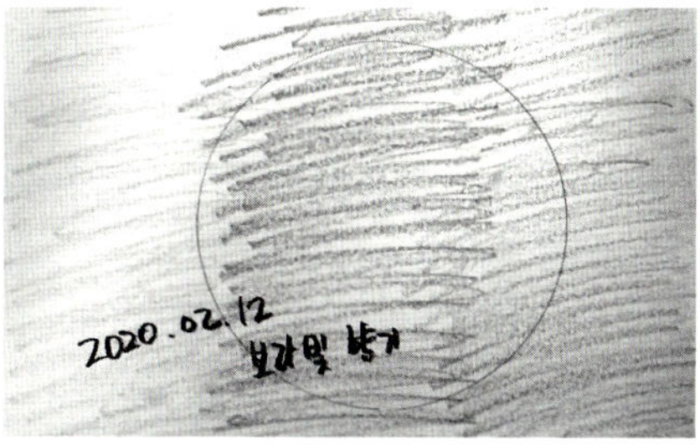

- 하얀 도화지에 주황색, 보라색, 노란색, 초록색을 칠하였다.

SESSION 9

소정은 아홉 번째 세션을 하기 전, 나답게 살고 싶다고 하며, 지금도 나쁘지는 않다면서 남에게도 인정받고 싶다고 하였다. 하지만 다른 사람이 몰라준다 해도 자신은 자신이라고 이야기하였다. 소정은 본인에 대해 의논할 사람도 없고 해서 책을 많이 읽어 본인의 감정을 승화시키려 했다고 했다며, 지금은 상황이 어려워도 어떤 자신을 만날까 하는 기대감도 있다고 하였다. 공부도 무언가 하지 않으면 힘드니까 열심히 한 것 같고, 본인의 감정을 스스로 존중해 주지 않았다고 말하였다. 소정은 인텐션을 본인에 대해 더 알고 싶다고 이야기해 '나다운 나를 바라보는 여행'으로 정하고 음악 프로그램은 'peak experience'를 사용하기로 하였다.

음악 세션 안에서 소정은 좋고, 편안하고 조금 설레기도 하고, 기분 좋은 느낌을 표현하였다. 음악이 희망을 주며 유쾌하고 즐겁고 명랑한 느낌을 준다고 하였다. 신체 느낌은 오른쪽 손가락 가운데 마디가 조금 통증이 있다고 하였다.

음악 세션이 끝나고 소정은 만다라를 그리는 것을 망설였다. 치료자의 지금의 느낌을 표현할 수 있는 색깔을 택해 보라는 요청에 옅은 연두색을 골랐다. 신록을 그리고 싶다고 하며 원 안을 색칠하였다. 또 한 장의 만다라에는 벚꽃을 그렸다. 만다라의 제목은 '봄의 느낌, 벚꽃'이라고 기록하였다.

소정은 자연하고 이야기를 많이 나눈다고 하며 "힘들면 쉬었다 가자. 빨리 간다고 좋은게 아니다. 자연은 순리에 따라 가는 것이야"라고 이야기하기도 한다고 하였다. 소정은 사람들은 채워져야 가는데, 순리대로 살지 않고 어디인가 망가지는 것도 모르고, 살기 위해 살지 않고 죽기 위해서 사는 것처럼 산다고 하였다. 소정의 큰아들 같은 경우도 그렇다며 말을 안 듣는다고 하였다.

소정은 때가 차야 된다고 생각한다고 하며, 신앙으로 자신의 감정을 무시하는 것인지는 모르겠지만 주일 학교 아이들하고는 예배도 충만하고 좋은데, 2, 3년 사이 몸이 약해져서 그런지 대예배 시간은 길고 힘들다고 하였다. 통성 기도도 힘들고 생활에서도 무력해진다고 하였다. 음악에 잘 집중이 되지는 않았지만, 무언가 좋은 날이 올 것 같은 느낌이며, 에너지 넘치는 여름이 올 것 같다는 느낌이 든다고 하였다.

MANDALA

- 하얀 도화지에 빨간색과 주황색으로 그렸다.

SESSION 10

소정은 지난 세션 후의 반영된 변화인지는 모르겠지만, 직장 동료가 소정에 대해 불쾌한 이야기를 했는데도 자신의 느낌과 생각을 표현했다며 속이 시원했다고 하였다. 새로운 탄생을 한 것 같다며, 내가 먼저 화해를 청하지 않아도 불편하지 않고 힘이 생겼다고 하였다. 성경 말씀처럼 진리 안에서 자유로워지고 싶고, 자신도 자유롭게 살고 싶다고 하였다.

인텐션을 '자유로운 나를 느껴 보는 여행'으로 정하고 'suit romance(Dovorak

Czech), romanza(V. W) Air in G.'를 음악 프로그램으로 사용하였다.

소정은 음악 세션 안에서 잔잔하고 평화로운 느낌을 느끼며 신체적인 느낌은 없었다.

음악 세션이 끝나고 소정은 만다라를 그렸는데, '진달래'라는 제목으로 꽃과 색깔이 있는 연기를 그렸다.

마지막 곡에서 소정은 심상으로 진달래꽃이 보였다며, 넓은 화원 같은 꽃밭에 진달래가 많이 보였다고 하였다. 봄, 희망을 느낀다며 음악에 따라 춤추고 싶었는데, 요즘 업무가 늘어 손이 아파 춤을 추지 못했다며, 춤추면 즐겁고 가볍고 마음에 기쁨이 있을 것 같다고 하였다.

소정은 음악 세션 후, 마음이 좀 가벼워졌다고 하며, 자신을 표현하는 것을 할 수 있을 것 같다고 하였다. 요즘 소정이 달라진 것이 있기는 있다고 하며, GIM 경험 후 자신이 감정 표현을 억제하는 것을 신앙으로 합리화하였다는 것을 알게 되었다고 하였다. 자신 안의 어떤 면은 자유분방하고 열정도 있는데 어느 순간부터 신앙으로 자신의 감정을 많이 눌렀다고 하며, 겉으로는 자신의 마음을 표현하지 못하고 살았다고 하였다. 음악을 들을 때는 현실적인 것이 떠올라 집중이 잘되지 않았다고 하였다.

소정은 요즘 직장 일도 체력이 딸리는 것 같고, 항상 큰아들이 마음에 걸리는데, 요즘 들어 더 많이 마음이 쓰인다고 하였다. 고등학교 시절, 여러 가지로 힘이 들어서 큰아들을 지방에 있는 시댁에서 3년 동안 학교를 보낸 적이 있다. 그래서인지 큰아들하고는 관계가 서먹하다고 하였다. 관계를 좁혀 보려고 했는데, 자신의 입장만 아들에게 설명하였다고 하였다. 큰아들이 답답했을 것 같다고 하였다. 큰아들이 자신에게 저항감이 있는 것이 많이 마음이 쓰인다고 하였다.

작은아들도 택배 일로 직장을 옮기려 한다. 적응을 잘 못할 것 같아 걱정되는 현실적인 문제들이 음악에 집중을 못하게 한 것 같다고 하였다.

MANDALA

- 하얀 도화지에 핑크색으로 진달래꽃을 그렸다.

3. 치료자의 이야기

소정은 자신의 삶이 억압되고 소외되고, 착한 딸과 신앙인이라는 페르소나로 살다가 GIM을 경험하면서 아버지에게 억눌렸던 감정을 언어로 표현하면서 역할에 얽매이지 않고, 고유한 자신을 중심에서 아버지에 대한 불편한 감정을 내려놓는 페르소나의 재정립을 경험하였다. 자신의 삶에서 계속 어렵고 힘든 정서적인 부분과 관계적인 상황의 그림자 안에도 빛이 있고 긍정적인 측면이 있다는 것을 발견하고, 부정적인 것을 해소함으로써 밝고 유쾌하고 자유로운 자기가 새롭게 탄생하는 것과 같이 본질적인 '자기다움'의 힘을 기르는 자기실현 과정을 거쳤다.

SUMMARY

- 소정은 직장 동료들에게 소외되고 고립되어 우울감을 느끼고 있었다.
- GIM을 통해 어린 시절의 자신을 돌아보며 좌절을 경험한 본인의 그림자를 자각하고 재경험함으로써 밝고 긍정적이며 희망이 있었던 자신을 재경험하였다. 학교를 자퇴시키고 성추행한 아버지와의 부정적 감정을 GIM 세션을 통해 표출하고 해소함으로써 신앙인의 페르소나를 자각하고 독립적인 자기와의 만남이 이루어졌다.
- 소정은 페르소나의 재정립을 통해 자유롭고 유쾌한 본질적인 자기와의 만남으로 자기실현의 과정이 이루어졌다.

생각해 볼 거리

1. 소정의 아니마, 아니무스의 통합의 과정에 대해 생각해 봅시다.

2. 자녀들과 원활한 관계를 위해 어떤 과정이 필요한지 생각해 봅시다.

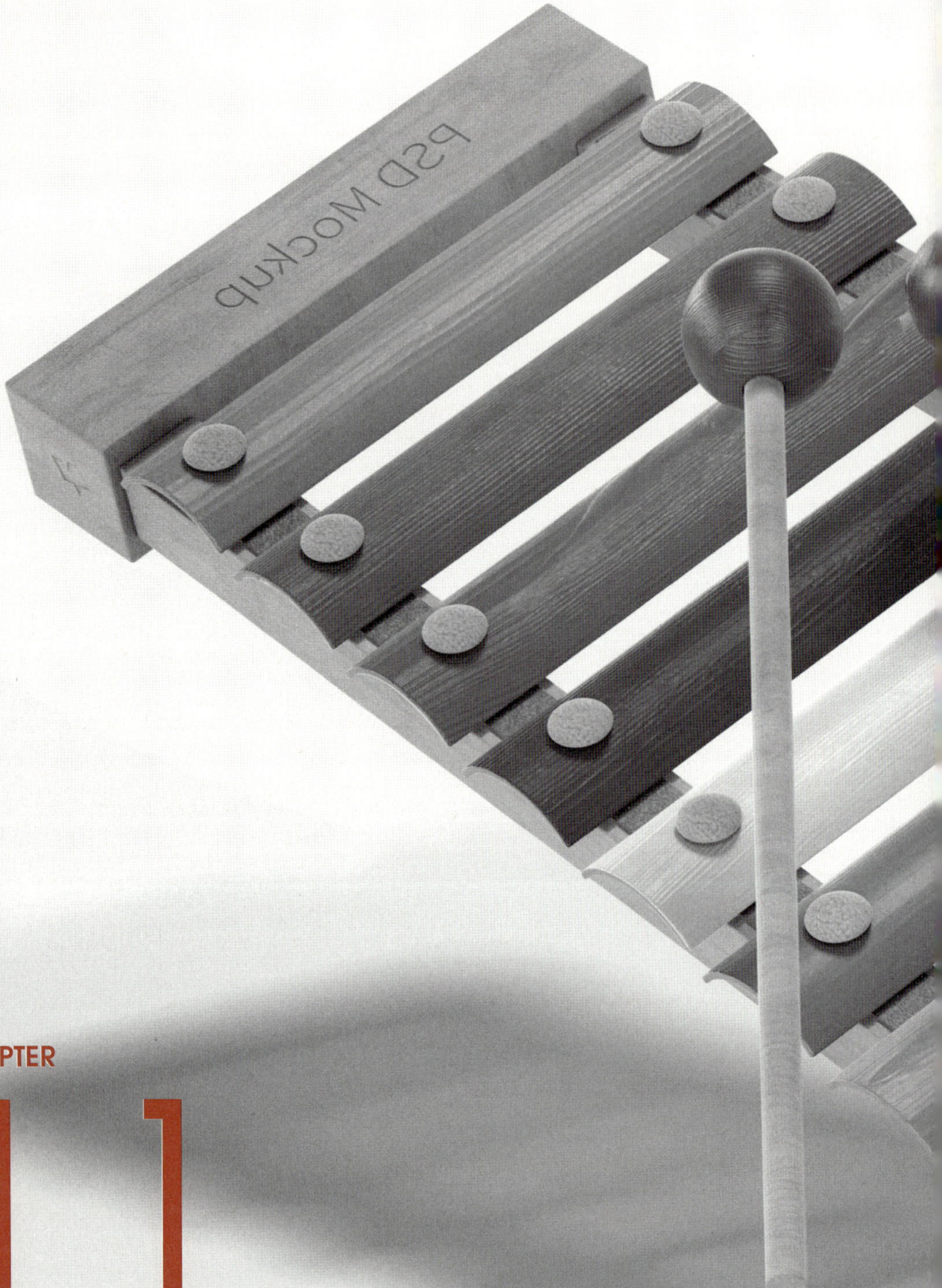

CHAPTER

11

중년 여성의 자기실현을 위한 심상 유도 음악치료(GIM) 4

사례 3. 착한 나는 이제 그만, 엄마인 나를 만나다!

1. 대상자 배경
2. 치료 과정
3. 치료자의 이야기

1. 대상자 배경

박은영(가명, 55세)은 어린이집 교사(전문 대학 졸업, 14년차)로, 아들들(28세, 26세)과 같이 살고 있다. 1991년 결혼, 2008년 갑작스런 남편의 2년 동안의 연락 두절로 법원의 절차에 따라 이혼하게 되었다. 결혼 생활(17년) 동안 남편은 기획 부동산을 했는데, 정기적인 수입원이 없었다. 가정 경제에 대한 약속을 밥먹듯이 어겼으나, 은영은 그래도 기대감을 가지고 아파트를 줄여 가며 생활해 왔다고 한다. 그러나 점점 더 남편의 폭력성도 늘고 나중에는 의처증 증세까지 보이며, 너무나 힘든 결혼 생활을 이어 갔다. 그러던 중 남편의 실종으로 인해 한부모가 되지 않으면 아이들을 키울 수 있는 여건이 안 되어 이혼을 결심하게 되었다.

은영은 지방이지만 유복한 형편의 가정에서 성장했으며, 2남 2녀 중 위로 오빠가 있고 밑으로 여동생, 남동생이 있다. 아버지는 지역 유지로, 동네에서는 존경을 받고 있었지만, 외부에서는 한량이라고 할 정도로 통이 큰 사람이었고, 가정에서는 가족을 긴장시키고 엄한 사람이었다.

특히 큰딸인 은영의 행동을 지나칠 정도로 억압하며 많은 규칙들을 만들어 지키지 않으면 불호령이 떨어졌다. 아버지는 매를 때리지는 않았지만 유난히 목소리가 커서 아버지의 고함소리에 은영을 비롯하여 온 가족이 쩔쩔매고 두려워하였다. 그런 아버지를 어머니는 정성껏 수발하였고, 어머니만 있으면 분위기가 좋았다. 은영의 기억으로 부부 사이도 별로 다정하지 못하였다. 자랄 때 형제간에는 서로 아껴 주는 형제였다.

은영은 현재의 감정적 어려움은 몇 해 전부터 체력이 많이 약해져 일할 때 힘들다 보니 예민한 경우가 많았다고 하였다(14년 전부터 당뇨약을 먹고 있다). 작은 것에도 욱하고 힘들어 호르몬제를 먹으니 욱하는 것이 조금 나아졌다고 하며, 왜 사는지 모르겠다며, 아이들의 위로가 위로가 되지 않는다고 하였다.

자주 무력감을 느끼고 살이 찌는 것도 속상하다고, 여자로 끝났다는 생각이 많이 든다고 하였다. 경제적 측면도 기본 생활은 하는데 여유 자금은 전혀 없고, 아이들도 아직 일정한 직업을 갖지 못했고, 임대 주택 혜택도 앞으로 못 받을까 불안하다고 하였다.

2. 치료 과정

내담자 사례는 상담 과정에서 녹취된 부분을 명확하게 전달하기 위해 수정 없이 기록됨을 밝힌다.

SESSION 1

은영은 첫 번째 세션을 시작하기 전, 요즘 어린이집 감사 관련 서류 작업이 너무 힘들다고 하며, 체력이 가장 문제인 것 같다고 하였다. 은영은 직장에서의 스트레스는 업무와 동료들과의 관계인데, 동료 교사들이 은영을 많이 시기한다며, 감정을 참고 있다가 의견을 말하려면 분노로 표현이 되는 것을 견딜 수 없다고 하였다.

은영은 평소에도 가슴이 답답하고 숨막히는 느낌이 자주 들어서 응급실을 여러 번 갔었으며, 당뇨약을 먹는데도 당이 잘 조절되지 않는 것 같다고 하였다. 예전 같이 않게 이곳저곳 관절들도 많이 아프다고 호소하였다. 은영은 3년 전에 완경되어 열감이 심해 호르몬제도 먹고 있다. 돌아가신 친정어머니도 당뇨 합병증으로 돌아가셨다고 하였다.

지금 에너지는 1~2 정도이며, 첫 시간이라 인텐션을 그냥 '나를 돌아보는 시간'으로 정하고 음악 프로그램은 'sun singer'를 사용하였다.

음악 세션이 시작되고 나서, 은영은 숨쉬는 게 힘들다며 신체 감각의 어려움을 이야기하였다. 세 번째 곡이 시작하자, 뭉게구름이 있는데, 태양이 있고, 구름이 태양을 둘러싸고 있으며, 무언가가 색깔로 감싸고 있다고 하며 희망적인 느낌이라고 하였다. 그 안에서 커다란 태양을 감싸는 색깔은 보라색 또는 핑크색 같기도 했는데, 둥근 태양도 주위를 감싸는데, 어두운 느낌은 아니고 아주 밝지도 않고, 해질 무렵의 느낌도 난다며 은영은 그 중간에 있다고 하였다.

마지막 음악 뒷부분에서 지금의 힘든 과제를 끌어올려 하늘로 몰고 올라가는 느낌이었는데, 돌아가신 친정어머니가 꿈에 나타나 모든 것을 당신이 다 가지고 올라간다고 하고, 여러 살림살이가 하늘로 올라가며 음성으로 본인에게 좋은 사람을 보내 준다고 했는데, 들려준 꿈 느낌과 비슷하다며 답답함을 끌어당겨 올라가는 느낌을 느꼈다고 하였다.

은영은 음악 세션이 끝나고 희망이라는 제목으로 만다라를 그렸다. 첫 번째 곡에서 은영은 음악이 와닿지 않았다며, 자신이 이상한 것인가, 하는 느낌이 들었다고 하였다. 두 번째 곡에서는 숨이 막히는 듯했다고 하였다. 세 번째 곡에서 은영은 전 남편이 사라지고 난리를 쳐도 자신은 언젠가는 이렇게 안 살 것이라는 강한 마음이 있었는데, 나이가 50살이 넘고 나더니 그런 마음이 사라져 가고 있다고 하였다.

첫 곡에 긴장하였다. 신기하리만큼 세 번째 곡 마지막 부분에서 갑자기 심상이 떠올랐다. 기분이 가라앉아 있을 때, 아이들에게서 생각지도 않은 좋은 소식을 들을 때의 기분이었다. 어머니가 포근히 안아 주는 기분이었다. 정신이 맑아진 느낌이었다.

길거리에 나앉게 된 상황이었어도 희망이 있었다. 지금이 상황이 더 좋아졌는데, 어느 순간에 그런 마음을 까맣게 잊고 있었다. 막연한 불안감이 있다. 예전처럼 완벽하지는 않지만 실마리를 찾은 것 같다.

음악 마지막 부분에서 은영은 자신의 고단이 모두 하늘로 올라가는 느낌이었다. 동아줄 같은, 햇무리 색깔도 마음에 들었다. 너무 자신을 자책하며 어리석게 살아온 것 같다고 했다. 방향을 잃어버린 것 같다며, 구름 위에 예수님이 지팡이를 집고 서 있었다고 했다. 에너지가 5 정도로 상승하였다.

MANDALA

- 검은 도화지에 주황색으로 풍선과 징검다리를 건너는 본인을 그렸다.

SESSION 2

은영은 음악 세션을 하기 전, 병원에서 처방해 준 약을 꾸준히 잘 먹고 있다며, 감정 변화도 많이 차분해졌고, 본인의 감정을 표현하는 것을 노력하고 있지만, 막상 시도하려면 머리가 하얘진다며, 아직 가슴 답답함이 완전하지는 않지만 많이 좋아졌다고 하였다. 인텐션을 '나를 느끼는 여행'으로 정하고 음악은 'unforgetting'을 사용하였다.

음악이 시작하고, 은영은 심상으로 바닷가인데, 왔다갔다하며 파도가 치고 있는 모습을 떠올리며, 아무도 없는 그곳을 바라보고 있는 본인은 외롭다는 느낌이 든다고 하였다. 치료자가 느낌을 물어보자, 울음을 터트리며 아무도 없고 하염없이 걸어가는데 아무도 자신을 몰라주는 것 같고, 마음이 그냥 슬픈 느낌이고 외롭다고 하였다.

신체 감각은 본인을 끌어당기는 느낌이며, 혼자가 아니라고 품어 주며, 슬퍼하지 말라고 위로하는 듯하다고 하였다. 두번째 음악이 끝날 때 무언가 빛을 비추는 느낌이고 저녁 같은 느낌이라고 하였다.

음악 세션 후, 은영은 첫 번째 곡에서 요즘 항상 생각하는 본인의 모습인 것 같다고 하며, 외롭고 모든 짐은 자신이 다 지고 가고 있다는 느낌이었으며, 두 번째 곡에서는 나팔 부는 하나님이 생기를 불어 주며 품어서 이끌어 주는 느낌이었다고 하였다.

마지막 곡에서는 주황색, 빨간색 같은 불이 위로 올라가는 것 같은 심상을 단계적으로 바라보고 있었다고 하였다. 은영은 '혼자가 아니다. 걱정하지 마라. 괜찮다'라는 위로를 받았다고 하며, 은영을 응원해 주는 몰랐던 힘이 있다는 것 알았다고 하였다.

MANDALA

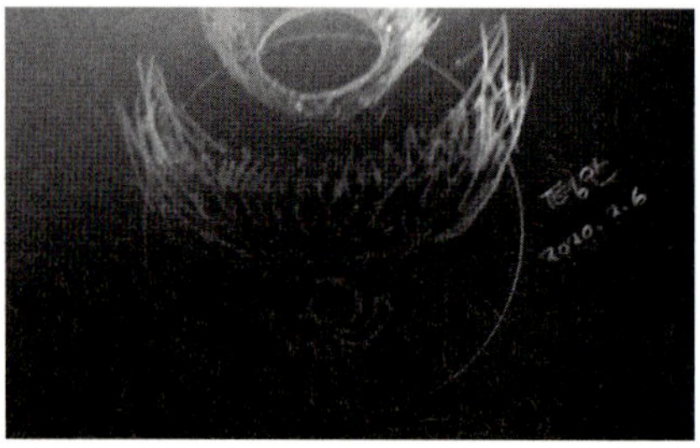

- 검은 도화지에 주황색으로 음악 세션에서 경험한 불이 올라가는 것을 그렸다.

SESSION 3

은영은 음악 세션을 하기 전, 오늘은 에너지도 2 정도이고, 힘이 너무 없다고 하였다. 가만히 생각해 보니 어린이집의 나이 어린 주임이 같은 반을 하자고 해서 스트레스를 받은 것 같다고 하였다. 그리고 그 주임은 감정 기복이 심하고 교사들 사이에서 은영을 자주 부담스럽게 한다고 하였다.

사람들과의 관계를 맺는 데 있어 부드럽게 잘되지 않는다고 하며, 답답함이 이는 것 같다고 하였다. 이번 세션의 인텐션을 그런 '내 안의 답답함을 바라보는 여행'으로 정하고 음악은 'unforgetting'을 사용하였다.

음악이 시작되고, 은영은 마음이 그냥 답답하였다가 들쑥날쑥하는 느낌이고, 화가 났다가 괜찮았다가 그런 느낌이고, 마음이 왔다갔다해 잘 모르겠다는 느낌이라고 하였다.

곡이 진행되면서, 은영은 본인을 그냥 간섭하지 말고 내버려두었으면 좋겠다는 마음이 든다며, 더 불안해지는 것 같다고 하였다. 곡이 바뀌고 은영은 음악 속의 새소리 같은 것이 은영을 약올리는 것 같다며, 본인들이나 잘하지 은영 본인은 내버려 달라고 애원하였다. 은영은 답답하고 쫓기는 기분이며, 너무 불안하고 굉장히 힘이 들다고 하며, 그만하라고 하고 싶고 반발심도 든다고 하였다.

계속해서 은영은 산불이 났을 때 연기가 타오르는 것 같이 답답하고, 본인을 계속 힘들게 하는 검은 연기 속에서 숨을 못 쉬는 느낌이며, 가슴이 폭발하는 것 같다고 하였다. 평소에도 사람들이 본인에게 관심을 안 가져줬으면 좋겠고, 혼자 있는 자신을 만만하게 보는 것 같다고 하였다.

곡이 바뀌면서, 사람들이 은영을 이야깃거리로 만들면 폭발할 것 같은 마음이 들며, 왜 본인이 타깃이 되는지에 대해 분노하였다. 은영은 넓은 곳이 보이는데, 누군가가 끌어당겨 못 들어가고 있으며, 그곳에 들어가면 편안해질 수 있는데 주저하는 것 같다고 하였다.

은영은 본인이 놓아도 될 것들을 못 놓은 것 같다며, 사람에 대한 불신감이 심해지는 것 같으며, 가슴이 터질 것 같다고 하면서, 본인은 사람들에게 정직하게 다가가는데 사람들은 자신을 이용하는 것 같다고 하였다. 그리고 그런 본인이 불안하고 답답함을 느낀다고 하였다.

음악이 끝나고 마지막 곡이 끝날 때쯤, 은영은 검은독수리 같은 것이 밑에서는 '날아가라' 하는데, 가슴은 답답했고, 주저하는 느낌이 많았으며, 은영을 괴롭히는 느낌이 들어 제발 이제 그만하라고 하고 싶었다고 하며, 지금은 답답함이 많이 괜찮아지고 가슴이 후련하다고 하였다.

은영은 본인 안에 분노가 왜 이렇게 많았는지, 꼭 누명을 썼을 때처럼 억울하다고 눈물을 많이 흘렸다. 음악을 듣다가 은영은 치료자 앞에서는 정직하고 싶다며, 중학교 2학년 때쯤 아파서 부모님 곁에서 자는데, 아버지가 은영을 성추행하려고 했었던 것을 치료자에게 이야기해야겠다는 생각이 들었다고 하였다. 어머니에게조차도 말하지 못한 일이고, 이 일이 있고 나서 아버지가 더 싫어졌다고 하였다. 아버지는 이중적인 사람이었다. Y시에서 은영의 집은 동네 사람들이 부러워하는 집이었다. 경제적으로 넉넉하고 아버지는 밖에서는 존경받는 사람이었지만, 은영이 초등학교 때 아버지가 바람을 피워 어머니가 쓰러진 적도 있었다고 하며, 어머니가 고통스러워하는 모습이 늘 불안했다고 하였다.

아버지는 자녀들에게도 자유를 주지 않았고, 외출 시간, 옷 종류 등 매사를 끊임없이 억압하였다. 은영이 20대가 되자 아버지는 부드럽게 대해 주었는데, 그것도 싫었다. 아버지 장례식 때는 가슴이 아팠지만 무덤덤했다고 한다. 은영은 요즘 감정이 잘 폭발한다며, 자신이 할 말은 다 했는데 예전만큼은 아니지만 후회가 들며 이러다가 본인 주위에 사람이 없으면 어떻게 하나, 본인이 단절시키는 것은 아닌가 하는 불안이 든다고 하였다.

MANDALA

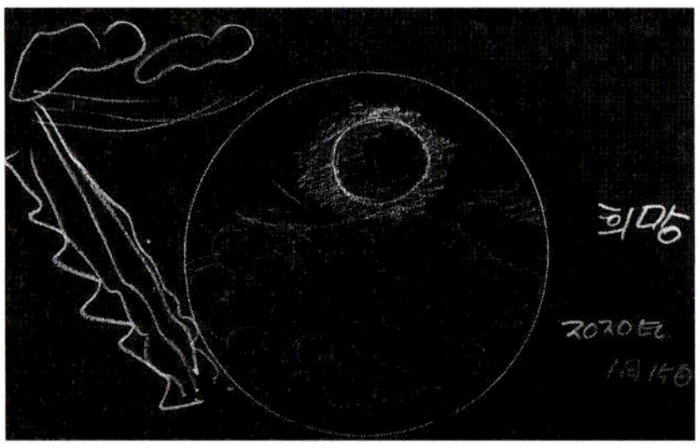

- 검은 도화지에 보라색으로 징검다리를 그리고, 주저하고 뒤로 가는 본인을 그리고, 제목을 '분노'라고 썼다.

SESSION 4

은영은 음악 세션을 하기 전, 사람 사이에 관계 맺기가 제일 힘들다며, 감정을 담아 두는 것 같다고 하였다. 답답할 때는 눈물이 먼저 난다며, 어릴 때도 눈물이 많아 별명이 '짬보'였다고 하였다.

은영은 친정에서 자랄 때는 형제들 사이에 우애가 깊은 줄 알았는데, 요즘 보니 진정되게 서로를 위해 주는 것이 없다고 하였다. 그리고 그냥 자신의 가족은 감정 표현이 없는 조용한 집안인 줄 알았다고 하였다. 감정을 표현하려면 화가 밀려 오는 것 같다는 은영의 이야기에 인텐션으로 '분노를 밀어내기'로 정하고, 음악 프로그램은 'anger 1, 3, 2, insert : Air in G'를 사용하였다.

음악이 시작되자, 은영은 쫓기는 것 같은 다급한 느낌이 든다며, 무리들이 말을 타고 쫓아온다고 하였다. 은영을 내버려뒀으면 좋겠다며, 잡힐 듯 말 듯 성으로 바로 밀고 들어올 것 같다고 하였다. 은영은 무리가 성으로 안 들어왔으면 좋겠다고 하면서, 그냥 숨이 막힌다고 하며, 답답함이 은영을 짓누르는 것 같아 쫓아오는 사람에게 폭탄을 터트리고 싶을 만큼 그 정도로 귀찮다고 하였다.

쫓아오는 사람에게 "그만하라고"라며 크게 소리쳤고, 항상 피곤한데 자신을 그냥 놔두면 되는데 복잡하게 한다고 표현하였다. 은영은 안정감을 느끼고 싶은데 의지할 수 있는 사람이 옆에 아무도 없다며, 다 남이라고 본인이 불쌍하다고 하였다.

또한 그런 것을 알면서도 마음을 못 다스리는 자신이 불쌍하다고 하며, 본인을 위해 나타났으면 진정으로 본인을 위해 주어야지 모두 자신을 속인다고, 자기들밖에 모르는 사람들에게 분노가 느껴진다고 하였다. 그런 사람들이 안 다가왔으면 좋겠고, 스스로 방어할 힘도 없고, 그들에게 이기적으로 살지 말라고 말하고 싶다고 하였다. 은영은 사람을 만나면 처음에는 멀리 밀어내지만 속을 때도 많고 알면서도 당하면서, 끊어 내지를 못해 본인이 바보 같고 처량하다고 하였다.

은영이 이런 자신에게 하고 싶은 말은 "은영아, 네가 생각하는 사람이 나타날 거야. 진심으로 아껴 주는 사람이 나타날 거라고"라며, 그러면 가슴 답답함이 조금 편해진다고 하였다. 조금 전 은영을 밀어주는 세력이 돌진하고 있었는데, 지금은 본인을 성처럼 에워싸고 지켜 주고 있다며 음악 세션을 마무리하였다.

음악 세션이 끝나고, 은영은 '보호'라는 제목의 만다라를 그렸다. 무언가를 알아가는 것 같은데 정신이 없고 답답하다고 하며, 감정이 복잡하다고 하였다.

MANDALA

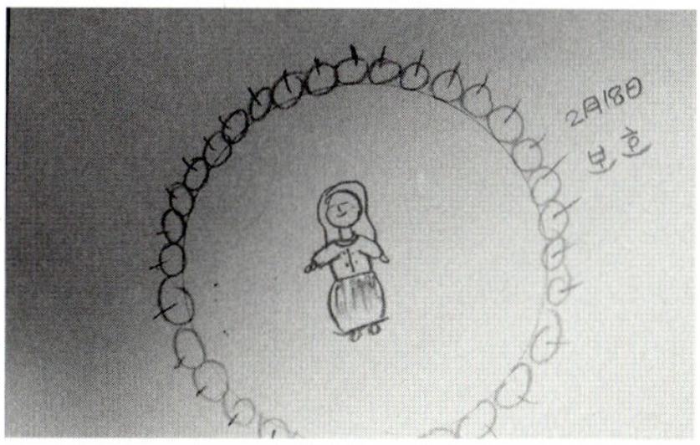

- 하얀 도화지에 보라색 성을 쌓고, 본인은 빨간색으로 그렸다. 제목은 '보호'이다.

SESSION 5

세션을 시작하기 전, 은영은 무언가를 본인이 결정해야 할 때 숨이 막히고 우울해진다고 하였다. 이제까지 어차피 감당해 왔는데도 생각하면 기분이 무거워진다고 하며, 스스로를 속이며 다른 사람의 기분을 맞춰 주는 자신이 이중적으로 느껴진다고 하였다.

특히, 이성에 대한 문제에 있어서 무시당하는 느낌이 강하고, 상처받을 것 같은 선입견을 가지고 앞서 경계심을 가지게 된다고 하였다. 본인도 이런 본인의 마음이 왜 그런지 모르겠다고 하며 답답하다고 하였다. 왜 나는 남을 의식하는지 모르겠다고 하며, 본인의 '내면의 힘을 바라보는 여행'을 인텐션으로 갖고 가고 싶다고 하였다. 음악 프로그램은 'death bach'를 사용하기로 하였다. 치료자가 지금의 에너지를 묻자 6 정도이며, 은영은 나른하고 잠이 온다고 하였다.

음악이 시작되자, 은영은 잠이 몰려온다며 깊은 수면을 하였다. 중간에 깜짝 놀라 잠깐 깨기도 했지만 대체적으로 계속 수면 상태였다.

은영은 음악 세션이 끝나고 '탈출'이라는 제목으로 만다라를 그렸다. 집을 그린 이유는 본인도 모르게 그렸다며, 본인이 옮겨가는 느낌인데 그리기 힘들다었다고 하며, 비행기를 타고 어디를 가는 것 같은 느낌이었다고 하였다.

은영은 잠들지 않으려 했는데 코를 골고 본인도 모르게 잤다며, 어딘지는 모르겠지만 본인을 탈출시키는 느낌이었다고 하였다. 음악이 무게감이 있고, 비행기 같은 게 은영을 옮기는 느낌이었으며, 잠이 들어 말로 표현은 못했지만 느낌은 있었다고 하였다.

예전의 은영은 스스로를 넉넉한 시선으로 바라보고 화내는 일도 없었는데, 요즘은 자신이 아닌 무언가가 자기 안에 다른 자기가 있는 느낌이며, 여리다가도 독해질 때가 있다고 하였다. 결혼해서 남편과 살면서 이렇게 됐나 생각했는데 GIM 후 혼돈스럽다고 하였다.

은영은 친정아버지를 생각하면 좋은 추억이 없다고 하며, 은영이 초등학교 5~6학년 때쯤 알약을 못 삼킨다고 은영이 비참하게 여길 정도로 소리를 질러 무척 억울했다고 하였다.

중학교 때는 은영이 대상 포진에 걸려 병원에 데리고 가는데, 그때 아버지한테 받은 냉정한 기운은 지금도 느껴질 정도라고 하였다. 그리고 아버지는 외손주들을 좋아하지 않았다며, 은영의 여동생이 잘살 때는 여동생을 추켜세우기도 했다고 하였다. 은영은 아버지가 돌아가셨을 때는 어머니가 돌아가셨을 때와는 느낌이 완전 달랐다며, 눈물은 났지만 죄책감이 들 정도로 담담했다고 하였다.

은영은 꿈을 꾸면 무언가에 빨려드는 꿈을 많이 꾼다며, 사람이 나타나고, 가위로 은영의 머리를 자르는 소리가 싹둑싹둑 들린다고 하였다.

음악 세션 후의 느낌은 답답함은 조금 좋아졌지만 혼돈스럽다고도 하였다.

MANDALA

- 하얀 도화지에 회색으로 집을 그리고, 사람은 파란색으로 그렸다.

SESSION 6

6회기 세션을 시작 전, 은영은 본인의 결혼 생활은 남편의 허상을 붙들고 살았다고 한다. 전남편이 2년 동안 연락이 되지 않아 아이들을 키우고 생활을 해야 하는 경제적 어려운 현실 때문에 이혼을 결심했다고 하며, 남편이 실종되지 않았다면 이혼도 결정하지 못했을 것이라고 하였다.

은영은 다른 사람들의 말이나 행동에 자신이 흔들리고 분노가 올라오는 것에 대해 스트레스를 많이 받는다고 한다. 은영은 이제까지는 본인이 착하고 순한 아이인 줄 알고 순종이 편하고 시키는 대로 하면 마음이 편했다며, 다른 사람들에게 좋은 모습으로만 보이고 살았는데 이제 생각하니 순종이 아니라 복종하는 딸이었다고 하였다.

GIM 세션 후, 자신의 감정에 대해 화내고 긴장하지 않고 이야기하려 노력하고 있다며, 오늘 어린이집에서도 평소 은영에게 비아냥대기를 잘하는 동료에게 바로 화를 내지 않고 자신의 감정을 표현하였다고 하였다. 그런데 그렇게 말하고 나서도 마음이 괜찮았다고 하였다.

은영은 자신에 대해 이야기할 때 가슴이 답답하다고 하였다. 이런 혼돈스러운 자신을 음악 안에서 다루었으면 하는 바람이 있어 인텐션을 '혼돈스러운 나를 바라보는 여행'으로 정하고, 음악 프로그램은 'abandment bonding'을 사용하였다.

음악이 시작하자, 은영은 하늘에 일률적으로 뭉게구름이 보이다가 반듯한 뭉게구름이 아닌 커다란 뭉게구름이 잔잔한 구름을 치고 들어와 일률적인 뭉게구름을 덮는 듯하다며, 무언가 스쳐지나가는 느낌인데, 무언가 껴안고 있다가 떨어뜨리는 것(분리) 같은 불안한 느낌이라고 하였다. 신체 감각은 긴장될 때처럼 가슴이 두근되고 중압감을 느끼며, 가슴도 답답하고 음악 소리도 답답하고 재촉하는 것 같다고 하였다.

곡이 바뀌자, 은영은 갈라진 곳의 양끝 지점에 서 있는데, 밖은 낭떠러지이고, 굴속 같은 곳의 마지막 끝자락에 있는데, 하늘이 보인다고 하였다. 밝은 하늘인데 해결되지 못한 것이 있는 것 같아 답답하다고 하였다.

곡이 바뀌면서, 은영은 모르는 많은 사람들이 트렁크를 들고 다급하게 어디론가 가고 있는데, 성문 같은 게 닫혀 멈춘 상태라며, 그 안에서 무슨 일이 있는지 아무도 안 나서서 힘겨운 은영이 해야 될 것 같다고 하였다. 다섯 번째 곡이 바뀌자, 은영은 갑자기 졸린데 무지개 색깔의 화려한 매트가 환하게 보인다고 하였다. 밝은 느낌인데, 약간 졸립기도 하다고 하였다.

음악 세션이 끝나고, 은영은 잠깐 잤는데 가뿐하고 가슴 답답함은 조금 좋아졌는데, 머리는 복잡하다며, 마음의 짐을 벗으라는 것인데 아직 잘 모르겠다고 하였다.

MANDALA

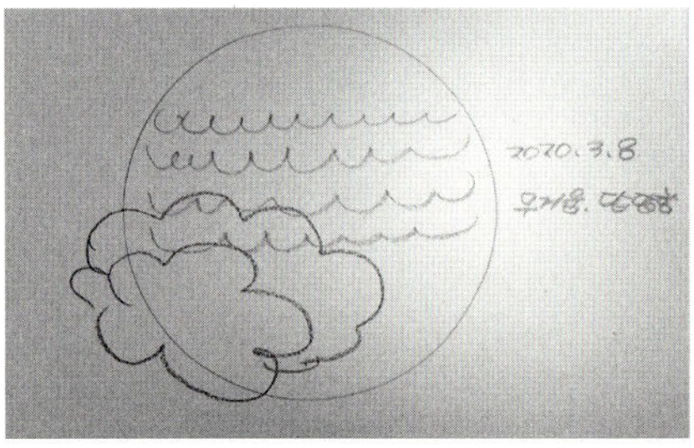

- 하얀 도화지에 파란색으로 구름을 그렸다. 제목은 '무거움, 답답함'이다.

SESSION 7

음악 세션을 시작 전, 은영은 오늘 직장에서 평소와 다르게 주임에게 다른 교사의 생일 축하 사진 작업을 본인이 도와줬다고 말하니 마음이 괜찮았다고 하였다. 지난 세션에서 외국인 같은 많은 사람들이 트렁크를 끌고 어딘가로 가고 있던 침울한 모습이 궁금하고, 그들이 끌고 가고 있던 짐이 무엇인지 알고 싶기도 하다고 하였다.

요즘 나이를 먹어 가면서 체력적으로 힘들고, 노후도 걱정되고, 무엇보다 본인 스스로 여자로서도 끝나가는 느낌이라며, 아들들에게도 짐이 될까 걱정된다고 하였다. 며칠 호르몬제를 먹지 않아서 오늘은 하루 종일 얼굴의 열감 때문에 힘들었다며, 어젯밤 잠을 많이 못 자서 머리가 띵하다고 하였다. 인텐션을 '내 마음의 짐을 찾아보는 여행'으로 정하고, 음악 프로그램을 'bearing wittness'을 사용하였다.

음악을 시작하자, 은영은 심상으로 어떤 여자아이가 아기를 업고 빠른 걸음으로 어디인가를 가는 것 같은데, 고개를 숙이고 있어 좀 답답하다고 하였다. 안쓰러워 보이고, 둘 다 불쌍해 보인다고 하였다. 은영은 그 아이를 집에 데려가서 따듯하게 해주고 싶고, 아기를 업고 있는 아이를 위로해 주고 싶다고 하였다. 그 아이에게 희망을 주고 싶고, 괜찮을 것이라고, 혼자가 아니라고, 너를 도와주는 사람이 많다고 걱정하지 말라고 이야기해 주었다고 하였다.

곡이 바뀌고, 은영은 하늘에 아빠, 엄마, 어떤 가족들이 얼굴만 보이는데, 되게 행복해 보이고, 부럽기도 하다고 하였다. 은영도 그렇게 되고 싶다고 하였다. 곡이 바뀌고, 은영은 호수를 바라보는 사람들을 심상으로 보기도 하였다. 다섯 번째 곡에서, 은영은 하늘에서 음악이 그 아이를 달래 주는 것 같다고 하였다. 마음은 무겁다고 하였다. 고생하고 힘들었던 본인을 울면서 위로해 주었다.

음악이 끝나고, 은영은 '걱정하지 마라. 너를 꼭 도와주리라'라는 제목으로 만다라를 그렸다. 옛날 《검정 고무신》에 나오는 단발 상고머리에 하얀 저고리, 검정 광목 치마, 검정 고무신을 신은 아이가 포대기로 아가를 업고 있는 모습이 본인 같다고 하였다.

은영은 감정이 세션 안에서 이랬다저랬다 해서 웃음이 나온다며, 만다라의 아이가 어머니를 기다리는 듯하다며, 무언가 어머니에게서 채워지지 못한 게 있는 것 같다고 하였다. 어머니는 겉으로만 강한 척했지, 은영에게 많이 의지했고, 아버지만 바라보는 어머니가 불쌍하기도 해서 은영까지 어머니를 힘들게 해서 안 된다는 생각이 늘 있어, 어머니에게 본인의 힘든 감정을 표현하지 못했다고 하였다.

은영은 그동안 죽고 싶은 생각을 많이 했는데 아이들 때문에 실행하지 못했다고 하였다. 평소에 은영은 본인을 사랑한다는 것은 이기적인 생각이라고 알았다며, 자신을 사랑하는 게 무엇인지 잘 모르겠다고 하였다.

마지막 곡을 들으며, 찬송가 중 '너를 놓치 않고 품어 준다'는 내용의 곡이 떠올랐다고 하였다. 신체 감각은 가슴의 답답함이 열어지는 느낌이며, 머리의 통증은 해소되었다고 하였다. 은영은 위로는 자신이 자신한테 해줘야 하며, 짐도 자신이 내려놔야 한다는 것을 알았다고 하였다.

MANDALA

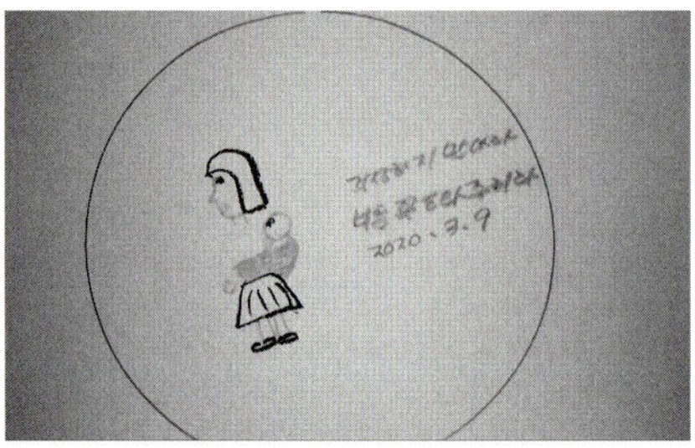

- 하얀 도화지에 검은색 치마와 노란색 상의를 입은 소녀가 주황색 포대기로 아이를 업은 모습을 그렸다.

SESSION 8

음악 세션을 시작하기 전, 은영은 심상에서 계속 쫓기는 느낌이 삶에서 연관되는 것으로 무엇이 있는가 하는 치료자의 질문에 직장에서 일할 때 동작이 느리다는 이야기를 몇 군데에서 들어서 그 말이 항상 의식된다고 하며, 복잡한 느낌이 들 때 더 쫓기는 느낌을 가진다고 하였다.

은영은 타인에게 부정적 이야기를 들으면 마음에서는 복잡한 느낌이 끓어오른다고 하며, 주로 화가 많이 난다고 하였다. 어릴 때도 본인이 좋아하는 음식을 사촌

들이 다 싸가는 것을 보고도 말하지 못하다가 나중에야 울면서 어머니에게 이야기했다고 하며, 자기 것을 주장해 보거나 한 기억이 별로 없다고 하였다. 예전에는 착하다는 게 편하였다고 하였다.

은영은 GIM을 경험하고 나서 본인 안에 있는 끓어오르는 불편한 감정들이 혼돈스럽다고 하였다. 착하다는 게 이렇게 힘들지는 몰랐다고 하였다. 인텐션은 '짐을 내려놓고 나를 찾는 여행'으로 정하고 음악은 'relationship'을 사용하였다.

음악이 시작되자, 은영은 폭포가 웅덩이 같은 데서 솟아올랐다가 다시 웅덩이로 들어가 휘몰아치는 듯하다며, 가슴이 답답하다고 하였다. 재촉받는 느낌도 있다고 하며, 아버지가 생각난다고 하였다. 아버지는 당신밖에 모르고, 항상 가족들을 재촉하고 윽박질렀으며, 그 말투가 너무나도 싫었다고 하였다. 감옥에서 산 것 같았다며, 남들이 하는 것도 못하고, 그런 본인이 불쌍하기도 하고 답답했겠다고 하였다.

곡이 바뀌고, 은영은 먼산에 하얀 눈이 쌓인 게 보이는데, 동그라미 안에 있는 것 같다고 하였다. 중심을 못 잡는 것 같은데, 본인의 중심은 아이들이라고 하였다. 마지막 곡에서 은영은 대나무 바구니 안에 질서정연하게 정리된 원목 같은 나무토막이 있다고 하였다.

음악 세션이 끝나고, 은영은 대나무 바구니를 그리다가 아버지 생각이 났다며, 아버지는 항상 깔끔하고 손재주가 좋았다며, 그러고 나니 우울하다고 하였다.

은영은 세션 중 세 번 정도 소스라치게 놀랐다며, 아버지는 화가 나면 소리를 천둥같이 고래고래 질렀다고 하였다. 은영의 착한 것은 자랄 때 어머니가 칭찬을 많이 했고, 그리고 주변에서 만들어진 모습이라고 하며, 그런 은영에게 아버지는 답답하다는 말을 많이 했다고 한다. 착한 자신이었는데 GIM을 하고 혼돈스럽고 여기서 멈췄으면 좋겠고, 놔 버리고 싶다고 하였다.

은영은 본인이 자신도 답답하게 살았고, 사각 틀에서 벗어나 틀을 깨고 싶다고 하였다.

• 검은 도화지에 빨간색으로 대나무 바구니를 그렸다. 제목은 '답답함'이다.

SESSION 9

음악 세션을 시작하기 전, 은영은 치료자가 지난 세션 심상에서 아기를 업고 있는 아이를 생각하면 어떤 느낌이 들었느냐는 질문에 안쓰럽다고 하였다.

업고 있는 아기는 그 아이의 동생인 것 같고, 아이는 초등학교 저학년 정도인 것 같았다고 하였다. 치료자가 아기를 업고 있는 그 아이가 자유로워지는 경험을 하고 싶은지, 아니면 한 인간으로 어머니인 자신의 힘을 경험해 보고 싶은지 묻자, 어머니의 힘을 경험하고 싶다고 해서 인텐션을 '한 인간으로 어머니인 자신의 힘을 경험하는 여행'으로 결정하고, 음악 프로그램은 'secret garden(long)'을 사용하였다.

음악이 시작되자, 은영은 연한 주황색이 산 위에 펼쳐진 느낌이라고 하며, 빛이 뜨거운 느낌이라고 하였다. 곡이 바뀌고, 짙은 파란색의 색깔을 느끼며 무언가를 간절히 갈망하는 듯하다가 마음속으로 접는 느낌이 안타깝다고 하였다. 세 번째 곡에서 많은 아이들이 소꿉놀이를 하는데, 그들의 느낌이 운동을 하고 난 느낌이라고 하였다. 피아노 음악이 시작되자 은영은 잠이 들었다.

음악 세션이 끝나고, 은영은 만다라를 그리면서도 너무 졸린다고 하며, 산 위의 주황색이 (만다라에 쓰인) 이 색보다 조금 다운된 색이라고 하였다. 주황색의 뜨거움이 따뜻함보다는 강하고 뜨거움보다는 약간 약하다고 하며 기분 나쁘지 않다고 하였다.

은영에게는 어머니로서 아이들은 삶의 모든 것이었고, 자신의 중심이라며, 아이들을 방어하기 위해서는 그 어떤 것이라도 강하게 맞설 수 있고 어머니로서의 책임감이 있다는 것은 자부할 수 있다고 하였다.

아이들도 은영을 멋있고, 다른 어머니들 같지 않게 젊어 보이는 은영이 좋다고 한다. 특히, 둘째 아들이 사춘기 때 말썽을 많이 일으켰지만 어머니가 자기를 믿어 주어서 감사하다는 말을 들었다고 하였다. 느낌은 답답하지 않고 편하다고 하며, 어머니로서 본인을 이야기하고 나니 자신이란 느낌이 온다며, 어머니로서의 본인의 힘은 강함이라고 하였다.

MANDALA

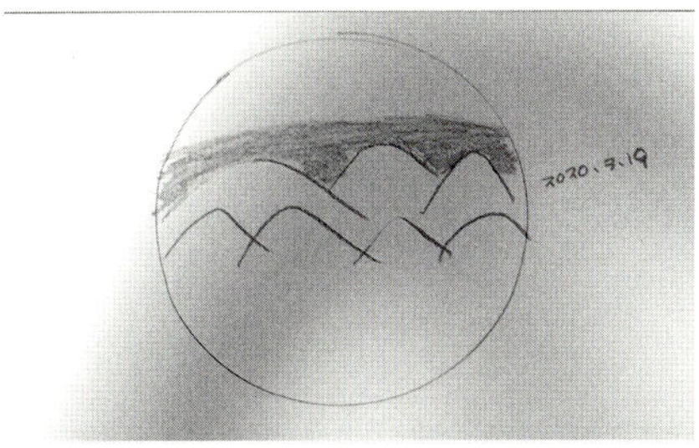

- 하얀 도화지에 초록색으로 산을 그리고, 주황색으로 뜨거움을 그렸다.

SESSION 10

음악 세션을 시작하기 전, 은영은 치료자의 지난 세션 심상에서 산 위의 연한 주황색은 어떤 느낌이었냐는 질문에 그냥 빛이었던 것 같다고 하였다.

은영은 지난 세션 이후 생각이 정리가 된 것 같다고 하였다. 어머니로서 자신 안에 아이들을 향한 강함이 있는데, 다른 상황에서도 그렇게 다가가면 될 것 같은 느낌으로 와닿는다고 하였다. 치료자가 오늘도 어머니로서의 내면의 힘을 더 경험하는 시간을 가지면 어떻겠냐고 제안하자 흔쾌히 경험해 보겠다고 하였다. 일지를 써야 하는 부담감은 있지만 에너지가 평상시 일요일보다도 좋다고 하였다.

인텐션은 '어머니로서의 강한 내면의 자신을 경험하는 여행'으로 정하고 음악 프로그램은 'life blood'를 사용하였다.

음악이 시작되자, 은영은 심상으로 바다에 배가 있고 하늘에는 구름이 있는데,

구름 사이로 해가 보인다고 하였다. 물이 흐르는 계곡인데, 은영은 앉아서 물이 흐르는 계곡을 보고 있으며 편안하다고 하였다.

옆에는 나무가 우거져 있고, 새소리도 나고, 맑은 물을 보니 피곤함이 없어지는 느낌이라고 하였다. 곡이 바뀌고, 은영은 온화함 속에 무언가를 품고 있는 듯하며, 재우는 느낌도 든다고 하였다. 사람들이 잔디에 둥굴게 모여 각자 체조를 하는 모습도 보이고, 시골길 같은 느낌의 길을 심상으로 보았다고 하였다. 편안하고 경쾌한 느낌이 든다고 하였다.

마지막 곡에서, 은영은 등산로 같은 곳의 계단에서 누군가가 나뭇잎을 쓸어 놓은 듯하다고 하며, 깨끗해져서 기분이 좋다고 하였다.

음악 세션이 끝나고, 은영은 '새로운 출발'이라는 제목으로 만다라를 그렸다. 누군가가 본인을 위해 나뭇잎을 쓸어 놓은 듯하다며, 은영이 앞으로 올라갈 수 있게 해놓은 듯하다고 하였다.

은영은 그 자신이 홀로 서려는 듯한 느낌도 있고, 기분도 나쁘지 않았다며, 혼자만의 휴식을 원하는 것 같다고 하였다. 회오리가 쳐도 자신 안에서 견디어 보겠다면서, 큰아들의 노트북 바탕 화면에 평온한 바다의 그림이 있는데, 거기에 '가족들과 해외여행 가기'라고 적혀 있었다며 꼭 가고 싶다고 하였다.

은영은 갑자기 김종민과 은지원이 떠올랐다고 하더니 엉뚱한 것 같다고 하였다. 느낌은 편안한 느낌이며, 이 전 세션에서는 슬프고 외롭고 자기 자신이 불쌍했는데, 이번 세션에서는 색깔이 완전히 다른 본인을 보는 것 같다고 하였다. 혼돈스럽지도, 힘들지도 않고, 자신 안에도 이런 행복감과 평온함이 있었다며 무언가 새로운 것에 도전하고 싶은 힘도 있다고 하였다.

MANDALA

- 하얀 도화지에 고동색과 주황색으로 나뭇잎을 그리고, 계단도 그렸다.

3. 치료자의 이야기

은영은 아버지의 이중적인 상황에 대한 심상을 경험을 통하여 떠올리고, 자신의 이중적인 잣대를 그림자의 자각이 이루어지면서 혼란스러워하기도 하였다. 현재 삶의 문제는 과거 원가족과의 해결되지 않은 관계성과 연관되며, 이것이 부모 혹은 형제간의 잘못된 관계에서 지속적으로 유지되어 나타남을 알 수 있었다.

은영은 혼란이라는 형태로 저항을 경험하는 가운데, GIM의 경험을 통해 어머니의 페르소나 안에 있는 자신을 경험하면서 가장 자신답다는 것을 확인하고, 그 힘을 외부의 사회적인 관계에서도 사용하면 더 자유롭고 자신다울 수 있다는 인식을 갖게 되었다.

SUMMARY

- 은영은 직장에서 자주 화를 내는 자신에 대해 혼란스러워하며 GIM 세션을 통해 어린 시절 보호받지 못하고 지지받지 못한 자신의 그림자를 자각하였다. 세션 안에서 쫓기고 불안하고 답답함을 느끼며, 과거 아버지와의 부정적 관계를 표출하고 해소하였다.
- 어머니로부터 착한 딸이라는 페르소나로 살아온 자기 정체성에 혼란을 경험하기도 하며, 어머니인 자신을 돌아보고 자기에 대한 인식을 가져왔다.
- 은영은 어머니일 때 가장 자신답고 논리적이고 당당하고, 자신을 표현할 수 있는 자신이라는 것을 경험하였다.

생각해 볼 거리

1. 은영의 아니마, 아니무스의 통합의 과정에 대해 생각해 봅시다.

2. 어머니가 아닐 때의 은영에게는 어떤 과정이 필요한지 생각해 봅시다.

CHAPTER

12

중년 여성의 자기실현을 위한 심상 유도 음악치료(GIM) 5

사례 4. 독립적이고 자유로운 나를 만나다!

1. 대상자 배경
2. 치료 과정
3. 치료자의 이야기

1. 대상자 배경

정미옥(가명, 59세)은 3년 전(2017년) 남편이 췌장암으로 사망하였다. 결혼 생활 31년만인 2015년 발병하여, 2년간의 투병 생활을 하다가 회복하지 못하였다. 1년여 전부터 남편과 살던 K시에 사는 큰딸의 집에서 손자(5세)를 보살피며 같이 살고 있다. 작은딸(25세)도 그 집에 같이 기거하며 직장생활을 하고 있다. K시에 있는 남편이 남기고 간 부동산이 팔리면 작은딸과 같이 집을 마련하여 옮길 계획을 갖고 있다고 하였다.

치료자를 처음 만난 날, 미옥은 많이 긴장한 모습을 보이며, 눈망울에는 금방이라도 눈물이 떨어질 것 같은 슬픈 모습이었다. 치료자와 이야기를 하면서도 눈물을 자주 보이고, 남편 사망 이후 밖에 나가는 게 창피하기까지 하다고 말하였다.

미옥은 지방 H에서 출생해서 중학교를 졸업했고, 농사를 짓던 아버지가 자녀들의 교육 때문에 B시로 이사를 했다. 형제간은 2남 2녀이고, 미옥은 맏딸이며, 형제간의 우애는 지금도 좋다. 미옥의 바로 아래로 남동생(56세)과 여동생(53세), 그리고 결혼하지 않고 어머니(83세)와 기거하는 남동생(51세)이 있다. 아버지(64세 사망)는 말이 없었지만 미옥과의 관계는 좋았다.

미옥의 어머니는 시장에서 장사를 했는데, 자식들을 다그치는 성격에, 욕도 잘하고, 특히 미옥에게 집안일과 동생들을 돌보게 시켰다. 어머니는 잔잔한 정이 없었다.

미옥은 남편과는 중매로 결혼하게 되었다. 남편은 3남 1녀 중 장남으로, 시아버지의 생활에서 무능함을 절실히 느껴 본인은 평생을 근검절약하며 알뜰하게 살았다. 결혼 생활을 하면서 남편하고는 특별히 힘든 점은 없었다.

미옥의 남편은 암 선고를 받고 나서 5가지 장기를 제거하는 수술을 하고, 식이요법으로 많이 호전되었었다. 그때는 남편이 신앙이 없어서 회복되면 같이 하나님의 일을 하겠다고 그렇게 간절히 기도했는데, 남편이 죽고 나니 하나님이 원망스러웠다. 요즘도 남편이 시도 때도 없이 보고 싶다. 남편이 죽고 나니 사람들이 미옥을 무시하는 것 같고, 자기편은 아무도 없는 것 같아 슬프다고 하였다. 남편이 워

낙 근검하게 살며 모아 둔 재산이 있어 미옥은 그것을 상속받아 경제적으로는 어려움이 없다.

2. 치료 과정

내담자 사례는 상담 과정에서 녹취된 부분을 명확하게 전달하기 위해 수정 없이 기록됨을 밝힌다.

SESSION 1

첫 번째 세션을 시작하기 전, 미옥은 남편이 가고 나서 죽고 싶다는 생각도 많이 했다며, 밖에 나가기도 창피하고 잠잘 때를 제외하고는 남편이 너무 보고 싶다고 하였다. 그 누구의 위로의 말도 진정한 위로가 되지 않았고, 자살한 친구의 이야기를 한 아들의 전화만이 위로가 되었다며, 슬프기만 하다고 하였다. 그래도 음악 세션을 해보겠다고 해서 인텐션을 '나의 삶을 돌아보는 여행'으로 정하고 음악 프로그램은 'sun singer'를 사용하였다.

음악이 시작되자, 미옥은 편안함을 느끼며 안개 같은 뿌연 색깔이 느껴진다고 하였다. 두 번째 곡이 시작되자 미옥은 계속 흐느껴 울며 세 번째 곡까지 숨을 몰아쉬며 슬퍼하였다.

음악 세션이 끝나고, 미옥은 세 번째 곡에서 갈매기가 날아다니는 심상이 떠올랐다며, 만다라의 제목을 '새'로 쓰며 평생 산동네만 살았는데 이상하다고 이야기하였다.

미옥은 손자 재롱을 보면 슬픔을 잠깐 잊지만, 손자가 말을 잘 안 들으면 언제까지 이렇게 살아야 하나 하는 생각이 들을 때도 있다고 하였다. 친정어머니가 말은 거칠게 해도 매일 전화를 해주고 있으며, 자신의 지원군인 것 같으며, 남편을 사별한 미옥의 마음을 제일 잘 알아주는 것 같다고 하였다.

첫째 곡에서는 먹먹했고, 두 번째 곡에서는 슬픔만 느꼈으며, 세 번째 곡에서는 자신이 하늘로 날아가는 듯한 기분이었다고 느낌을 말하였다. 이제 앞으로는 슬픈 일이 없었으면 좋겠다고 하며, 기분도 차분해지고 괜찮다고 표현하였다.

MANDALA

- 하얀 도화지에 '새'라는 제목으로 초록색의 새를 그렸다.

SESSION 2

두 번째 세션을 시작하기 전, 미옥은 어젯밤에도 잠을 못 잤다고 하며 평소에도 수면의 질이 안 좋다고 하였다.

미옥은 지난 음악 세션에서 광고에서 나오듯 아이들이 팔을 벌리고 오는 듯한 장면이 보였으며, 갈매기도 황새만큼 큰 새였다고 하였다.

인텐션을 이야기해 보자는 치료자의 말에 미옥은 답답한 게 있다고 하였다. 지방에 있는 집과 상가를 거의 3년 전쯤 매매하려고 부동산에 내놓았는데, 아직도 처분이 되지 않아 기도는 하고 있지만 하나님에게 맡긴다고 하면서도 묵묵부답인 것 같아 답답하다고 하였다. 치료자가 다른 경우에도 답답함을 느낄 때가 있냐는 질문에, 큰아이가 4살 때 이웃의 전도를 받아 교회에 다니게 되었는데 시부모와 남편의 반대가 심했다고 한다.

사이비 종교를 믿고 있던 시어머니는 미옥의 집을 와서도 옆방에서 중얼거리며 주문을 외우듯 하면 가슴이 답답하고 편치 않았다고 한다. 시어머니는 여행을 가서도 같은 행동을 했는데, 남편도 불편해 했지만 제지하지 않았고, 시아버지 사후에 남편은 장남으로서 시댁의 큰일은 혼자서 다 부담했으며, 시어머니에게 효성스러운 아들이었다.

맏며느리인 미옥은 신앙생활을 하는 사람이지만 본인의 종교에 누가 되지 않게 하기 위해, 그리고 전도를 하기 위해 모든 것을 참았다고 한다. 다행히 동서들도 맏형님인 미옥을 천사라고 하며 잘 따라 주었다. 그러나 아랫동서들이 집도 예쁘게 꾸미고, 여유 있게 사는 것을 보면 질투도 났다고 하며, 남편은 본인의 가정에는 왕소금이라고 할 정도로 경제적으로 절약하고 살았다고 한다.

남편 사후에 남편의 죽음으로 인해 하나님이 원망스럽기도 했으며, 기적을 보여줄 줄 알았는데 그렇지 않아 반항심도 들었다고 하였다. 하지만 식이 요법 등 힘든 간병 생활을 미옥이 힘들어 할까 봐 미옥을 편하게 해주고, 또 시댁 제사 음식을 차리는 게 신앙적으로 너무 힘들었는데 그것을 끊게 해주려는 뜻이 아닌가 하는 생각도 든다고 하였다.

미옥은 남편이 죽기 직전에 약식 세례를 받았지만 회개를 못하고 눈을 감은 게 마음에 걸린다고 하였다. 미옥은 이제라도 남편이 남기고 간 부동산을 다 정리하고, 작은딸과 따로 집을 구해 살게 되면 답답함이 풀릴 것 같다고 하였다. 치료자가 그러면 답답한 마음을 경험하는 여행을 하겠냐는 제안에 '나의 마음을 정리하는 여행'을 하고 싶다고 해 인텐션으로 가지고 가기로 하였다. 음악 프로그램은 'unforgetting heart'를 시용 하였다.

음악이 시작되자 미옥은 마음이 편안하다며, 심상으로 대나무 숲, 백사장이 보인다고 하며, 대나무 숲을 걸어가고 있고, 푸른빛의 넓은 강에 누군가 배를 타고 가고 있다고 하였다. 타고 있는 사람이 쪼구려 앉아 있다며 마음은 답답하다고 하였다.

음악 세션이 끝나고 미옥은 해마다 10월이면 J시에서 유등 축제가 열리는데, 남편이 효자라 어디 갈 때 꼭 시어머니를 모시고 갔었다며, 유등 축제 때도 시어머니와 동행했던 게 생각나며, 우리 가족만 갔으면 좋겠다는 바람이 있었다고 하였다. 평생 동안 남편과 단둘이 갔던 여행은 단 한 번 있었던 1박 2일 일정의 국내 여행이었는데, 별로 재미있지는 않았다고 하였다.

이번 음악 세션을 하고 나서, 미옥은 평소에도 힘들어서 남편 생각이 안 나게 해 달라고 기도했지만, 이제는 남편을 마음에서 떠나보내야겠다는 생각이 든다고 하며, 마음이 편안해졌다고 하였다.

MANDALA

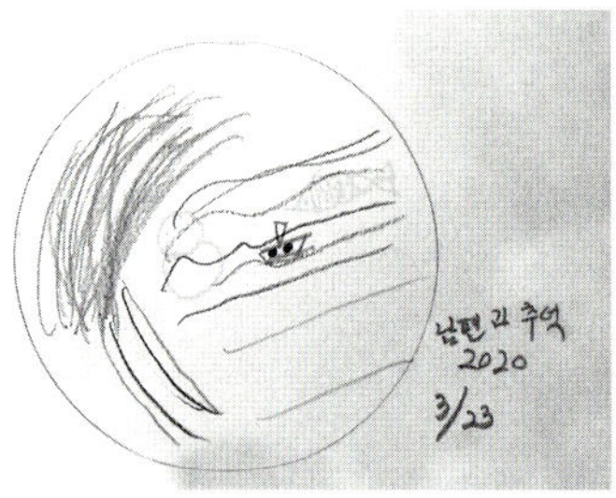

- 하얀 도화지에 '남편과 추억'이라는 제목으로 바람이 불어 대나무가 한쪽으로 쏠려 있고, 오솔길과 넓은 하얀 백사장을 그렸다.

SESSION 3

미옥은 꿈을 많이 꾼 것 같은데 잘 생각이 안 난다고 하며, 지난주는 그런대로 잠을 푹 잔 것 같다고 하였다. 2회기 세션에서 후에 미옥은 남편을 마음에서 보내야 될 것 같은데 여러 가지 생각이 든다고 하였다. 신체적으로는 왼쪽 머리가 오전부터 쥐가 나는 것 같은 통증이 있다고 하였다. 인텐션은 '내 삶에 남편과 함께한 시간을 바라보는 여행'으로 정하고 음악 프로그램은 'bearing wittness'를 사용하였다.

음악이 시작되자, 미옥은 마음을 짓누르는 것 같은 슬픔이 몰려온다며, 슬펐던 일만 생각난다고 소리내어 울었다. 미옥은 곡이 바뀌어도 가슴을 들썩이며 흐느껴 울며, 남편이 밉고 저주스럽고 싫어서 가까이 가고 싶지 않다고 하였다. 남편의 표정은 어둡고 불안해 보인다며 남편이 괘씸하고 밉고 증오스럽고, 미옥의 마음이 바위로 눌려 있는 느낌이라고 하였다. 미옥은 남편을 저주하고 싶지만 이미 끝났고, 그래도 용서를 해야 될 것 같다고 표현하였다.

미옥은 음악 세션이 끝나고 만다라를 그리면서 본인이 똑바로 누워 있는데 큰 바위가 누르고 있으며, 먹구름이 있고 캄캄하고 아무것도 보이지 않는다고 하였다. 제목 역시 생각이 나지 않는다고 정하지 못하였다.

미옥은 예전에 남편과 살던 K시에 있는 집마당이 생각났다며, 남편이 40대 중반쯤(큰딸은 중학생, 작은딸은 유치원생이었을 때) 보험하는 여자와 외도를 했던 기억이 났다고 하였다.

미옥은 남편의 행동이 평소 같지 않아 의심을 하고 있었는데, 맥줏집 앞에서 남편의 차를 발견하고 용기를 내어 들어갔더니 둘이 나란히 앉아 속닥이는 것을 보고는 화를 내며 따지고 들었다고 한다. 미옥은 그런 용기는 성령님이 준 것이라고 생각한다며, 남편은 용서를 빌었지만, 은행에 가서 200만 원을 찾아 조카가 자취하고 있는 서울로 올라가 일주일을 있다가 아이들이 걱정되어서 내려왔다고 한다.

며칠 뒤 제부가 리조트를 빌려 준다고 해서 아이들과 스키장으로 놀러가기로 했었는데, 그래도 미옥은 남편이 계속 의심이 들어 남편 모르게 집에 숨어 있었다고 한다. 하루 종일 미옥은 너무 초조해 성경도 못 읽겠고 해서 『해리포터』를 읽었다며, 예상대로 남편이 여자를 집으로 불러들였다고 하였다. 미옥은 더 못 볼꼴을 볼까 싶어 씩씩대며 나가서 그 여자를 사정없이 쥐어뜯고는 쓰러져 버렸는데, 남편이 거실로 데려와 눕혔고, 깨어나 보니 미옥의 가슴은 터질 것 같았다고 한다.

그 일이 있은 후, 미옥은 평소 남편이 남자답지 못하게 쪼잔해 보여 말도 부드럽게 안 하고 무시하고 깔보았던 것에 대해 회개하는 마음이 들었으며, 남편도 미옥에게 애교도 없고 말도 싹싹하게 안 한다고 자주 이야기하며, 교회에 가서 설교를 들으면 뭐하냐며 핀잔을 주었다고 한다.

남편에게 미옥은 항상 시모, 아이들, 그 다음 순서였다며, 경제적으로도 미옥에게만 야박하였다. 미옥에게도 돈을 벌어 오라 해서 직장생활도 해봤지만 잘되지 않았다. 미옥은 남편의 외도 후에 교회에 가는 것을 허락받았다.

남편은 암세포가 간으로 전이되어 휴양림으로 가서 요양을 하고 있었는데, 어느 날 미옥에게 지은 죄가 많다는 이야기를 했고, 지나고 나서 보니 그 말은 미옥에게 용서를 구하는 말이었으며, 그래서 미옥은 빨리 건강해져 갚으라고 했다고 한다. 남편은 그날 이후 상태가 많이 나빠져 호스피스 병동으로 옮겼으나 이틀 후에 사망하였다.

다른 사람들은 미옥의 이런 속사정도 모르고 남편을 술, 담배도 안 하고 성실하고 가정적인 사람으로 보며, 미옥에게 복이 많다고 하는 이야기를 자주 했다고 한다. 미옥은 남편의 장례식 때도 담담했다며, 남편이 죽어도 보고 싶지 않을 줄 알았는데, 그런데 남편이 죽자 기가 죽고, 부부끼리 다정한 모습이 TV에서 나오면 채널을 돌리게 된다고 하였다.

미옥은 커다란 바위가 자신의 가슴을 누르고 있었고, 창피해서 이런 이야기를 아무한테도 못하고 답답하기만 했는데, 이야기하고 나니 기분이 괜찮아졌다고 하였다.

MANDALA

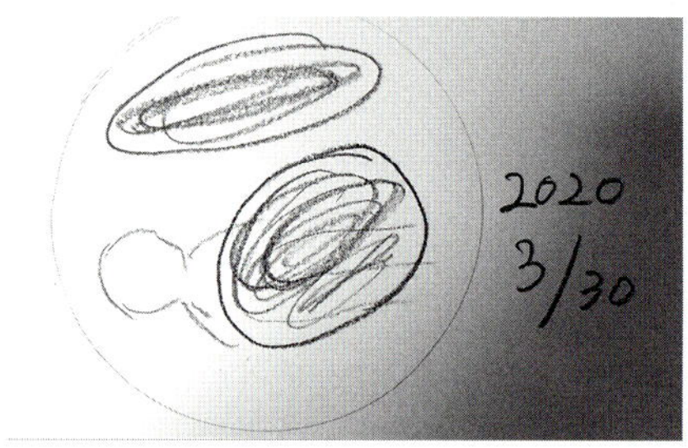

- 하얀 도화지에 바위에 눌린 자신의 모습을 그렸다. 제목은 붙이지 못하였다.

SESSION 4

음악 세션을 하기 전, 미옥은 요즘 수면의 질이 많이 좋아졌다며, 마음의 무거움도 많이 좋아진 것 같다고 하였다. K시에 매매로 내놓은 건물 세입자가 임대료를 송금할 날짜가 지났는데도 연락이 안 와 답답하고 불편했는데, 화요일에 전화가 왔다고 하였다. 미옥은 코로나19 사태 때문에 영업을 중단하고 있다는 세입자의 말에 본인도 모르게 코로나19 사태가 진정될 때까지 세를 내지 않아도 된다는 이야기를 갑자기 했다고 하였다.

그렇게 말하고 나니 마음의 불편함은 없어졌는데, 건물이 비어 폐허가 되면 어쩌나 하는 걱정과 정기적으로 들어가야 하는 생활비에 대한 걱정도 들었다며, 큰딸이 아버지가 살아 있었어도 그렇게 했을 것이라고 해 마음이 좀 진정되었다고 한다.

남편은 워낙 꼼꼼해 재산 관리에 대해 미옥이 관여할 수가 없었고, 미옥이 마음대로 할 수 있는 게 없었다고 한다. 남편에게 잔소리 듣는 것도 싫어 일절 관여하지 않았는데, 이제는 미옥이 혼자서 관리해야 하니 답답한 일이 많다고 하였다.

치료자가 지난 세션에서도 못 밀어낸 짓누르는 바위를 이번에 밀어내는 경험을 해보면 어떻겠냐고 하자, 이에 동의하여 인텐션을 '나를 짓누르는 커다란 바위를 밀어내는 경험'으로 정하였다. 음악 프로그램은 'toccata, GROUP-S2 Elgar Cello C. Air in G(2번)'를 사용하였다.

음악 세션을 시작하고, 치료자가 당신을 짓누르고 있는 바위를 밀어내고 싶냐고 가이딩하자, 미옥은 밀어내고 싶다고 하며 치료자의 중재를 받아들이며 답답함을 해소하였다.

두 번째 곡에서 미옥은 남편 투병 중에 함께 갔던 산을 심상으로 경험하며, 산을 오를 때는 숨이 많이 차고 내려올 때는 제일 먼저 쉽게 내려온다고 표현하였다. 치료자가 남편에게 하고 싶은 말이 있냐고 가이딩하자 미옥은 이것저것 남편이 벌여 놓고 간 것들에 대한 분노와 슬픔을 치료자의 중재로 소리쳐 울음으로 표현하였다. 세 번째 곡이 시작되자, 미옥은 가슴을 양손으로 두드리며, 시누이, 남편이 싫다는 표현을 하며, 또다시 울음을 터뜨렸다. 치료자의 가이딩으로 분노를 해소했으며, 호흡이 서서히 차분해졌다.

음악 세션이 끝나고, 미옥은 '동행'이라는 제목으로 만다라를 그리며, 남편의 투병 중에 자주 갔던 광양에 있는 백운산 편백나무 숲길이 생각났다고 하였다. 남편과 함께 작은 배낭에 도시락을 싸 가지고 가서 쉬다 오곤 했다며, 파란색 점퍼를 입은 사람이 남편이고, 미옥은 주황색 점퍼를 입고 있는 모습을 그렸다.

미옥은 남편이 생전에 K시에 있는 건물 매입 시 3000만 원이 부족해 아주버니에게 돈을 빌려 건물을 매입했다고 하였다. 남편은 매달 임대료에서 이자도 빼지 않고 아주버니에게 송금했고, 부동산 가격이 올라 3억 원 정도의 시세가 되었다고 하였다.

남편이 투병 중에 부동산을 정리하던 중 형제들 앞에서 이 건물이 팔리면 1억 원을 아주버니에게 주겠다고 했다고 미옥은 동서들을 통해 전해 들었다고 한다.

남편 사후 두 달쯤 된 시기에 그렇게 다정하던 시누이와 아주버니가 돌변하여 동생과 동업을 한 것이니까 매매가의 반을 주어야 한다고 미옥과 큰아이에게 포악을 부렸다. 미옥은 큰 충격을 받았으며, 사람 하나 없다고 이렇게 상황이 달라질 수가 있는지에 대해서도 충격이었고, 어머니와 시누이밖에 몰랐던 남편을 생각하니 기가 막혔다. 특히, 시누이가 더 극악을 하는 것에 미옥은 벌벌 떨리기까지 했다고 한다.

미옥은 요즘 남편 얼굴이 떠오르면 시누이가 생각난다며, 큰딸 탁자에서 남편의 웃는 사진만 봐도 싫어 덮어 놓기도 했다고 한다. 사별한 친구들은 남편이 보고 싶기만 해 납골당에 자주 간다고 하는데, 미옥은 아직 해결하지 못한 것들이 있어서 그런지 남편을 수목장한 곳에 가기 싫다며, 시어머니 집 가까이에 있어 더 그런 것 같다고 하였다.

미옥은 남편 사후 너무 힘들어 죽고 싶을 때도 많았는데, 이런 복잡한 문제들을 해결하지 못하고 죽는다면 작은딸에게 짐을 남기고 가는 것 같아 그러지도 못했다고 한다.

미옥은 시누와의 이런 일이 없었으면 아직도 시댁에 왕래했을 것이고, 지금까지도 신앙적으로도 갈등이 많았을 것인데, 그런 면에서는 감사한 일이라고 하였다. 건물들도 팔리고, 시누이 일도 시간이 지나면 괜찮아질 것이라고 생각하다가도, 부정적인 생각들이 잘 올라온다며, 큰딸이 곁에서 자주 일깨워 주지만 미옥은 부정적인 말들을 잘한다고 한다. 세션 후 미옥은 가슴이 답답한 것은 해소되었다고 하였다.

MANDALA

- 하얀 도화지에 초록색으로 숲을 그리고, 본인은 주황색 옷, 남편은 파란색으로 옷을 그렸다.

SESSION 5

음악 세션 전, 미옥은 마음의 답답함이 조금 편안해졌다며, 지난 세션 때 만다라의 느낌은 그리움뿐이었데, GIM 세션 후 그린 그림들이 보고 싶지 않다고 하였다.

미옥은 마음이 곤고할 때 부정적인 말과 생각이 난다며, 부정적인 생각이 들면 답답하다고 하였다. 토요일에 힐링 맛사지를 받으러 갔는데, 미옥에게 등쪽에 근육이 뭉쳐 있는 자리가 많다며, 원장은 종교가 없는 사람인데도 미옥에게 하나님을 믿으면서 왜 다 못 맡기냐며 무조건 믿어야 한다고 하였다. 그 말을 들은 미옥은 당신은 경험자가 아니라서 쉽게 말하는 게 아니냐고 말하고 싶었지만 속으로만 생각했다며, 요즘 답답함은 6 정도로 감소되었다고 하였다.

인텐션을 '부정적인 나를 바라보는 여행'으로 정하고, 음악 프로그램은 'mostly bach'를 사용하였다.

음악 세션이 시작되고, 미옥은 두 번째 곡에서 아이들하고 에버랜드에 놀러가 보았던 초록색 신록이 우거진 터널 심상을 떠올렸다. 세 번째 곡에서 미옥은 남편이 어렸을 때 어머니에게 혼나고 집에서 쫓겨나서 대문 앞에서 울고 있으면 작은 외갓집이 옆에 살아 외할머니가 남편을 데리고 가서 밥도 먹이기도 했다는 말을 들었다며, 그런 남편이 안쓰럽다고 하였다.

시아버지가 생활력이 없어서 집안을 건사하지 못하니 시어머니가 남편에게 화풀이를 한 것 같다며, 나뭇짐을 두 번 다 못하면 때리고 쫓아내고 했다고 표현하였다. 회초리로 구타당하며 자란 이야기를 하면서 본인은 철저하게 잘살아야 한다고 자주 이야기했다며, 몇 번은 안타까운 마음으로 들었는데, 그런 이야기가 싫었다며, 시어머니가 미워져 싫었고, 마음속에 죄를 짓는 것 같아 그런 이야기는 그만하라고 남편에게 말했다고 하였다.

미옥은 그런 남편이 애처롭고 안타까운 마음이 든다고 하였다. 네 번째 곡에서 미옥은 눈물을 흘리며 남편에 대해 긍정적인 감정을 떠올리며, 남편과의 다정했던 관계를 심상으로 떠올렸고, 남편을 다시 한 번 만난다면 이제는 남편의 마음을 잘 받아 주고 싶다고 하였다.

음악 세션이 끝나고, 미옥은 '봄 나들이'라는 제목으로 만다라를 그렸다. 미옥은 남편 사후 성남에 와 있으며, 손주하고 딸들하고 용인에 있는 에버랜드에 늦은 봄 5월에 갔었는데, 미옥이 타고 있던 차가 신록이 우거진 나무 터널을 따라가고 있었다며, 녹색을 그리니 홀가분한 느낌이 든다고 하였다.

미옥은 평소에 본인이 착한 줄 알았다며, 그런데 착하지 않은 것 같다면서, 자랄 때도 부모 말에 거절하지 못하고 살았다고 하였다. 남동생들을 공부시키기 위해 여동생과 미옥은 낮에는 신발 공장에 다니며 일을 해야 했고, 야간 고등학교를 다녔다고 한다. 미옥은 어머니에게 월급을 다 가져다 주고 조금의 용돈을 받았는데, 한 번씩 속이 상해 용돈을 더 달라고 어머니에게 화를 내기도 했다고 하면서, 어머니는 지금도 사람들에게 미옥을 착한 딸이라고 자랑을 한다고 한다. 미옥은 본인을 자랑하지 말라고 하지만 미옥은 다시 착한 딸로 돌아와 있다고 하며, 속으로만 부글거리고 겉으로는 표현하지 못했다고 하였다. 미옥은 화가 나면 '왕소금'이라는 말은 해도 남편의 속마음을 알고 있기에 착한 미옥이 참고 살았다며, 상대편이 마음에 안 들었을 때 부정적인 감정이 올라온다고 하였다.

미옥은 지금은 부동산 문제만 해결되면 부정적인 마음이 사라질 것 같다고 하였다. 미옥은 금요일에 힐링 맛사지 원장에게 들은 이야기가 맴돌아 하나님을 헛것으로 믿은 것 같고 부끄럽다고 하며, 하나님 앞에서 안달하지 않으려고 한다고 느낌을 말하였다.

미옥은 요즘 손자가 억지를 잘 부리는데, 본인이 컨디션이 좋으면 받아 주지만, 마음이 힘들면 받아 주기가 싫다고 하였다. 그렇지만 본인이게 부정적인 감정도 있지만 긍정적인 모습도 있다는 것을 알았다고 하였다.

MANDALA

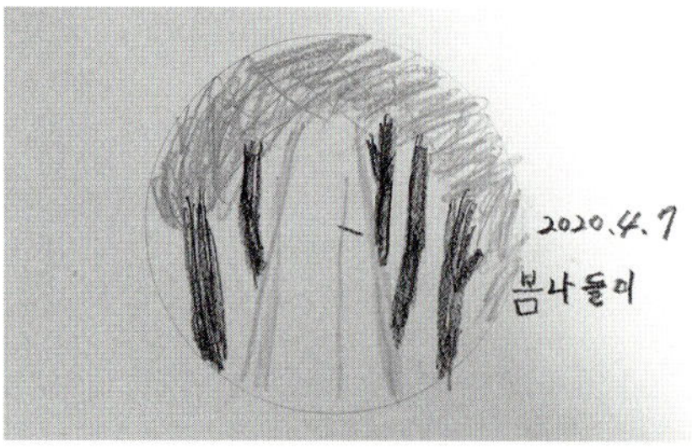

- 하얀 도화지에 회색으로 길을 그리고, 연두색으로 나무를 그렸다.

SESSION 6

음악 세션 전, 미옥은 그동안 가슴을 짓누르는 것은 많이 없어졌다며, 부정적인 생각이 나면 긍정적으로 생각하려 노력하고 있다고 하였다. 미옥은 인텐션을 '내 안에 부정적인 감정이 올라오는 원인을 경험하기'로 음악 여행을 하고 싶다고 했고, 음악 프로그램은 'loss'를 사용하였다. 신체적인 불편함은 목이 좀 깔깔한데, 감기가 걸린 것 같다고 말하였다.

음악을 시작하자, 미옥은 시골의 사찰 S사의 십 리 벚꽃 길에 벚꽃이 만개한 모습이 보인다며, 사람들이 많이 꽃구경을 하고 있고, 그 높은 길 밑에는 계곡물이 흐르고 있는 것을 본인이 내려다보고 있다고 하였다.

미옥은 아이를 업고 있고, 시어머니도 보이며, 아이에게 꽃가지도 보여 주고, 남편은 사진을 찍고, 시어머니 표정도 기분이 나쁘지 않은 것 같고, 본인도 편안한 마음이라고 느낌을 말하였다. 마지막 곡에서 미옥은 봉사하고 있는 교회 권사들이 보인다며, 반갑지는 않다고 하였다. 어떤 집사가 미옥을 착한 권사님 왔다고 하며 반갑게 맞아 주는데, 본인은 착한 권사가 아닌 것 같다고 하였다.

미옥은 음악 세션이 끝나고 '학창 시절'이라고 제목을 붙힌 만다라를 그렸다. 미옥이 중학교를 다닐 때 사찰 S사의 십 리 벚꽃 길을 따라 중학교를 다녔는데, 같은 동네에 사는 3명의 친구들과 함께 비포장도로를 따라 걸어가면 그 길이 꼭 꽃 터널 같았다고 하였다.

미옥이 친구들과 학교에 갔다 오다가 논에서 일하는 어머니와 마주치면 어머니는 미옥에게 집으로 바로 가서 집안일을 하라고 했고, 미옥은 싫다고 방방 뛰면서, 너무 싫어 땅이 꺼지는 것만 같았다고 하였다.

다른 친구들은 어머니들이 집안일을 안 시키는데, 미옥은 친구들과 놀지도 못하고 집안의 온갖 일들을 해야 했고, 심지어 손님이 와도 어머니는 방에서 꼼짝하지 않고 미옥만 일을 다 시켰다며, 너무 싫어 죽고 싶었다고 하였다. 미옥의 집에서는 아들만 중요시하고 딸들은 대우를 못 받고 살았으며, 특히 어머니에게 대우를 못 받고 그저 일만 하고 살았다고 한다. 농번기에는 학교를 가지 못하게 하고 일을 시켰으며, 딸은 그저 소유물이었다며, 어머니는 말만 하면 자녀들에게 욕을 했다고 한다.

남편 투병 중에도 전화로 욕을 해서 미옥이 전화 그만 좀 하라고까지 했다며, 너무 싫어서 스무 살 때쯤에는 대들기도 했는데 고쳐지지 않다가 어머니가 여든 살이 될 때쯤부터 조금 덜해졌다고 한다. 어머니는 항상 느긋하지 못하고 안달하며, 지금도 하루에 전화가 한두 번은 꼭 온다며, 자랄 때 불우한 환경으로 늘 불안한 것 같다고 하였다.

미옥은 중학교를 졸업하고 혼자서 부산에 기숙사가 딸린 직장을 갔다가 1년만에 만났는데, 어머니도 미옥도 서로 덥석 반갑게 껴안지 못했다고 하였다. 시골 교회에는 미옥보다 더 착한 집사인 의사 부인이 있었는데, 장애아들도 돌보고 거기다 친정어머니까지 간호하면서도 밝은 모습을 잃지 않는 그런 사람이 미옥을 보고 항상 착한 권사라고 하였다.

미옥은 어린 시절 어머니에게 인정받지 못하고 대우받지 못한 부정적 영향 때문에 기죽은 삶을 살았다며, 자존감도 낮고 마음의 여유가 없었던 것 같다고 하였다. 이제부터는 본인의 마음과 건강 관리를 잘하고, 그런 삶을 살아야 아이들이 어머니의 도움을 필요로 할 때 도울 수 있을 것 같다는 느낌이 든다고 하며 기분도 편하다고 하였다.

MANDALA

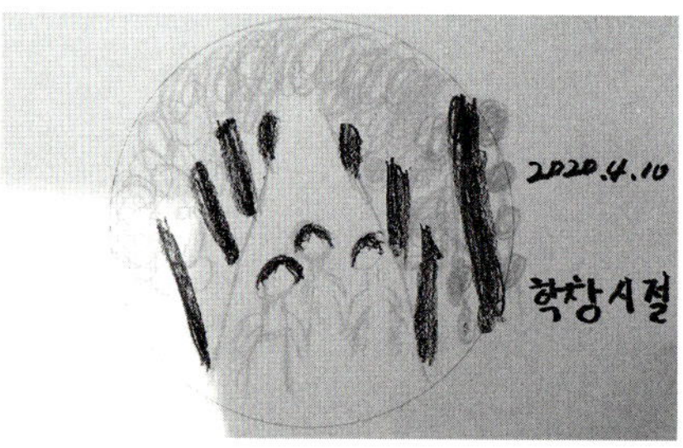

- 하얀 도화지에 주황색으로 나무와 사람을 그렸다.

SESSION 7

음악 세션을 시작하기 전, 미옥은 어제 평소 큰딸이 미옥에게 살림을 맡기고 집안을 전혀 돌보지 않아 힘들었던 감정에 급기야 딸하고 말다툼을 하게 되었는데, 딸은 미옥이 며칠 전 K시에 있는 부동산이 가계약 이야기까지 나왔다가 매매가 무산되어 그 스트레스를 자기에게 푼다고 하며 소리를 질렀고, 미옥은 그동안 말하지 않고 참고 있던 감정이 올라와 부딪치게 된 것 같다고 하였다.

미옥은 친정어머니가 항상 안달복달하는 게 싫어 본인은 그렇게 살지 말아야지 하면서도 한 번씩 그런 모습을 본인에게서도 느낄 때가 있다고 하였다. 미옥은 초등학교 고학년 때쯤 토요일이라 학교에서 일찍 집으로 갔는데, 대문을 들어서자마자 어머니가 갑자기 이유 없이 도리깨로 미옥을 때리기 시작했다고 한다. 미옥은 안 맞으려고 도망 다니면서 때리는 이유를 물어보니, 같이 다니는 친구가 거짓말을 잘하는데, 미옥이 자기를 개천으로 밀었다며 친구 어머니가 미옥의 어머니에게 와서 포악을 하고 간 것이었다. 어머니는 미옥에게 물어보지도 않고 매를 먼저 때려 너무나도 억울하고 어머니에게 섭섭하고 슬펐다고 한다.

어제도 어머니에게 전화가 왔는데, 빨리 안 받는다고 성화를 하고, 미옥이 무소식이 희소식이라고 생각하라고 했다고 화를 내고 해서 미옥도 감정이 폭발했다고 하였다. 치료자가 지난 세션 때 중학생인 미옥이 대우받지 못하고 너무 힘들게 일만 해 죽고 싶은 생각이 들 정도로 힘든 아이를 만났는데, 그 아이를 바라보는 경험을 하면 어떻겠냐고 이야기하자 거기에 동의해 인텐션을 '내 안의 힘들었던 아이를 바라보기'로 정하고 음악 프로그램은 'secret garden Long P.'를 사용하였다.

음악이 시작되자, 미옥은 어머니가 명절 준비를 하러 외갓집에 갔는데, 아궁이에 있는 재의 불씨를 제대로 확인하지 않고 헛간에 그냥 내버려두고 갔다가 집에 불이 났다고 하였다. 집에는 할머니와 미옥만 사랑채에서 자고 있었는데, 미옥이 먼저 불이 난 것을 발견하고 할머니를 깨워 집 밖으로 뛰쳐나왔다고 한다. 미옥이 방방 뛰면서 소리소리 고함을 질러 동네 사람들이 와서 불을 꺼 주었고, 집이 홀랑 타고 기둥만 시커멓게 남아 미옥은 부들부들 떨리고 마음이 진정이 안 되었다고 눈물을 흘렸다.

동네 사람들이 소를 끌어내고, 지붕이 볏짚이라 불화살이 얼마나 센지 미옥은 이웃집 대밭으로 옮겨갈까 봐 너무 무서웠다고 하였다. 곡이 바뀌고, 어머니가 집으로 뛰어왔는데, 어머니가 원망스러웠고, 어머니는 미안해 하는 모습이라고 하였다.

다섯 번째 곡에서 미옥은 중학교를 다니는데, 어머니는 자식들을 학교에 보내놓고 보따리장사를 다니는 바람에 집을 자주 비워서, 집안 살림은 할머니가 있는

데도 모두 미옥의 몫이었다고 한다. 겨울에도 학교 가기 전에 새벽밥을 해야 해서 잠을 설친 적이 많았다고 하였다. 너무 고달팠고 어린 미옥이 기특하다고 울음을 터트렸다. 치료자의 중재로 어린 미옥을 충분히 위로하며 마음의 안정을 찾았다.

음악 세션이 끝나고, 미옥은 '두려움'이라는 제목으로 만다라를 그렸다. 집에 불이 난 게 초등학교 3학년 때쯤인 것 같다며, 그동안 한 번도 생각나지 않았던 일인데 음악을 듣던 중 갑자기 떠올라 신기했다며, 그림을 보니 어깨가 무겁고 가슴이 살짝 뛴다고 하였다.

미옥은 어머니가 불이 나서 뛰어왔을 때, 미옥에게 어떤 위로의 말도 없었고, 미옥은 너무 어렸고, 지금 생각해도 두 손 두 발을 동동거리면서 너무 무서웠다고 하였다. 밥하는 것도 할머니에게 도움을 청할 수도 있었지만 책임감이 너무 컸던 것 같다고 하였다.

미옥은 본인의 어린 시절이 참 힘들었겠다는 생각이 들며, 이제는 더 이상 구속받지 않고 살고 싶고, 외롭고 심심할 때도 있겠지만 자신의 감정을 표현하고 살고 싶다고 하였다. 지금의 느낌은 편안하다고 표현하였다.

MANDALA

- 하얀 도화지에 어릴 때 불이 났던 집을 짙은 분홍색으로 그렸다.

SESSION 8

미옥은 지난 세션을 하고 나서, 어머니가 집에 불이 나 뛰어왔으면 먼저 딸을 챙겨야 하지 않을까라는 생각을 했다며, 어릴 때 어머니는 미옥에게 일만 시키고 따뜻한 위로나 지지가 없었다고 하였다. 어머니의 삶이 팍팍해서 그랬는지 말할 때마다 악담을 했다고 하며 어머니 생각을 하면 섭섭한 게 많다고 하였다.

미옥은 초등학교 때 가을 운동회 날에도 어머니는 못 오고 할머니가 가끔 왔는데, 할머니가 못 오는 날은 상으로 받은 노트를 잃어버려 너무 속상해 마음이 알쌀했다고 하였다. 치료자의 '어린 시절의 나와 어머니를 바라보는 여행'을 인텐션으로 가지고 가면 어떻겠냐는 질문에 동의하며, 이제는 음악이 시작되면 무슨 심상이 떠오를지 궁금해진다고 하였다. 음악 프로그램은 'life blood'를 사용하였다.

음악이 시작되자, 미옥은 두 번째 곡에서 아버지가 생각나면서 갑자기 소름이 확 끼친다고 하였다. 주변에는 웅성거리는 소리가 나고, 그 소리도 소름 끼친다고 하였다. 미옥이 결혼 준비를 위해 아버지와 어디를 가고 있고, 미옥은 어깨에 핸드백을 메고 앞서서 걸어가고 아버지는 그 뒤에 따라오고 있었는데, 갑자기 뒤에서 시끌벅적하는 소리가 나서 돌아보니 아버지가 어떤 남자의 멱살을 잡고 있었다고 한다. 그 남자가 미옥의 핸드백을 칼로 찢으려 하는 것을 아버지가 보고 멱살을 잡은 것이었다.

시장 골목이라서 사람들도 많았고, 미옥은 많이 놀랐었다고 하였다. 아버지는 체격도 왜소한데 젊은 그 날치기 때문에 당신 딸이 피해를 본다고 생각하니 눈에 보이는 것이 없었던 것 같다며, 그 사람은 도망을 가고 미옥은 아버지에게 미안한 마음이 들었다. 미옥도 딸들이 그런 지경에 처하면 본인도 아버지가 본인을 보호해 주었듯이 똑같이 할 것이라고 하였다.

평소에도 아버지는 있는 듯 없는 듯 미옥을 사랑해 주었고, 그날 아버지의 얼굴과 노랗게 질린 표정이 떠오른다고 하며, 어머니의 기억은 안 나고 아버지 생각만 난다고 하였다.

곡이 바뀌면서, 미옥은 결혼 후 남편이 해외 근무를 가서 큰아이를 업고 친정에 갔더니, 아버지가 조금씩 모은 비상금 중 만 원이라는 큰 돈을 차비하라고 주었는데, 미옥이 안쓰러웠던 것 같다고 하였다. 아버지가 만 원짜리 한 장을 접고 접고 또 접어서 토큰 주머니에 넣어 미옥에게 주었던 것이 생각이 나서 마음이 아프다고 하며 눈물을 흘렸다. 아버지가 어머니 몰래 큰딸인 미옥에게 끈끈한 정과 사랑을 표시하고 싶었던 것 같다고 이야기하였다.

음악 세션이 끝나고 '소름 끼치는 일'이라는 제목으로 만다라를 그렸다. 미옥이 결혼 준비를 했던 27살쯤인 것 같다며, P시에 있는 시장 골목이고, 옆에 가게들도 많았는데 잘 못 그리겠다고 하였다.

미옥에게 아버지는 어머니였던 것 같다며, 아버지는 말이 없었지만 가정적이고 행동으로 보여 주는 분이었다며, 담배도 경제 사정이 안 좋아지니까 단박에 끊었다고 한다. 꿈에서도 아버지는 평소 모습처럼 보였으며, 부부 사이도 좋았다고 하였다. 미옥은 음악 세션 중 시장에서 날치기당할 뻔했던 심상이 떠오르며, 다리에 쥐가 나듯이 소름이 끼쳤는데, 지금은 괜찮아졌다고 느낌을 말하였다.

미옥에게 아버지는 미옥의 보디가드였다며, 아버지가 미옥의 몸과 마음을 보호해 주었다는 것을 느꼈다고 하였다. 미옥이 자신도 아버지에게 지지받았던 점이 있었다는 것을 알게 되었다며, 본인에게도 결단하는 강함이 있는 것 같다고 느낌을 말하였다. 기분은 편안하고 좋다고 하였다.

MANDALA

- 하얀 도화지에 검은색으로 사람들을 그렸다.

SESSION 9

미옥은 K시 부동산 문제에 대한 기도 응답이 왜 오지 않을까 했는데 깨달아졌다고 하며 감사하다고 하였다. 부동산이 명의상 두 채로, 지금 매매하면 세금을 많이 내야 한다는 것을 근래 알게 되었다며, 하나님이 자신을 사랑하지 않는 줄 알았는데, 그게 아니었다는 것을 알게 되었다고 하며, 꿈에서 큰딸네 교회 목사가 웃고 있는 꿈을 꾸었다고 하였다.

치료자가 지난 세션에서 아버지에게 사랑받았던 본인의 모습이 앞으로 어떤 모습으로 나아갈지 바라보면 어떻겠냐고 하자, 흔쾌히 동의해 인텐션을 '앞으로 살아갈 나의 모습을 바라보기'로 정하고 음악 프로그램은 'relationship'을 사용하였다.

음악이 시작되자, 미옥은 두 번째 곡에서 동해 바다가 생각난다며, 망망한 끝이 안 보이는 바다, 그리고 촛대 바위가 생각나는데, 가 보고 싶다고 하였다. 세 번째 곡에서는 넓은 들이 보이는 가을 들녘 같고, 벼가 누렇게 익었으며, 허수아비도 보인다고 하였다. '겸손'이라는 CCM 찬양이 듣고 싶다며, 이 찬양을 들으면 본인을 돌아보게 된다고 하였다. 미옥은 마지막 곡에서 본인은 매이지 않고 자유롭게 살고 싶다며, 마음을 터놓을 수 있는 절친한 친구가 있었으면 좋겠다고 하였다.

음악 세션이 끝나고, 미옥은 '그리운 곳'이라고 제목을 붙이고 촛대 바위와 일출을 그렸다.

미옥은 남편의 현장이 동해였던 적이 있었는데, 미옥이 가끔 가면 미옥이 낮에 혼자 심심해 할까 봐 바닷가에 내려놓고 일하러 간 적이 있었다며, 한 번씩 생각나고 그리워 작년에 아이들과 갔었다고 한다.

미옥은 K시에는 절친한 친구가 있는데, 여기서는 아직 마음을 터놓고 이야기할 친구가 없다며, 치료자가 오는 것이 기다려진다면서, 마음에 있는 이야기를 할 수 있어 좋다고 하였다.

이제는 미옥은 날개를 달고 당당하고 자유롭게 살고 싶다며 자유 부인이 되고 싶다고 느낌을 말하였다.

MANDALA

- 하얀 도화지에 파란색으로 하늘을 그리고, 회색으로 바위를 그렸다.

미옥은 지난 일요일 본인의 생일이라고 아이들이 정성껏 선물도 준비하고 축하해 줘서 기분이 좋았다고 하였다.

주변에 손자들을 봐 주는 친정어머니들은 각자의 집에서 출퇴근하면서 손자들을 돌봐 주고 주말에는 딸네 집에 가지 않는다는 소리를 듣고 미옥은 부러웠다고 하였다. 사위와 딸이 평일에도 10시가 다 되어야 귀가하고, 주말에도 둘 다 외출이 많아 손자를 미옥이 돌봐야 해서 힘이 든다며, 이제까지는 참고 있었지만 더는 참기가 힘들 것 같아 둘을 앉혀 놓고 자신도 자신의 시간을 갖고 싶다는 이야기를 하려고 한다고 하였다. 이제까지는 기왕 돌봐 주는 것 자신이 힘들고 말지 하고 참고 있었는데, 이것은 아닌 것 같다는 생각이 든다고 하며, 본인을 챙겨야겠다는 생각이 든다고 하였다.

치료자가 미옥에게 자유라는 것이 무엇이라고 생각하는지 질문하자 미옥은 '얽매이지 않는 것'이라고 하였다. 미옥은 요즘 가슴 답답한 것은 사라졌다고 하며, 인테션을 '자유로운 나를 느끼는 여행'으로 정하는 데 동의하였으며, 음악 프로그램은 'Group Short#1(T-5 Beethoven wav, T-6 secret garden)를 사용하였다.

음악 세션이 시작되자, 미옥은 남편이 투병 생활할 때 뒷산을 많이 갔는데, 여기 있다 보니 한 번도 못 갔다며, 얼마 전 K시에 사는 친구가 그 산책길이 지금 신록이 무성해 정말 예쁘다고 사진을 찍어 보냈다며, 너무 그립고, 가 보고 싶고, 계속 머리에서 맴돌고 생각이 난다고 하였다.

그곳에 가면 남편을 만날 것 같고, 만나면 보고 싶었었다고 말하고 싶다고 하였다. 이제는 아무 욕심내지 말고 우리 자신만을 위해 살자고, 부모, 형제, 자식들에게 희생만 하고 정작 자신들을 위해서는 아무것도 못했지 않냐며, 마음은 있어도 행동으로 하지 못한 부분을 사과하고 싶다고 하였다. 미옥은 마지막 곡에서 남편은 미옥이 혼자라도 씩씩하게 잘살아 가기를 바랄 것 같다고 말하였다.

음악 세션이 끝나고, 미옥은 '추억의 그리움'이라는 제목으로 남편 투병 시 자주 갈던 K시 산의 산책길을 만다라로 그렸다.

미옥은 남편하고 평소에 다정다감하지 않아 남편이 죽은 후에는 그립지 않을 줄 알았다고 하였다. 그런데 남편이 있었을 때도 외로움이 있었지만, 갑자기 떠나 그런지 아직까지는 외롭기도 하고, 그립기도 하다며, 남편도 미옥이 자유롭고, 마음을 표현하고, 미옥이 자신을 위해 살기를 원하는 것 같다라고 느낌을 말하였다.

MANDALA

- 하얀 도화지에 연두색으로 나무를 그리고, 길은 옅은 고동색으로 칠하였다.

3. 치료자의 이야기

미옥은 신앙인이자 아내라는 페르소나로 인해 남편과 시댁과의 관계에서 수용적으로 참아야 했던 본인의 삶의 형태를 되돌아보고, 그 경험을 통하여 남편과 관련하여 수동적이고 독립적이지 못하게 된 상황에 대해 이제까지 눌려 왔던 원망과 분노의 감정을 표현하였다.

미옥은 누구한테도 말하지 못했던 남편에 대한 미움과 분노, 남편의 외도에 대한 수치스러운 감정과, 남편에 대한 분노와 이성적으로는 용서해야 한다는 자신의 양가적 상태를 짓누르는 바위를 밀어내는 경험을 통하여 표출했고, 집에 불이 난 사건과 직면하는 과정에서 자신의 어린 시절이 힘들었다는 것을 깨달으면서, 더 이상 구속받지 않고 살고 싶다는 통찰을 가지게 되었다. 감정을 스스로 인식하는 경험으로 연결되면서, 남편에 대한 부정적 감정이 해소되고, 남편의 긍정적인 모습을 있는 그대로 볼 수 있게 되었다. 미옥은 착한 딸과 신앙인이라는 페르소나가 아니라 어디에도 얽매이지 않고 스스로 당당하고 자유로우며, 자녀들이 도움을 필요로 할 때 언제든지 도울 수 있는 독립적인 고유한 자신을 발견하였다.

SUMMARY

- 미옥은 남편의 사망 후 남편이 해결하지 못하고 간 일들에 대해 힘들어 하는 상태였다. 남편을 떠나보낸 슬픔과 막막함을 GIM 세션을 통해 슬픈 감정을 직면하며 현실을 수용하고, 가슴을 짓누르는 무거움과 답답함을 통해 그림자를 자각하였다.
- 미옥은 남편과의 기억을 떠올리며 신앙인이자 아내로서 억압하고 있었던 감정을 표출하고, 부정적인 사고를 상대에게 표출하지 못하는 본인을 착한 딸이라는 페르소나의 자각을 통해 성찰하였다.
- 미옥은 친정어머니와의 관계에서 어린 시절 원망과 두려움의 감정이 재경험되었으며, 친정아버지를 통해 사랑받았던 자신을 발견하며 독립적이고 자유로운 '자기'를 인식하게 되었다.

생각해 볼 거리

1. 미옥의 아니마, 아니무스의 통합의 과정에 대해 생각해 봅시다.

2. 미옥은 친정어머니와의 관계 개선을 위해 어떤 과정이 필요한지 생각해 봅시다.

CHAPTER

13

중년 여성의 자기실현 과정에서 적용된 심상 유도 음악치료(GIM)

1. 치료 구성 및 내용
2. 심상을 이끌기 위한 언어 중재 예시
3. 심상 유도 음악치료(GIM) 과정

1. 치료 구성 및 내용

심상 유도 음악치료 과정은 내담자가 호소하는 문제와 개인의 상황에 목적에 부합하는 음악 프로그램을 선택하여 단계적으로 적용하였으며, 각 참여자들의 치료적 과정과 달성 여부에 맞추어 최소 10회기에서 11회기의 GIM을 개별적으로 진행하였고, 시간은 100~120분으로 구성하였다.

각 내담자들에게 사용한 음악 프로그램들은 전통적인 고전 음악들로 구성된 프로그램들과 비전통적인 다양한 장르의 음악들로 구성된 프로그램들로 이루어졌다. 각 내담자들의 치료 과정에 따라 음악 프로그램을 제시하였으며, 각 프로그램은 3~4곡으로 구성하고 프로그램명으로 기술하였다.

GIM 경험을 통해 나타난 심상의 내용과 그 경험을 구체화하기 위해 언어적인 접근과 음악을 통해서 경험한 심상을 구체적인 색과 형태로 표현하는 작업을 이끌기 위해 만다라를 실시하였다. 언어적 접근의 핵심은 참여자들이 GIM을 통해 의미와 본질을 충분히 표현하고 의식화하는 데 있다.

2. 심상을 이끌기 위한 언어 중재 예시

GIM에서 이루어진 대상자들의 경험을 구체화시키기 위해 언어적인 대화가 이루어진다. 그 대화의 형태는 심상을 이끌기 위한 언어 중재 예시로 다음 표 13-1과 같은 언어적 중재가 사용된다.

표 13-1 심상을 이끌기 위한 언어 중재 예시

분류	내용
general probes	어디에 있나요?
	지금 무엇이 일어나고 있나요?
	무엇을 느끼고 있나요?
	무엇이 보이나요?
	무엇을 경험하나요?
	그것에 대해 설명할 수 있나요?
	무엇이 보이나요?
	어떻게 생겼나요?
	무엇이 보이나요?
visual probes	형태가 있나요?
	그 외에 보이는 것이 있나요?
	그것을 알 수 있나요?
	익숙한가요?
	좀 더 다가갈 수 있나요?
	주변을 보세요.
	시간을 가지고 무엇이 보이는지 둘러보세요.
	그(대상)것이 당신을 보고 있나요?
	몸은 어떤가요?
sensory-emotional probes	몸이 반응하나요?
	몸에 다른 감각이 느껴지나요?
	몸에서 무엇이 일어나고 있나요?
	몸이 어떻게 느껴지나요?
	무엇이 만져지나요?
	무엇을 느끼나요?
	어떻게 느끼나요?
	어떤 감각이 느껴지나요?
	하고 싶은 것이 있나요?

출처 : Association for Music and Imagery(2003, 재구성)

3. 심상 유도 음악치료(GIM) 과정

김지연

분류	1회기	2회기	3회기	4회기	5회기
목적	나를 돌아보는 시간	사랑받고 싶은 나	암흘을 바라보는 경험	어둠을 뚫고 빛으로 나가고 싶은 나	소외감으로 분노하는 나를 바라보는 여행
통찰	자랄 때 부모에게 사랑받고 싶었다.	누군가에게 사랑받고 싶었는지를 생각하니 씁쓸하다.	돌담 터널이 무너졌지만 그 방향으로 가려는 나를 느꼈다.	음악과 함께 호흡하는 것 같다.	살아오면서 내가 없었다.
음악 프로그램	3 doors	secret garden	exploration	mostly bach	abandment bonding
주요 심상	공작	안개꽃, 암흘	루비, 돌로 된 터널	유리 와인 잔, 목단꽃	폭포, 선인장으로 된 무덤, 해바라기
색깔	검은색, 파란색	하얀색, 녹색, 보라색	깜깜함, 밝음, 하얀색	빨간색, 연녹색, 밝은 초록색, 연분홍색	노란색, 검은색
주요 정서	시원한 느낌, 벌어지는 느낌	가라앉는 느낌 →해소, 씁쓸함	답답함, 무서움, 어둡지만 좋음	기분 좋음, 평화롭움	가슴 답답함, 불쌍함, 눈물, 무거움, 화남, 견딤, 찝찝하고 짜증남
신체 변화	얼굴이 뜨거워짐, 가슴에서 무언가 계속적으로 나가는 느낌	잠들고 싶다.	머리 통증→해소	숨 쉬는 게 편함, 머리 통증	왼쪽 머리 통증, 머리 통증, 오른쪽 머리 통증
만다라	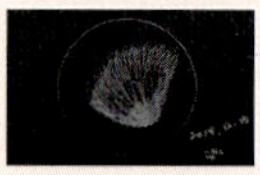				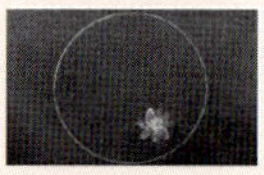

분류	6회기	7회기	8회기	9회기	10회기	11회기
목적	폭포에 다시 들어간 나를 바라보기	상반된 이미지가 나에게 이야기하는 것이 무엇인가!	어린 시절의 어머니와 나를 바라보는 여행	친정 식구들과의 분리되는 경험	어머니로서 나의 모습을 경험하는 여행	아이들에 대한 나의 감정을 정리하는 여행
통찰	나는 마음과 다른 모습으로 살아 왔다.	내가 바뀌어야 한다.	각자 생태계에 맞게 사는 것이다.	친정 식구들과의 분리를 경험하였다.	화가 나면 아이에게 퍼붓는데 그러면 안 된다는 건 알지만 인정하고 싶지 않다.	나는 아이들에게 칭찬하는 것으로 감정이 정리가 된다.
음악 프로그램	anger	migration	emotional expression	relationship	life blood	group short
주요 심상	폭포물, 폐수	피아노 건반, 손 나팔	해초, 작은 물고기	은행잎, 샹들리에 식탁	스프링클러, 낙하산	물총, 파도, 나비
색깔	없음	검은색, 갈색	검은색	흰색, 노란색, 금빛, 초록색	하얀색,	파란색, 검푸른색, 녹색
주요 정서	좋고 시원한 느낌, 어둠, 편함, 찝찝함→평온→차분	부드러움, 짜증, 정신없음, 평온	편함, 분노, 슬픔, 평온, 자유로움, 편함	답답함, 부드러움, 편함, 분리, 결단	신경 곤두섬, 시원함, 끌어안아줌	신경이 날카로움, 차분
신체 변화	머리 통증은 사라지고 묵직한 느낌	머리 통증→완화	머리 통증	머리 통증→해소	머리 통증	없음
만다라						

이소정

분류	1회기	2회기	3회기	4회기	5회기
목적	나를 돌아보는 여행	나의 느낌을 찾아보는 시간	어린 시절의 나를 바라보는 여행 1	어린 시절의 나를 바라보는 여행 2	아버지와의 불편한 감정을 바라보기
통찰	이 과정을 통해 나다운 나를 찾지 않을까? 다음이 기대된다.	어릴 때의 나는 서글프기도 하고 누군가에게 존중받고 소통하고 싶은 것 같다.	어릴 때 힘들어도 공부를 할 수 있다는 게 좋았는데 중학교를 다니지 못해 마음이 굉장히 슬펐다.	내가 살아온 길을 남이 들으면 불쌍하게 볼 것 같은데 나는 재미와 희망이 있었다.	남은 감정이 있으면 해결해서 자유로워지고 싶다.
음악 프로그램	3 doors	unforgetting	gently deep sadness	childhood remember	death Bach
주요 심상	공원	어머니의 노란 양푼	스쿨버스	호수, 들판	아버지, 선술집 아가씨, 새벽
색깔	어두운 녹색, 밝고 평안한 색, 연한 연두색, 노란 빛이 나는 연두색	노란색	없음	노란색, 파란색	초록색, 회색
주요 정서	편안함, 담담함, 자유로움, 안타까움, 마음이 아픔, 무거움, 따뜻하고 평화로움, 애잔한 마음	편안하고 존중받는 느낌 평화로움 소중함 속상함 슬픔	담담함 희망 슬픔 불쌍함 재미	담담함 따뜻함 후련함, 태워짐 가벼움 평온함, 조용함 잔잔함 즐거움	마음이 무거움, 미움, 슬픔, 편안함
신체 변화	왼쪽 종아리 무거움	무릎, 머리, 어깨 통증→해소	없음	머리 통증→해소, 가슴 무거움 →가벼워짐	하품, 오른쪽 어깨, 겨드랑이, 왼쪽 무릎, 오른쪽 골반 안쪽, 머리 위쪽 부종, 왼쪽 팔꿈치, 왼쪽 머리 통증→해소
만다라			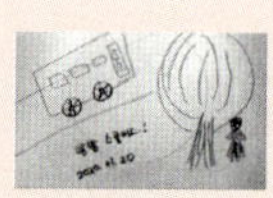		

분류	6회기	7회기	8회기	9회기	10회기
목적	내 안에 일어나는 불편한 감정을 흘려 버리는 시간	내 안에 있는 애잔한 느낌마저도 흘려 버리는 여행	고유한 나를 바라보는 여행	나다운 나를 바라보는 여행	자유로운 나를 느껴 보는 여행
통찰	불편한 게 있으면 어떤 것이라도 놔 버려라.	생각지 않은 감사한 느낌이 느껴졌다.	나는 늘 나 자신을 객관화하였다. 있는 그대로 나를 글로 쓰고 싶다.	느리기는 해도 여름이 올 거야.	신앙으로 내 감정을 많이 눌렀다. 겉으로는 내 마음을 표현 못 하고 살았다.
음악 프로그램	anger	bearing witness	relationship	peak experience	suit romance romanza
주요 심상	아버지 가족	물 위에 누워 있는 나, 바다	향기, 춤추는 나	새순, 벚꽃	진달래, 춤추는 나
색깔	없음	없음	없음	없음	파란색, 보라색
주요 정서	잔잔함, 차분함, 집중 안됨	깨끗해진 느낌	상큼함, 차분함, 집중이 안됨, 신경질	좋고 편안, 설렘, 희망, 유쾌함, 즐거움, 명랑함, 잠잠	잔잔함, 평화로움, 희망, 즐거움, 가벼움, 기쁨
신체 변화	없음	머리 오른쪽의 가려움, 이마에 무언가가 올려진 듯한 느낌	오른쪽 이마 위 묵직함	오른쪽 손가락 마디 통증→해소	없음
만다라	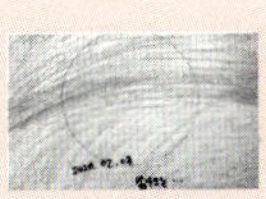		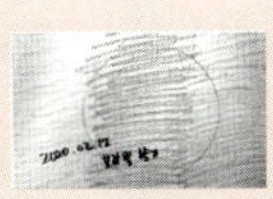	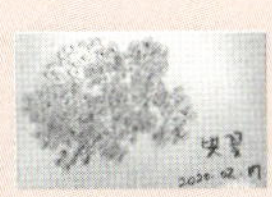	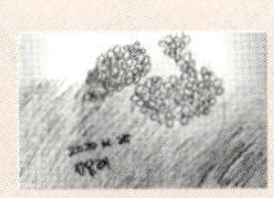

박은영

분류	1회기	2회기	3회기	4회기	5회기
목적	나를 돌아보는 시간	나를 느끼는 여행	내 안의 답답함을 바라보는 여행	분노를 밀어내기	내면의 힘을 바라보는 여행
통찰	너무 나를 자책하며 어리석게 살아온 것 같다.	나를 응원해주는 몰랐던 힘이 있다는 것을 알았다.	내 안에 분노가 많다는 것을 알았다.	무언가는 알아가는 것 같은데 정신이 없고 답답하다.	혼돈스러움에서 탈출하고 싶은 것 같다.
음악 프로그램	3 doors	unforgetting	reflections	anger	death Bach
주요 심상	햇무리, 친정어머니	나팔	새소리, 산불 연기, 풍선	쫓는 무리, 폭탄, 성	비행기
색깔	보라색, 분홍색	주황색, 빨간색	검은색	없음	없음
주요 정서	긴장→희망	외로움, 슬픔→혼자가 아님, 걱정 중지, 평안	답답함, 화, 불안, 쫓기는 기분, 절규, 망설임, 불신감, 분노, 누명, 억울, 정직→후련	쫓기는 기분, 숨이 막힘, 짓눌림, 귀찮음, 피곤, 복잡, 불쌍함, 분노, 처량함, 슬픔	혼돈
신체 변화	답답함, 긴장→끌어당겨 올라가는 느낌, 맑아진 느낌으로 해소	없음	에너지 2→7	숨이 막힘→답답함	잠이 계속 옴, 하품을 많이 함
만다라		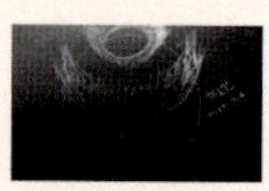		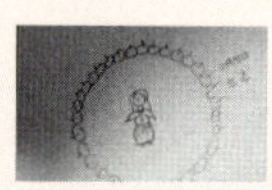	

분류	6회기	7회기	8회기	9회기	10회기
목적	혼돈스러운 나를 바라보는 여행	내 마음의 짐을 찾아보는 여행	짐을 내려놓고 나를 찾는 여행	어머니인 자신의 힘을 경험하는 여행	어머니로서의 강한 나를 경험하는 여행
통찰	내 마음의 짐을 벗으라는 건데 아직 잘 모르겠다.	위로는 내가 나 자신한테 해 줘야 한다. 짐도 내가 내려놔야 한다.	나도 답답하게 살았다. 사각 틀에서 멈춰서 틀을 깨고 싶다.	어머니로서 나의 힘은 강함이다.	무언가 새로운 것에 도전하고 싶은 힘도 있다.
음악 프로그램	abandment bonding	bearing witness	relationship	secret garden	life blood
주요 심상	낯선 무리들, 트렁크	아기를 업은 아이	대나무 바구니	산	계곡 길
색깔	파란색, 무지개색	아이보리색	회색, 하얀색	연한 주황색, 어두운 파란색	주황색
주요 정서	분리 중압감, 불안, 재촉, 궁금함, 복잡함	답답함, 안쓰러움, 불쌍함, 우울감, 무거움 힘겨움, 슬픔, 자살 충동, 이기적 위로	답답함, 재촉함, 힘겨움, 이기적, 혼란스러움, 불안감, 착함	갈망, 안타까움, 힘겨움, 편함, 강함, 책임감, 자부심	평온, 온화함, 편함, 경쾌함, 기분 좋음, 행복감, 평온함
신체 변화	가슴 두근, 가슴 답답함, 재촉함, 졸음, 가슴 답답함 호전	졸림 하품 답답함→해소	가슴 뜀, 졸음	잠듦	없음
만다라	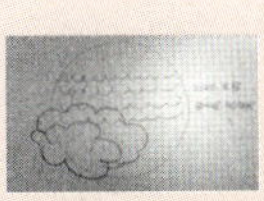	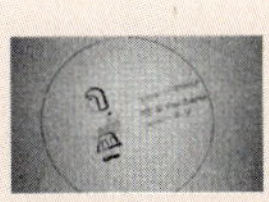		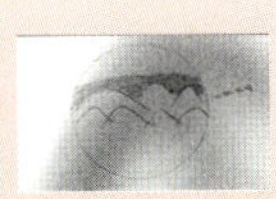	

정미옥

분류	1회기	2회기	3회기	4회기	5회기
목적	나의 삶을 돌아 보는 여행	나의 마음을 정리하는 여행	내 삶에 남편과 함께한 시간을 바라보는 여행	나를 짓누르는 커다란 바위를 밀어내는 경험	부정적인 나를 바라보는 여행
통찰	이제 앞으로는 슬픈 일이 없었으면 좋겠다.	남편을 마음에서 떠나보내야겠다는 생각이 든다.	창피해서 커다란 바위가 가슴을 누르고 있어 답답하기만 하였다.	나는 평소 부정적인 생각들이 잘 올라온다.	나에게 긍정적인 모습도 있다는 걸 알았다.
음악 프로그램	3 doors	unforgetting heart	bearing witness	tocata Air in G	death Bach
주요 심상	안개, 갈매기	대나무 숲, 백사장	바위	남편, 시누이	남편
색깔	뿌연 색	푸른빛	어둠	파란색	초록색, 신록
주요 정서	슬픔, 외로움, 멍멍함, 차분함	편안함, 답답함	슬픔, 짓누름, 창피, 미움, 저주, 불안, 괘씸, 증오, 저주, 용서	짓누름→해소, 증오, 슬픔	안쓰러움, 싫음, 애처로움, 후회, 다정다감
신체 변화	없음	없음	없음	없음	없음
만다라					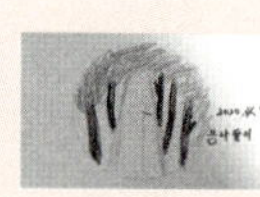

분류	6회기	7회기	8회기	9회기	10회기
목적	내 안의 부정적 감정을 경험하기	내 안의 힘든 아이를 바라보기	어린 시절의 나와 어머니를 바라보는 여행	앞으로 살아갈 나의 모습을 바라보는 여행	자유로운 나를 느끼는 여행
통찰	어린 시절 어머니에게 인정받지 못하고 살아 기죽은 삶을 살았다.	내 감정을 표현하며 살고 싶다.	내게도 결단을 내리는 강함이 있는 것 같다.	날개 달고 당당하고 자유롭게 살고 싶다.	남편도 내가 나 자신을 위해 살기를 원하는 것 같다.
음악 프로그램	loss	secret garden	life blood	relationship	group Short#1
주요 심상	벚꽃길, 아이	불, 엄마	아버지	촛대 바위, 일출	산책길, 남편
색깔	없음	없음	없음	파란색, 노란색	신록
주요 정서	편안함, 인정받지 못함, 기죽어 삶, 자존감 낮음, 마음의 여유가 없음	슬픔, 공포, 무서움, 원망, 안타까움, 고달픔, 기특함	놀람, 미안함, 안타까움, 슬픔, 사랑, 안쓰러움, 보호, 지지, 강함	편안함, 좋음, 미안함, 그리움	편안함, 그리움, 외로움, 후회
신체 변화	없음	없음	소름→해소	없음	없음
만다라			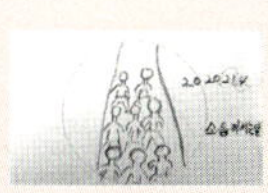		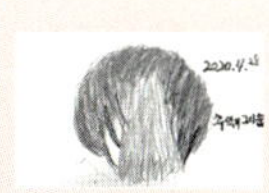

SUMMARY

- 내담자 개별로 각 세션의 목적, 통찰, 음악 프로그램, 주요한 심상에 대해 기술하였으며, 심상에서 경험했던 색깔과 주요한 정서들과 음악 경험에서 나타난 신체의 변화를 설명하였고, 세션이 끝난 후 만다라 활동을 통해 경험한 심상을 그렸다.

생각해 볼 거리

1. 음악 경험을 한 후 통찰된 부분의 다양한 활동에 대해 생각해 봅시다.

2. 심상을 세분화하여 생각해 봅시다.

APPENDIX

GIM 음악 프로그램

3 door(sun singer) (Paul Winter Album)

1. sun singer theme
2. hymn to the Sun
3. reflection in a summer
4. dolphin morning

the unforgetting heart (Michael Hoppe)

1. the unforgetting heart
2. southern dreamer
3. childhood memories

childhood remembered (Narada Artists ND – 63907)

1. the cello song
2. the crow & the weasel
3. The green room

death Bach (Short-version) : all from "stokowski's symphonic Bach"-Chandos 9259)

1. passacaglia and fugue C minor
2. come sweet death
3. fugue in G minor
4. aria

relationships – Bonny

1. fountains of Rome (Respighi)
2. fountains of Rome (Respighi)
3. piano concert #1-2nd Mvt-romance (Chopin)
4. symphony #2-3rd Mvt-adagio (Rachmaninoff)

secret garden (short program)

1. sigma
2. chaconne
3. song from a secret garden
4. serenade to spring

explorations – adapted from Bonny

1. pine of Rome (Respighi)
2. sirenes (Debussy)
3. salvation is created (Tschesnekov)
4. canon in D Major (Pachelbel)

Abandonment to Bonding

1. swan of tuonela (Sibelius)
2. the firebird–berceuse (Stravinsky)
3. prelude Op.28 No.4 in E minor (Chopin)
4. suite in D major–Air on G (Bach)
5. the carnival of animals–the swan (Saint–Seans)
6. Kinderszenen Op. 15–Traumerei (Schumann)

anger insert

1. "Mars" (from the Planets) (Holst)
2. toccata and fugue (Bach)

emotional expression – Bonny(Brahms Piano Concerto 2)

1. Mvt 1–allegro non troppo
2. Mvt 3–andante

migration

1. initiation (#2)
2. becoming human (#10)
3. transformation (#8)
4. service (#12)

life blood – Joanne Shenandoah with Peter Kater Silver Wave SD 809

peak experience – Bonny

1. piano concert #5–Adagio (Beethoven)
2. gloria RV 589–et in terra pax (Vivaldi)
3. adagio in C (Bach)

4. requiem Op. 48–In paradisum (Faure)
5. lohengrin–preludeto Act 1 (Wagner)

loss

1. adagio in G minor (Albinoni)
2. come sweet death (Bach)
3. mein Jesu (Bach)
4. aria (Bach)

gentle deep sadness

bearing witness

REFERENCE

국내 문헌

강영심·천성문(2014). 사춘기 자녀를 둔 한 부모 가정 어머니의 자녀양육 스트레스 경험에 관한 현상학적 연구. **재활심리연구 21(3)**, 601~625, 한국재활심리학회.

강창현(2016). 한 부모 여성의 건강불평등 분석. **한국공공관리학보**, 30(4): 297~319.

고경희(2017). 중년기 남녀의 적응유연성에 관한개념도 연구. 성신여자대학교 대학원 박사학위논문.

권수영·박태영·신혜종·안미옥·오화철·이인수·이진희·이현숙·이화자·전명희·정병호·조은숙·최규련(2020). **한국 가족을 중심으로 한 부부·가족 상담핸드북**. 서울: 학지사.

김경옥(2018). 이혼한 여성 한 부모의 삶의 경험에 대한 내러티브 탐구. 전남대학교 대학원 박사학위논문.

김미숙(2016). 자립을 준비하는 한 부모가족 여성의 삶의 양식에 관한 탐색적 사례연구: 모자가족복지시설 입퇴소자를 중심으로. **한국가족복지학회, 52**, 67~102.

김미옥(2014). 중년기 여성의 대인애착, 내현적 자기애 및 배우자 지지가 심리적 안녕감에 미치는 영향. 가톨릭대학교 대학원 박사학위논문.

김벼리(2012). 남편을 자살로 잃은 중년 기독인 여성의 경험에 관한 현상학적 연구. 전남대학교 대학원 석사학위논문.

김상희(2005). 성인여성의 배우자 사별체험. 고신대학교 대학원 박사학위논문.

김수연(2019). 가족확대기 결혼이주여성 남편의 스트레스에 관한 현상학적 연구. 전남대학교 대학원 박사학위논문.

김순이·이정인(2007). 중년기 성인의 노화불안, 우울 및 자아존중감에 대한 연구. **기본간호학회지, 제14권 제1호**, 103~109.

김재희·김욱(2015). 노화불안이 삶의 만족도에 미치는 영향: 청년, 중년, 노년 집단 비교. **노인복지연구, 제68권**, 187~216.

김성민(2014). **분석심리학과 종교**. 서울: 학지사.

김승곤(2004). 사회경제적 지위와 노인의 만성질환 유병률. **보건과 사회과학**, 155~177.

김승권·양옥경·조애저·김유경·박세경·김미희(2004). 다양한 가족의 출현과 사회적 지원체계 구축방안. 한국보건사회연구원.

김정규(2015). **게슈탈트 심리치료 창조적 삶과 성장(2판)**. 서울: 학지사.

김정주(2018). 중년여성의 빈둥지시기 경험탐색과 평생교육학적 제안. **한국교육학연구, 24(1)**, 141~172.

김진욱(2017). GIM 치료사의 GIM자격훈련을 통한 성장 경험에 대한 연구. 한세대학교 대학원 박사학위논문.

김종인(2005). **행복을 주는 음악치료**. 지식산업사.

김종인(2008). **아동음악치료방법론**. 한국학술정보.

김아영·차정은·이채희·주지은·임은영(2016). **혼자 쓰는 연구 논문**. 서울: 학지사.

김안자(2005). 가족레질리언스가 한 부모가족의 가족스트레스에 미치는 영향. 경기대학원 박사학위논문.

김연이(2010). 자아초월을 위한 영성교육 탐구 -동사섭을 중심으로-. 전북대학교 대학원 박사논문.

김영숙(2014). 40대 자발적 이혼 여성 한 부모의 생애사 연구. 성균관대학교대학원 박사학위논문.

김영정(2019). **청소년 한 부모 권리보장과 사회적 지지체계 조성방안 정책연구-14.** 서울시여성가족재단.

김오남(2004), 한 부모가족 여성가장의 심리적 안녕과 관련변인 연구. **한국가족복지학, 14**: 85~118.

김오남(2005). 한 부모가족 여성가장의 심리적 안녕-가족적, 사회적 요인을 중심으로. **대한가정학회지, 43(1).**

김윤정(2011). **알기쉬운 인간행동과 사회환경.** 서울: 학지사.

김은하·남현숙·김태훈(2013). 부인의 우울과 화병이 남성의 우울과 화병에 미치는 영향과 결혼 만족도의 조절효과. **한국산학기술학회논문지, 14(10)**, 4827~2846.

김태련·조혜자·이선자·방희정·조숙자·조성원·김현정·홍주연·이계원·설인자·손원숙·홍순정·박영신·손영숙·김명소·성은현(2004).**발달심리학.** 서울: 학지사.

김행섭(2010) 여성 한 부모의 양육스트레스와 우울과의 관계: 성인애착과 가족탄력성 및 실존적 영성의 매개효과. 경북대학교 박사학위논문.

김혜경·도미향·문혜숙·박충선·손홍숙·오정옥·홍달아기(2019). **가족복지론(6판).** 고양: 공동체.

김혜란(2017). 중년여성 가구주의 재취업 좌절에 대한 심리사회적 현상 연구. 백석대학교 대학원 박사학위논문.

김혜련·강영호·윤강재·김창석(2004). **건강수준의 사회계층간 차이와 정책 방향.** 서울: 보건사회연구원.

김혜련(2005). 만성질환 유병과 주관적 건강수준의 사회계층별 차이와 건강 행태의 영향: 서울시민을 대상으로. **보건사회연구, 25(2)**: 3~35. 서울: 보건사회연구원.

노영희·김상인(2016). 한 부모의 자녀양육 어려움, 고용지위, 사회적지지가 우울에 미치는 영향: 한 부모의 성별 차이를 중심으로. **가족과 가족치료. 24**: 167~185.

두현정(2008). 사별가족의 슬픔 적응 경험: 지역사회 호스피스 간호를 받은 가족을 중심으로. 한양대학교 박사학위논문.

류금란(2019). 회복탄력성이 높은 한 부모 가정 어머니의 자녀양육 경험에 대한 현상학적 연구. 영남대학교 대학원 박사학위논문.

문혜선(2012). 이혼여성의 이혼과정에 관한 가족생애사적 분석. 울산대학교대학원. 석사학위논문.

박경복·김분한(2004). 중년남성의 배우자 사별경험. **Asian Oncology Nursing, 4(2)**, 143~153.

박경원(2017). 한 부모가족 청소년의 스트레스 및 심리사회적 특성에 관한 연구. 전남대학교 대학원 박사학위논문.

박숙경(2019). 우울증을 경험한 중년여성의 개성화과정에 대한 현상학 연구. 대한신학대학원대학교 박사학위논문.

박이균(2015). 중년여성의 갱년기 증상과 심리상태에 미치는 이압요법의 효과. 경희대학교 간호학과 박사논문.

박연심(2018). 상처 입은 치유자로서 청소년동반자의 삶에 관한 내러티브 탐구. 경성대학교 일반대학원 박사학위논문.

박영미·신창식(2015). 갱년기 여성의 생활스트레스가 생활만족도와 우울에 미치는 영향. **한국콘텐츠학회, 15(5)**, 254~264.

박지윤·이명호(2015). 우울과 가족갈등을 겪는 중년여성의 TA상담기법 적용사례 연구, **교류분석상담연구** Journal of Transactional(Theology and Praxis).

박정묘(2007). 심리경향에 따른 중년기 생의 의미 분석. 부산대학교 대학원 박사학위논문.

박주연(2011). 가족탄력성과 사회적 지지가 한 부모와 청소년기 자녀의 심리적 복지에 미치는 영향. 전남대학교대학원 박사학위논문.

박철안(2016). **중년기 우울증의 문제와 그 극복의 방안 -칼 융의 이론을 중심으로-.** 신학과 실천.

박철우(2013). 한 부모 가정의 청소년 자녀가 지각하는 부모-자녀간의 의사 소통 유형이 자아존중감과 자아정체감에 미치는 영향. 동국대학교 대학원 석사학위논문.

박태경(2019). 우울증을 경험한 중년여성의 자기실현을 위한 프로그램 개발 및 효과성 검증. 대구대학교 대학원 박사학위논문.

백인자(2015). 중년기 여성의 직업 정체성 형성과정에 관한 연구. 고려대학교 행정대학원 정책학과 석사학위논문.

서미경(2010). 중·고령여성취업 경험에 관한 현상학적 연구. 이화여자대학교 대학원 박사학위논문.

성정현·송다영·한정원(2004). 이혼가족 및 사별가족 아동에 대한 교사의 인식: 내용분석 방법을 활용하여. **한국가족복지학, 1(11)**, 9~34.

성정현·김희주(2016). 미혼모가족에 대한 부정 인식의 역사, 사회 배경에 대한 소고. **가족과 문화, 28(1)**, 33~53.

성정현(2017). 이혼한 여성 한 부모들의 자립경험. **한국콘텐츠학회, 17(5)**, 137~152.

성진희(2016). 기독중년여성의 우울증 개선교육 프로그램에 관한 연구. 성결대학교 대학원 박사학위논문.

손현겸(2015). 심상 유도 음악치료(GIM) 프로그램을 적용한 비행청소년의 내적 경험에 대한 연구. 건신대학교 대학원 박사학위논문.

손서희(2013). 이혼한 여성 한 부모의 홀로서기 경험. **한국가정관리학회지, 31(2)**, 59~75.

손병덕 (2012). 한부모 가족 아동의 문제행동: 형제관계와 인터넷, 게임의 중재효과. **청소년학연구, 19(9)**, 215~29.

송노순(2011). 자연폐경여성과 인공폐경여성의 갱년기 증상과 적응비교. 계명대학교 교육대학원 석사학위논문.

송다영(2003). 사회적 배제 집단으로서의 저소득 모자가족과 봉합적 복지대책 수립을 위한 연구. **한국사회복지학, 54**: 295~320.

송영아·신혜숙(2009). 수지요법이 갱년기 여성의 폐경증상과 FSH, LH 및 Estradiol에 미치는 효과. **대한간호학회지, 39(6)**, 868~877.

송이은(2018). 다양한 가족구성원 건강지원체계 마련 연구: 서울시 한 부모가족 여성을 중심으로. **서울시여성가족재단**, 1~171.

신경림·조명옥·양진향(2017). **질적 연구 방법론**. 서울: 이화여자대학교출판부.

신동열·한상희·서순희·신동숙·박경숙·박태연·정혜정·김미자·천해리·최향례·공현준·백은주(2017). **인간심리의 이해**. 파주: 양서원.

신동열·한상희·박경숙·이정화·이희성(2018). **발달심리학**. 파주: 양서원.

신명희·서은희·송수지·김은경·원영실·노원경·김정민·강소연·임호용(2017). **발달심리학**. 서울: 학지사.

신희정(2010). 여성 가구주의 빈곤화 구조에 대한 연구: 사회배제를 중심으로. 한남대학교 대학원 석사학위논문.

심지현(2017). 중년 여성의 통합문학치료 경험에 관한 내러티브 연구. 경북대학교 대학원 박사학위 논문.

안순옥(2013). 중년 여성 우울증에 대한 여성주의 목회상담: 이야기치료를 중심으로. 이화여자대학교 대학원 박사학위논문.

안정희(2007). 한 부모 가족을 위한 사회복지적 지원체계 확대 방안: 이혼 여성 가족을 중심으로“ 성산효대학원대학교 석사학위논문.

양경미(2015). 중년여성의 우울, 생활스트레스 및 회복탄력성이 삶의 질에 미치는 영향, **가정간호학회지, 제22권 제2호.**

양명숙·김동일·김명권·김성회·김춘경·김형태·문일경·박경애·박성희·박재황·박종수·이영이·전지경·제석봉·천성문·한재희·홍종관(2019). **상담 이론과 실제(2판)**. 서울: 학지사.

연문희·박남숙(2001). 교육과 상담에서의 질적 연구. **연세 교육 연구, 14(1)**, 243~263.

여성가족부(2015). 2015년 한 부모 가족 지원사업안내.

여성가족부(2016). 2016년 한 부모 가족 지원사업안내.

여성가족부(2018). 2018년 한 부모 가족 지원사업안내.

여성가족부(2019). 2018년 한 부모 가족 실태 조사.

엄미선·전동일(2006). 저소득 한 부모 가족의 양육부담과 사회적지지. 사회복지리뷰, 제11집, 75~108.

오성은(2019). 사회적 배제가 한 부모가족 가구주의 우울에 미치는 영향: 성차를 중심으로. 한양대학교 대학원 석사학위논문.

오승환(2001). 저소득 편부모가족의 가족기능과 자녀의 심리사회적 특성 비교 연구-양친가족, 편부가족, 편모가족의 비교를 중심으로. **한국아동복지학, 12(0)**, 77~107.

오정숙(2001). 심상 유도 음악치료(GIM) 프로그램이 중년주부의 우울 감소에 미치는 영향 -사례 연구를 중심으로-. 이화여자대학교 대학원 석사학위논문.

우미경(2018). 여성 한 부모의 사회자본이 정신건강에 미치는 영향: 양육 스트레스의 매개효과를 중심으로. 목원대학교 대학원 석사학위논문.

유기웅 · 정종원 · 김영석 · 김한별(2018). **질적 연구방법의 이해(2nded.)**. 서울: 박영스토리.

육혜련(2013). 통합연구방법을 적용한 가출청소년의 사회적 배제와 심리사회적 부적응과의 관계 연구: 청소년 쉼터 입소 청소년을 대상으로. 대전대학교 대학원 박사학위논문.

이경숙 · 정영숙 · 박진아(2005). 저소득층 이혼여성의 심리사회적 특성에 관한 연구. **한국심리학회 학술대회 자료집, (1)**: 1~19.

이경은(2012). 중년기 스트레스와 탄력성이 심리적 안녕감에 미치는 영향. 성신대학교 대학원 석사학위논문.

이기연 · 박현정(2015). 저소득 한 부모 가구주의 사례관리 서비스 이용 경험. **사회복지정책, 21**: 319~339.

이근호(2007). 질적 연구 방법론으로서의 현상학, **교육인류학연구, 제10 제2호**, 41~64.

이난복(2010). 심상 유도 음악치료(GIM) 과정에서 나타나는 내담자의 주관적 인식 유형과 특성요인에 관한 연구. 숙명여자대학교 대학원 박사학위논문.

이남(2015). 여성가구주의 노후준비 경험에 관한 현상학적 연구 - 직업이 있는 중년 여성가구주를 중심으로-. 한서대학교 대학원 박사학위논문.

이미숙(2005). 한국 성인의 건강불평등: 사회계층과 지역 차이를 중심으 로. **한국사회학, 39(6)**: 183~209.

이영호 · 송종용(1991). BDI, SDS, MMPI-D 척도의 신뢰도 및 타당도에 대한 연구. **한국심리학회지: 임상, 10(1)**, 98~113.

이은경(2014). 중년여성의 생활스트레스와 신체화증상의 관계: 신체증상 귀인 경험적 회피의 매개효과. 광운대학교 상담복지정책대학원 석사논문.

이은순(2018). 한 부모의 사회적 배제가 부모역할 만족도에 미치는 영향: 양육 곤란 수준에 따른 조절 효과 분석. 충북대학교 대학원 박사학위논문.

이부영(2005). **분석심리학**. 서울: 일조각.

이부영(2011). **아니마와 아니무스**. 파주: 한길사.

이부영(2018). **자기와 자기실현(분석심리학의 탐구 3)**. 파주: 한길사.

이부영(2018). **그림자(분석심리학의 탐구 1)**. 파주: 한길사.

이소희 · 정민자 · 김경희 · 박인전 · 손지미 · 김영란 · 홍계옥 · 도미향 · 김민정(2003). **현대가족복지론**. 파주: 양서원.

이죽내(2011). 융의 분석심리학적 심리치료 개관" 가족과 상담. **숭실대학교 부부가족상담연구소, 1(1)**: 41~70.

이유경(2010). 한국민담에서 살펴본 여성의 부성 콤플렉스 -, 〈심청전〉과 〈바리공주〉 중심으로. 심성연구. **한국분석심리학회, 25(1)**: 65~101.

이화명 · 정원철(2016). 한 부모 빈곤여성의 사회적 배제감이 탈빈곤 의지에 미치는 영향. **한국콘텐츠학회 논문집, 16(5)**, 760~71.

이현심 · 한규철 · 전기복(2013). 한 부모여성가구주의 경제적 스트레스가 삶의 질에 미치는 영향. **한국콘텐츠학회논문지, 13(3)**: 174~183.

이혜정·송다영(2019). 한 부모의 주관적 건강상태 변화와 영향 요인: -가족 요인, 경제적 요인, 사회적 차별 요인을 중심으로-. **한국가족복지학, 제65호.**
예정은(2017). 주관적 건강과 우울에 미치는 영향: 사회적지지의 영향을 중심으로. 서울대학교 대학원 석사학위논문.
임슬기(2018). 칼 융 분석심리학 입장에서 본『미녀와 야수』에 나타난 개성화 연구. 협성대학교 신학대학원 석사학위논문.
오창순·신선인·장수미·김수정(2015). **인간행동과 환경(3판)**. 서울: 학지사.
장현숙(2008). 남편과 자녀로 고통 받는 중년 여성의 개성화를 위한 모래놀이 치료 사례연구. **한국놀이치료학회, Vol. 11, No, 3,** 81~98.
장휘숙(2012). **여성심리학**. 서울: 박영사.
정선주(2018). 일본 결혼이주여성들의 가족갈등에 관한 현상학적 연구 - 가족의 사례 중심으로. 한양대학교 대학원 박사학위논문.
정은미(2016). 사별 남성 한 부모의 홀로하기에 관한 현상학적 연구. 경성대학교 일반대학원 박사학위논문.
정옥분(2015). **전생애 인간발달의 이론**. 서울: 학지사.
정원임(2013). 중년여성의 빈둥지증후군 극복을 위한 독서치료 적용에 관한 연구. 경기대학교 박사학위논문.
정현주·김동민(2005). **아동들을 위한 음악치료 놀이극**. 서울: 학지사.
정현주·김영신·최미환·조혜진·노주희·김동민·김진아·문소영·곽은미·배민정·이승희·김승아·김신희·이수연(2006). **음악치료 기법과 모델**. 서울: 학지사.
정현주·김동민(2017). **음악심리치료 이론과 실제**. 서울: 학지사.
정현주(2019). **음악치료학의 이해와 적용**. 이화여자대학교출판문화원.
정현희(2018) 로저스의 인간중심교육사상 연구. 서울교육대학교 교육전문대학원 석사학위논문.
정희정(2013). 집단미술치료가 저소득층 여성한 부모의 불안, 우울 및 자아존중감에 미치는 효과: 얄롬(Yalom)의 치료적 요인을 중심으로. 명지대학교 대학원 석사학위논문.
조선화(2012). 한 부모가정의 적응에 관한 연구동향: 질적연구와 실험연구를 중심으로. **한국놀이치료학회지, 15(4),** 487~513.
조성연(2003). 여성한 부모의 사회적 지원과 자녀양육방법. **한국생활과학회지, 12(5)**, 579~593.
조연수(2016). 도예작업을 활용한 점토치료 프로그램이 중년기 여성의 심리적 변환에 미치는 효과. 명지대학교 일반대학원 박사학위논문.
조흥식·김인숙·김혜란·김혜련·신은주(2017) **가족복지학**. 서울: 학지사.
지갑성(2015), 중고령자의 삶의 만족도 영향요인. 한양대학교, 석사학위청구논문.
최명선·류진아·박희정(2007). 한 부모가족 여성가장의 경험에 대한 연구-심리·정서적, 사회·경제적 경험을 중심으로-. **한국가족복지학, 12(3)**, 75~95.
최병철(2017). **음악치료학**. 서울: 학지사.
최연우(2015). 고부갈등이 자부의 화병과 이혼의도에 미치는 영향: 부부친밀감과 자아분화의 조절효과. 대구가톨릭대학교 대학원. 박사학위논문.
최윤정·이시연(2007). 한 부모 가족 어머니의 스트레스와 부모역할-대처방식, 사회적 지지의 조절효과를 중심으로. **한국가족치료학회지, 15(1)**, 123~142.
최은미(2015). 중년기 자기애성에 대한 분석과 이타성 함양을 위한 기독교 상담적 연구. 계명대학교 박사학위논문.
최정호(2014). 근거이론을 통한 노인장기요양 실천현장의 사례관리 수행과정 경험에 관한 연구: 대구광역시 재가노인복지시

설을 중심으로. 영남대학교 대학원 박사학위논문.

최혜정(2019). 미술치료를 통한 우울한 중년여성의 개성화 과정. 건국대학교 예술디자인대학원 석사학위논문.

한덕웅·이장호·탁진국(1993). Spielberger 상태-특성 불안 검사의 표준화. 한국심리학회, **'1993 연차학술대회' 학술발표논문집**, 505~512.

한상희(2016). 점토치료를 활용한 학교폭력 피해 청소년의 자아효능감 회복 과정의 현상학 연구. 대한신학대학원대학교 박사학위논문.

한재희(2010). **상담패러다임의 이론과 실제**. 서울: 교육아카데미.

현영미(2000). 사춘기 성숙시기와 부모-자녀 관계에 대한 청소년의 지각과의 관계. 대구대학교 석사학위논문.

황은숙(2006). 서울시 한 부모가정 실태조사 연구. **한 부모가정연구, 1(1)**, 1~34.

황은숙(2007). 이혼가정 부모교육 프로그램에 대한 욕구조사, **한 부모가정연구**.

황은숙(2009). **한 부모가정 반편견교육**. 한국 한 부모가정연구소.

황은숙(2012). 한 부모가정의 생활실태와 지원확대 방안 연구. **한국 한 부모가정학, 5(1)**, 59~78.

황은숙(2013). **부모와 교사를 위한 한 부모가정 아동교육**. 한 부모 가정사랑회.

황은영·정은주·이유진(2017). **음악심리치료이론과 실제**. 서울: 학지사.

황은영·장문정·이은선·위아름·박지선·고은진(2017). **올 댓 청소년 음악치료**. 서울: 학지사.

번역 문헌

Alicia Ann Clair & Jenny Memmott 공저, 노인음악치료연구회 역(2009). **음악치료 접근법**. 서울: 시그마프레스.

Alie-Ann Darrow 편, 김영신 역(2006). **음악치료 접근법**. 서울: 학지사.

Bruce W. Scotton Allan B. Chinen·John·John R. Battista 공편, 김명권·박성현·권경희·김준형·백지연·이재갑·주혜영·홍혜경 공역(2015). **자아초월 심리학과 정신의학**. 서울: 학지사.

Bruscia, K. E. 저, 최병철 역(2003). **음악치료**. 서울: 학지사.

C. G. JUNG 외(2012). **인간과 상징**. 열린책들.

Clift, Wallace B. 저(1982), 이기준·김성민 공역(1995). Jung and Christianity: The Challeng of Reconciliation. **융 심리학과 기독교**. 서울: 대한기독교출판사.

Denise Grock & Tony Wigram 공저, 문소영·이윤진 공역(2015). **음악치료 수용기법**. 서울: 학지사.

Kenneth E. Bruscia 편저, 김경혜·정은주 역(2018). **GIM심상음악치료**. 서울: 하나의학사.

Levinson, D. J. & F. B. Levinson 저, 김애순 공역(1996). The season's of a woman's life. New York. **여자가 겪는 인생의 사계절**. 서울: 이화여자대학교출판부.

Rogers, C. R. 저, 한승호·한성열 역(1998). **카운슬링의 이론과 실제**. 서울: 학지사.

Summer, L. & 정현주(2010). **음악치료 기법과 모델**. 서울: 학지사.

Rudolf E. Radocy & J. David Boyle 공저, 최병철·이경숙 공역(2018). **음악심리학(음악적 행동의 심리학적 기반)**. 서우리 시그마프레스.

Yin, R. K. 저(2009), 신경식·서아영 역(2011). Case study research: Design and methods(4th ed.). CA: Sage Publications. **사례연구방법**. 서울: 한경사.

Yontef, G. M. 저, 김정규·김영주·심정아 공역(2008). **알아차림, 대화 그리고 과정**. 서울: 학지사.

Vaillant, G. E. 저(2003), 이시형 역(2010). Aging Well: Surprising Guideposts to a Happier Life from the Landmark

Harvard Study of Adult Development. **행복의 조건: 하버드대학교, 인생성장보고서**. 서울: 프런티어.
William, A. S. 저, 김경숙 역(2007). The Third Age. **마흔 이후 30년**. 서울: 사이.
Winston, A. Richard, R., & Pinsker, H. 저(2003), 장흥석 · 천영일 · 이유진 · 박준현 공역(2014). Learning Supportive Psychotherapy. **지지정신치료**. 서울: 눈출판그룹.

국외 문헌

Amato, P. R.(2000). The consequences of divorce for adults and children. *Journal of Marriage and the Family, 62(4)*, 1269~1287.
Amir, D.(1996). Music Therapy-holistic model. *Music Therapy, 14(1)*, 44~60.
Ansdell, G.(1995). *Music for life. Aspect of creative Music Therapy with adults clients*. London: Jessica Kingsley Publishers.
Austin, J. T., & Vancouver, J. F.(1996). Goal construction in psychology: Structure, process, and content. *Psychological Bulletin, 120*, 338~375.
Austin, D.(2003). *When Words Sing and Music Speaks; A Qualitative Study Of In Depth Music Psychotherapy With Adults*. Unpublished Doctoral Dissertation. NewYork University. NewYORK.
Beck, A. T.(1976). *Cognitive therapy and emotional disorders*. NewYork. NY: Meridian.
Berkman, L. F., Zheng, Y., Glymour, M. M., Avendano, M., Börsch-Supan, A., & Sabbath. E. L.(2015). Mothering Alone: Cross-National Comparisons of Later-life Disability and Health among Women Who were Single Mothers. *Journal of Epidemiology and Community Health, 69(9)*: 865~872.
Bird, C. E.(1999). Gender, Household Labor and Psychological Distress: The Impact of the Amount and Division of Housework. *Journal of Health and Social Behavior, 40*: 32~45.
Bonder, E. et al.(2015). Anxieties about aging and death and psychological distres: The protective role of emotional complexity. *Personality and Individual Diferences.Vol.83*, 91~96.
Bonny, H.(1972~1980). *Newsletter for the Institure for Music and Imagery*. Salina, KS: Bonny Foundation.
Bonny, H.(1989). *Interview with Helen Bonny and Roseanne Kasayka*.
Bonny, H.(2002). *Music and consciousnes: The evolution of guided imagery and music*. Gilsum, NH: Barcelona Publishers.
Bonny, H. L., & Goldberg, F. S.(2002). New directions in the Bonny Method of Guided Imagery and Music. In L. Summer (Ed.), *Music and consciousness: The evolution of Guided Imagery and Music*, 263~268.
Bonny, H. L., & Goldberg, F. S.(1977). Music therapy: A legal high. In G. Waldorf(Ed.), *Counseling therapies and the addictive client*, 113~130. Baltimore, MD: University of Maryland School of Social Work and Community Planning.
Brooks.(2000). Anima Manifestations of :Men Using GIIlded Imagery and Music: a case study, *Journal of the Association for Muaic and Imagery, 7*, 77~87.
Bruscia, K. E.(1998a). *Defining music therapy*. Gilsum, NH: Barcelona Publishers.
Bruscia, K. E.(1998b). *The dynamics of music psychotherapy*. NH: Barcelona Publishers.
Bruscia, K. E.(2002a). The boundaries of Guided Imagery and Music(GIM) and the Bonny Method. In K. E.

Bruscia & D. E. Grocke(Eds.), *Guided Imagery and Music: The Bonny Method and beyond*, 37~61. Gilsum, NH: Barcelona Publishers.

Bruscia, K. E.(2002b). Developments in programming for the Bonny Method. In K. E. Bruscia & D. E. Grocke (Eds.), Guided Imagery and Music: The Bonny Berkman, L. F., Zheng, Y., Glymour, M. M., Avendano, M., Börsch-Supan, A., & Sabbath. E. L.(2015). Mothering Alone: Cross-National Comparisons of Later-life Disability and Health among Women Who were Single Mothers. *Journal of Epidemiology and Community Health, 69(9)*: 865~872.

Borling, J.(1992). *Guided imagery and music in recovery: A rationale for GIM with addiction*. Salina, KS: Bonny Foundation.

Bums, D., & Woolrich, J.(2004). The Bonny Method of Guided Imagery and Music. In A. Darrow (Ed.), *Introduction to Approaches in Music therapy*, 50~62. American Association of Music Therapy.

Burns, D. S.(1999). *The Effectiveness of the Bonny Method of Guided Imagery and Music on the Quality of Life and Cortisol Levels of Cancer Patients. Unpublished doctoral dissertation*. The University of Kansas, Lawrence, KS.

Bush, C., Stokes, S., & Borling, J.(2000). GIM Level II Training materials(January). *Mid-Atlantic Institute*. Seoul, Korea.

Carstensen, L. L.(2006). The influence of a sense of time on human development. *Science. Vol. 312. No. 5782*, 1913~1915.

Cattell, R. B.(1967). The theory of fluid and crystallized general intelligence checked at 5~6year old level. *British Journal of Educational Psychology, 317*, 209~22.

C. G. Jung(1954). *The Development of Personality. New York: Pantheon.(1960). The Psychology of dementia praecox*. In R. F. C. Hull(Trans.), The Psychogenesis of mental disease: The collected words of C.G. Jung (3). Princeton, New Jersey: Princeton University Press.

C. G. Jung(1974). *Man and his symbors*. New York: Dell Publishing Co.

C. G. Jung(2001). *Modern man search of a soul*. [first published in 1933], Routledge: NY.

C. G. Jung(2014). *Psychology and alchemy 2nd*. [first published in 1953], Routledge: NY. 1Kuhn, T. S. (1970). The bestructure of scientific revolution Chicago; University of Chicago press.

Cohen, D. & Eisdorfer, C.(1994). Depression in family members caring for a relative with alzheimer's disease. *Journal of the American Geriatric Society, 36*, 885~889.

Colaizzi, P. F.(1978). Psychological Research as The Phenomenologist Views it. *In Existential-Phenomenological Alternatives for Psychological. S. Valle & King(Eds)*. New York: Oxford University Press, 48~71.

Conger, R. D., Wallace, L., Sun, Y., Simon, R., McLoyd, V., & Brady. G.(2002). Economic Pressure in African American Families: a Replication and Extension of the Family Stress Model. *Developmental Psychology, 38(2)*: 179~193.

Clark, M. F.(2002). Evolution of the Bonny Method of Guided Imagery and Music (GIM). In K. E. Bruscia & D. E. Grocke(Eds.), *Guided Imagery and Music: The Bonny Method and beyond*, 5~27. Gilsum, NH: Barcelona Publishers.

Creswell, J. W.(2007). *Qualitative inquiry and research design: Choosing among five approaches*. Sage.

Diserens, C. M.(1948). The Development of an Experimental Psychology of Music. In D. M. Schullian, and M. Schoen(Eds.), *Music and Medicine*, 367~386, New York: Henry Schuman. Inc.

Duncan, G. J.(1996). Income Dynamics and Health. *International Journal of Health Services, 26(3)*: 419~444.

Elliott, B.(1982). *Guide to the selection of musical instruments with respect to physical ability and disability*. St. Louis, MO: MMB Music.

Erik Erikson Childhood and Society(1960).

Espinoza-Varas & Watson, C. S.(1989). Perception of complex auditorypatterns by humans. In R, J. Dowling & S. H. Hulse(Eds.), *The comparative psychology of audition: Perceiving complex sounds*, 67~94. Hillsdale, NJ: Laurence Erlbaum Associates.

Freud, S.(1922). *Beyond the pleasure principle*, London, Vienna: Intermational Psycho-Anaiytical.

Gaston, E. T.(1968) *Man and Music*. In E. T. Gaston(Ed.), Music in Therapy. New York: The Macmillan company.

Giorgi, A.(1985). *Phenomenology and Psychological Research*. PA: Duquesne Univ. Press.

Giorgi, A.(2006). Difficulties encountered in the application of the phenomenological method in the social sciences. *Anaise Psicoloica, 24(3)*: 353~361.

Giorgi, A.(1999). A Phenomenological Perspective On Some Phenomenographic Results On Learning. *Jiurnal of Phenomenological Psychology 30(20)*: 68~93.

Giorgi, A.(2004). *Qualitative research methodology: Advanced workshop on the descriptive phenomenological Method*.

Giorgi, A.(1997). The Theory, Practice, and Evaluation of the Phenomenological Method as a Qualitative Research Procedure, *Journal of Phenomenological Psychology 28(2)*: 235~260.

Goldberg, F.(1989). Music psychotherapy in acute psychiatric inpatient and private practice setings. *Music Therapy Perspectives, 6(1)*.

Goldberg, F.(1994). The Bonny method of Guided Imagery and Music as individual and group treatment in a short-team acte psychiatric hospital. *Journal of the Association for Music and Imagery, 1*, 5~17.

Grocke, D. E.(1999a). *A phenomenological study of pivotal moments in guided imagery and music (GIM) therapy. Doctoral dissertation*, University of Melbourne; Melbourne, Australia. 40~43.

Grocke, D. E.(1999b). A phenomenological study of pivotal moments in Guided Imagery and Music. PhD dissertation, University of Melbourne. CD-IV University of Herdecke, Germany.

Grocke, D. E.(2005a). The role of the therapist in the Bonny Method of Guided Imagery and Music. *Music Therapy Perspectives 23, 1*, 45~52.

Grocke, D. E.(2002). The Bonny music programs in Guided Imagery and Music: The Bonny method and beyond In K. Bruscia & D. Grocke(Eds.), *Guided Imagery and Music: The Bonny Method and beyond: the Bonny Method and beyond*, 100~133. Gilsum, NH: Barcelona Publishers.

Grocke, D. E.(2002). International advances in Guided Imagery and Music (GIM). In K. E. Bruscia & D. E. Grocke (Eds.), *Guided Imagery and Music: The Bonny Method and beyond*, 533~546. Gilsum, NH: Barcelona Publishers.

Grocke, D. E. & Wigram, T.(2007). *Receptive methods in music therapy*. Jessica Kingsley Publisher.

Grolman, E. A.(2014). Multiple disadvantaged statuses and health: the role of multiple forms of discrimination. *Journal of health and social behavior, 5(1)*, 3~19.

Harkness, S., & Salgado, M. F.(2018). Single motherhood and child development in the UK. *The Triple Bind of Single-parent Families*, 101.

Heiderscheit, A.(2005). *The effects of the Bonny Method of Guided Imagery and Music (GIM) on interpersonal problems, sense of coherence and salivary immunoglobulin A of adults in chemical dependency treatment*. (Doctoral dissertation). Minneapolis, MN, University of Minnesota.

Herman, J.(1997). Trauma and recovery: The aftermath of violence - from domestic abuse to political terror. New York, NY: Basic Books. Hernandez. R. L.(2009). *The Spanish Journal of Psychology, 12(1)*, 171~83.

Horn, J.I.(1968). Orgnization of abilities and the development of intelligence. *Psychological Review, 75*, 242~259.

House, J. S.(2001). Understanding Social Factors and Inequalities in Health: 20th Century Progress and 21st Century Prospects. *Journal of Health and Social Behavior, 43:* 125~142.

Huttman, R., Hennecke, M., Orth, U., Reitz, A. K., Specht, J.(2014). Devepomental task as a frame work to study personality development in adulthood and old age. *European Journal of Personality, 28*, 267~278.

Jacobi, E. M.(1995). The Efficacy of the Bonny Method of Guided Imagery and Music as Experiential Therapy in the Primary Care of persons with Rheumatoid Arthriential (Doctoral dissertation, Union Institute, (1995) *Dissertation Abstraacts International, 56*, 1110.

Lachman, M. E.(2004). Development in midlife, *Annual Review of Psychology, 55*, 305~331. Mid Atlantic Training Institute (2000). Level 1 GIM training. Unpublished manual.

Lantz, P. M., House, J. S., Lepkowski, J. M., Williams, D. R., Mero, R. P., & Jieming, C.(1998). Socioeconomic Factors, Health Behaviors, and Mortality: Results From a Nationally Representative Prospective Study of US Adults. *The Journal of the American Medical Association, 279(21)*: 1703~1708.

Lewis, L.(2002). *The development of training in the Bonny Method of Guided Imagery and Music (BMGIM) from 1975 to 2000*. In K. E. Bruscia & D. E.

Maack, C., & Nolan, P.(1999). The effects of GIM therapy on reported change in normal adults. *Journal of Music Therapy, 36*, 39~55.

Maoz, B.(1977). The perception of menopause in five ethnic groups in Israel, Acta, Obstericia. et *Gynecolgical Scandinavica Supplenent, 65*, 69~76.

Maslow, A. H.(1968). *Toward a psychology of being*. New York: Van Nostrand Reinhold.

McDonald, R. G.(1990). *The Efficacy of Guided Imagery and Music as a Jossey-Bass*.

Marr, J.(1998~1999). GIM at the end of life : Case studies in palliative care. *Journal of the Association for Music and Imagery, 6*, 37~54.

McKinney, C, H., Tims,F. C., Kummar, A., & Kumar, M.(1997). The effect of selected classical music and spontaneous imagery on plasma beta-endorphin. *Journal of Behavioral Medicine, 20*, 85~99.

Merriam, A. P.(1964). *The anthropology of music, Evanston*, LL: Northwestern University Press.

Merriam, S, B.(2005). Qualitative research in practice. San Francisco: Merritt, S.(1993). The healing link: Guided

Imagery and Music and the body/mind connection, *Journal of the Association for Music and Imagery, 2*, 99~109.

Mirowsky, J.(1996). Age and the Gender Gap in Depression. *Journal of Health and Social Behavior, 37*: 362~380.

Muller, B.(2010). Guided Imagery and Music: A survey of current practices. Doctoral dissertation. Temple University, Philadelphia, PA. *Dissertation Abstracts International*, 71.

Moustakas, C.(1994). Phenomenological Research Methods. Thousand Oaks, CA Sage.

Nolan, P.(2005). Verbal Processing within the Music Therapy relationship. *Music Therapy Perspectives, 23(1)*, 18~28.

Nordoff, P., & Robbins, C.(1983). *Music Therapy in Special Education MMB Music*.

Nomaguchi, K. M., & Melissa, M. A.(2003). Cost and Rewards of Children: The Effects of Becoming a Parent on Adult's Lives. *Journal of Marriage and Families, 65*: 356~374.

Orff, G.(1980). *Orff music therapy: Active furthering of the development of child*(M. Murray. Trans.) New York: Schott Music Corporation.

Panksepp, J.(1995). The emotional source of 'chills'induced by music. *Music Perception, 13*, 171~207.

Patton, M. Q.(2002). Qualitative research & evaluation methods(3rd ed.). *and Families, 65*: 356~374. Thousand Oasks, CA: Sage.

Pavlicevic, M.(2001). A Child time and health. *Journal of British Music Therapy, 15(1)*, 14~21.

Pickett, E.(1992). Guided Imagery and Music (GIM) with a dually diagnosed woman having multiple addictions. *Journal of the Association for Music and Imagery, 1*, 55~68.

Pickett, E.(1995). The Bonny Method of Guided Imagery and Music(GIM): A technique for healing trauma. *Journal of the Association for Music and Imagery, 4*, 93~102 *Therapy, 15(1)*, 14~21.

Priestley, M.(1975). *Music therapy in action*. St. Louis: Magnamusic - Baton.

Rogers, C.(1980). *A way of being*. Boston, MA: Houghton Mifflin.

Rosenberg, M.(1965). *Society and the Adolescent self image*. Princeton Jersey: Princeton Univ. Press. Satir, V.

Rubin, L. B.(1979). *Women of a certain age: The mid life search for self*, Harper Collins Publishers.

Ruta Yawney(2014). *Journal of the Association for Music and Imagery Vol. 14*, 105~123.

Samuels, M. and Samuels, N.(1975). *Seeing With the Mind's Eye: The History, Techniques, and Uses of Visualisations*, New York: Random Press.

Schaie, K. W.(2008). A lifespan developmental perspective of psychological aging. In K. Laidlaw & B.G.Knight (Eds.), *Handbook of emotional disorders in late life:Assessment and treatment*. Oxford, UK: Oxford University Press.

Simons, R. L., Beaman, J., Conger, R. D., & Chao, W.(1993). Stress, support, and antisocial behavior trait as determinants of emotional well-being and parenting practices among single mothers. *Journal of Marriage and the Family, 55(2)*, 385~398.

Slay, H. S., Taylor, M. S., & Williamson, I. O.(2004). Mid life transition decision processes and career success: The role of identity, networks, and shocks. *Paper presented at the annual meeting of the academy of human resource Development*. Austin, TX.

Sohn J.N.(2018). Factors influencing depression in middle aged women: focused on quality of life on menopause. *J Health Info Stat 2018; 43(2):* 148~157 (Korean). DOI: 10.21032/jhis.2018.43.2.148

Soshensky, R.(2001). Music therapy and addiction. *Music Therapy Perspectives, 19(1)*, 45~51.

Sowers, M. F. R.(2000). The menopause transition and the aging process: A population perspective. *Aging Clinical Experience Research, 12(2)*, 85~92.

Spielberger, C. D., Gorssuch, R. L., & Lushene, R. E.(1970). *Manual for stat-trait anxiety inventory*. Palo Alto, California: Consulting Psychologists Press.

Strauss, A. L., & Corbin, J. M.(2008.). *Basics of qualitative research: Techniques and procedures for developing Grounded Theory*(3rd ed.).

Summer, L.(1990). Guided Imagery and Music in the institutional setting. St. Louis, MO; mmb Music INC.

Summer, L.(1992). Music: The aesthetic elixir *Journal of the Association for Music and Imagery, 1*, 43~54.

Simons, R. L., Beaman, J., Conger, R. D., & Chao, W.(1993). Stress, support, and antisocial behavior trait as determinants of emotional well-being and parenting practices among single mothers. *Journal of Marriage and the Family, 55(2)*, 385~398.

Summer, L.(1998). The pure music transference in guided imagery and music (GIM). In K. Brusia (Ed.), *The dynamics of music psychotherapy,* 431~460. Gilsum, New Hampshire: Barcelona Publishers.

Summer, L.(2002). Group music and imagery therapy: Emergent receptive techniques in music therapy practice. In K. E. Bruscia & D. E. Grocke(Eds.), *Guided Imagery and Music: The Bonny Method and beyond*, 297~306. Gilsum, NH: Barcelona Publishers.

Turner, H. A. and R. J. Turner.(1999). Gender, Social Status and Emotional Reliance. *Journal of Health and Social Behavior, 40*: 360~373.

Van Maaen, J. (2017). *Tales of the field*(2nd ed.): On Writing ethnography. CA, IL: University of Chicago Press.

Von Franz, M., M. L.(1977). *Individuation in Fairytales*, Zürich: Spring Publication.

Walker, V. R.(1993). Integrating Guided Imagery and Music with verbal psychotherapy: A case study. *Journal of the Association for Music and Imagery, 2*, 111~222.

Wethington. E., & Kessler, R. C.(1989). Employment, parental responsibility and psychological distress: A longitudinal study women, *Journal of Family Issues, 10*, 527~546.

Wilson, R, S., K. R., Amold, S. E., Schneider, J. A., Kelly, J. F., Bamems, L. L., et al.(2007). Loneliness and risk of Alzheimer's disease. *Archives of General Psychiatry,64*, 234~240.

Wigram, T., Pederson, I. N., & Bonde, L. O.(2002). *A comprehensive guide to music therapy: Theory, clinical practice, research and training*, London & Philadelphia: Jessica: Jessica Kingsley Publishers.

Whitboyme, S. k.(1996). *The aging individual: Physical and psychological perspectives*. New York: Springer.

Whitboyme, S. k.(1996)(2001). The Physical aging process in midlife: Interactions with psychological and sociocultural factors. In M. E. lachman(Ed.), HANDBOOK of midlife development, 109~155. New YORK: Wiley.

Wolcott, H, F.(2008). *Ethnograpy: A way of seeing*. Walnut Creek. CA: Altamira Press.

 Wrangsjö, B., & Körlin, D.(1995). Guided Imagery and Music as a psychotherapeutic method in psychiatry.

Journal of the Association for Music and Imagery, 4, 79~92.

Yin, R. K.(2003). *Case study research design and methods(3rd ed.)*, Thousand Oaks, CA: Sage.

Young, J. M. & McNicoll, P.(1998). *Against all odds: positive life experiences of people with advanced amyotrophic latera sclerosis*.

Zinker, J.(1977). *Creative Process in Gestalt Therapy*. New York: Random House, Inc.

Yontef, G., & Jacobs, L.(2014). Gestalt therapy. In R. Corsini & D. Wedding (Eds.), Current psychotherapies(10th ed), 299~338. Independence, Kentucky:Brooks/Cole-Cengage Learning.

그 외 기타 자료

Association for Music and Imagery: AMI.(2000). http://www.nas.com./ami

Association for Music and Imagery: AMI.(2003). Core elements of the Bonny method of guided imagery and music. http://www.nas.com/ami/Core%20Elements.htm.

한국음악치료사협회. http://musictherapy.co.kr

국민건강보험공단. http://www.nhic.or.kr

보건복지부. http://www.mw.go.kr

여성가족부. http://www.mogef.go.kr

통계청. http://www.kostat.go.kr

한국여성정책연구원. http://www.kwdi.re.kr

한국 한 부모가정연구소. http://www.hanbumocenter.org

INDEX

저자 소개

임재영

대한신학대학원대학교 상담심리치료학 철학 박사
한세대학교 음악대학원 음악치료 전공 석사
현) 대한신학대학원대학교 상담심리치료학과 임상 강사 및 상담연구원 교수
한국진로컨설팅연구센터 음악놀이치유센터장
미국음악심리치료 GIM(Guided Imagery and Music) Fellow
전국음악치료학회 정회원
상담심리치료학회 상임이사
과천시 정신건강센터 음악치료 강사
논문) 심상 유도 음악치료(GIM)를 통한 한 부모 중년 여성 가장의 자기실현에 관한 현상학적 연구 등

이주영

숙명여자대학교 음악대학 음악치료학 석사 및 박사
독일 비텐 사범대학 소리교육 수료
미국음악심리치료 GIM(Guided Imagery and Music) 교육자
숙명여자대학교 음악치료대학원 초빙교수
고려대학교 의과대학 연구교수
현) BMSI(Body, Mind and Spirit Integration) 센터장

신동열

백석대학교 대학원 상담 및 가족상담 상담학 박사
건신대학원대학교 가족상담 및 성심리 철학 박사
명지대학교 대학원 청소년지도 교육학 석사
현) 대한신학대학원대학교 상담심리치료학 교수
상담심리치료학회장
대신성폭력상담교육원 원장
홀트복지관, 남양주 가정과 성 상담소 운영자문위원
저서) 분석심리학(2019), 발달심리학(2018), 진로상담(2018), 미술심리치료이론과 실제(2016) 등

음악치료 이론과 심상 유도 음악치료의 실제

2021년 12월 31일 초판 1쇄 펴냄

지은이 임재영·이주영·신동열
펴낸이 류원식 **펴낸곳** **교문사**
편집팀장 김경수 **본문편집** 김남권
표지디자인 신나리

주소 (10881)경기도 파주시 문발로 116
전화 031-955-6111
팩스 031-955-0955
홈페이지 www.gyomoon.com
E-mail genie@gyomoon.com
등록 1968. 10. 28. 제406-2006-000035호
ISBN 978-89-363-2298-4 (93180)
값 17,000원